Kiara Windrider

Reise in die Ewigkeit

GIGER

Kiara Windrider

Reise in die Ewigkeit

Aus dem Englischen übersetzt
von Kristine Ackermann

Giger Verlag

1. Auflage 2009

Tel. 0041 55 442 68 48
www.gigerverlag.ch

Lektorat: Monika Rohde, Leipzig
Umschlaggestaltung: FranklDesign, München
Layout: Roland Poferl Print-Design, Köln
Druck und Bindung: GGP Media GmbH, Pößneck
Printed in Germany

ISBN 978-3-9523202-6-6

Inhalt

Vorwort

Manchmal fragen mich die Leute, ob ich ein Ureinwohner Australiens sei. Ich habe keine genetischen Verbindungen zu den Ureinwohnern und war auch nie auf diesem Kontinent. Aber ihre Kultur, ihr etliche Jahrtausende alter Geist und ihr Zugang zu den »Traumzeit«-Legenden haben mich immer fasziniert und inspiriert.

Als ich vor vielen Jahren in Mt. Shasta in Kalifornien lebte und in einem alternativen, psychiatrischen Zentrum, bekannt als die Pocket Ranch, als Therapeut arbeitete, fuhr ich einmal in der Woche fünf Stunden zur Arbeit, blieb dort drei intensive Tage und Nächte lang, und fuhr dann zurück. Einmal hatte ich ein zu damaliger Zeit recht bekanntes Buch gelesen: *Traumfänger. Die Reise einer Frau in die Welt der Aborigines* von Marlo Morgan, in dem die Autorin beschreibt, wie sie mit einem isoliert lebenden Stamm von australischen Ureinwohnern, die sich »die wirklichen Menschen« nennen, auf ein »Walkabout« geht. Leider wurde es in der Öffentlichkeit als erfundene Geschichte diskreditiert. Aber kurz nachdem ich anfing, es zu lesen, nahm ich in meinen Träumen die Gegenwart eines »Aboriginal-Wesens« wahr, das auch am nächsten Morgen noch bei mir blieb.

Ein paar Tage später, auf dem Weg nach Hause, fühlte ich seine Gegenwart ganz deutlich bei mir im Auto. Zu

Hause fand ich eine Nachricht auf dem AB vor, dass Marlo Morgen ganz in der Nähe, in Ashland, einen Vortrag zu ihrem Buch hielt und ob ich Lust hätte mitzukommen. Sofort war ich mit ein paar anderen Freunden aus der Stadt auf dem Weg. Während des Vortrags fühlte ich mich tief berührt. Danach wurde das Gespräch für alle Teilnehmer eröffnet. Ich stand auf und fühlte ein uraltes Wesen aus einer Art innerer Tiefe aus mir sprechen. Ich weiß nicht mehr genau, was ich damals gesagt habe – etwas über die Verbindung zu den ursprünglichen Menschen der »Traumzeit«. Doch als ich geendet hatte, erhielt ich einen lang andauernden, stürmischen Applaus. Das ist mir nur ein einziges Mal passiert.

Danach bedankte sich der Organisator überschwänglich bei Marlo Morgan dafür, dass sie gekommen war, und für ihren wunderbaren Vortrag. Eigentlich sollte sie eine Plakette aus Holz bekommen, doch überraschenderweise rief sie mich auf die Bühne und schenkte sie mir. Darauf standen die Worte: »MÖGE DIE TRAUMZEIT DICH IMMER AUF DEINER REISE IN DIE EWIGKEIT BEGLEITEN.« Das Wort »Traumzeit« aus der Weltanschauung der Aboriginals bezieht sich auf die Welt zwischen den Welten, die schöpferischen Reiche, aus denen jegliche Schöpfung hervortrat. In der wir lernen können zu gehen, wo wir Weisheit, Heilung und Führung für unsere Reisen durch das Leben finden können. Das wünsche ich auch für jeden von euch, während ihr durch dieses Buch und zukünftige Zeiten geht …

EINFÜHRUNG

Die Wellen rollen heran

Dieses Buch ist ein Versuch, wissenschaftliche und mystische Wahrheiten miteinander zu verweben, um eine neue Vision der menschlichen Evolution zu entwerfen. In einer Welt, scheinbar geprägt von Verwirrung und Chaos, ist es unmöglich, nicht wahrzunehmen, dass wir eine gefährdete Spezies auf einem zunehmend gefährdeten Planeten sind. Welche Wahl haben wir?

Stell dir vor, du stehst gefangen an einem fremden Strand zwischen einer steil aufragenden Küstenwand und dem Ozean, und eine übermäßig hohe Flut mit Tsunamiausmaßen rollt heran. Stecken wir den Kopf in den Sand und tun so, als ob es nur ein schlechter Traum wäre? Geben wir uns selbst auf, um verzweifelt unterzugehen? Rennen wir mit dem Kopf gegen die Wand der Reue und des Vorwurfs? Sprechen wir hektisch unser letztes Gebet? Oder nehmen wir die Herausforderung des Ozeans an, finden einen Ort mit unserer tiefen Kraft und suchen einen Ausweg, den wir vielleicht bisher noch nicht gesehen haben.

Weltweite, wissenschaftliche Forschungen sagen uns gewaltige Klimaveränderungen voraus, und uralte Mythologien, Kalendersysteme und Prophezeiungen aus unterschiedlichen alten Wissen geben Hinweise darauf, wie es aussehen und wie wir reagieren könnten. Während manche mit Angst und Grauen in die Zukunft schauen, ergibt sich ein ganz anderes Bild, wenn wir dieselben Szenarien aus der Perspektive großer, planetarischer Zyklen sehen. Yogis und Mystiker wie Sri Aurobindo, Mira Alfassa (auch als die Mutter bekannt) und Sri Yukteswar geben uns für diese Zeiten große Hoffnungen und Inspirationen und weisen auf einen Quantensprung in der menschlichen Evolution hin. Darüber hinaus gibt es sehr spannende Forschungen dazu, zum Beispiel die Arbeiten von Wissenschaftlern wie Paul LaViolette, Alexej Dmitriev, Gary Sultan, Douglas Vogt und Gregg sowie einen Schwarm anderer, die diese höher dimensionalen und spirituellen Perspektiven unterstützen.

Das Jahr 2012 n. Ch. scheint in diesen Forschungen ein kritisches Datum zu sein. Der Maya-Kalender endet mit diesem Datum. Das hat für die Menschen unterschiedliche Bedeutungen. Einige interpretieren es als das Ende aller Zeiten. Andere sprechen von der Geburt eines goldenen Zeitalters. Für manche steht dieses Datum aber auch für eine neue Phase der Evolution. Für wieder andere ist es das Vorspiel einer globalen Katastrophe.

Was in dieser Zeit tatsächlich passieren wird, ob es eine plötzliche oder eine allmähliche, eine extreme oder eine unerhebliche, eine symbolische oder tätsächliche Veränderung geben wird, werden wir bald erfahren. Und wenn gar nichts passiert, können wir einfach zu dem zurückkehren, was wir gerade tun. Vielleicht ein wenig erleichtert, weil sich eine Weltuntergangsvorhersage wieder einmal nicht erfüllt hat, vielleicht auch ein bisschen betrübt, weil sich unsere lang gehegte Hoffnung in Wolken aufgelöst hat.

Meine persönliche Sichtweise auf das Jahr 2012 und die möglichen Veränderungen ändert sich von Zeit zu Zeit, je nachdem, in welcher Stimmung ich bin oder mit welcher Forschung ich mich gerade beschäftige. Ich glaube, obwohl es sich bei den Zyklen und Möglichkeiten, die ich in diesem Buch darlege, um reale Gegebenheiten handelt, dass wir diese nicht immer auf ein lineares, historisches Datum festlegen können. Aber es kann nicht verleugnet werden, dass sich in unserer Welt bereits große Veränderungen vollziehen, und zwar schneller als wir glauben und weitreichender als wir uns gern ausmalen möchten. Und was ist, wenn 2012 tatsächlich ein Tor zwischen den Welten entsteht? Wäre es dann nicht besser, darauf vorbereitet zu sein? Könnten wir uns zur Abwechslung nicht rüsten, indem wir unser göttliches Potenzial entfalten und dieses Datum für die kollektive Absicht, bewusst eine neue Welt zu erschaffen, nutzen.

Wir bekommen nie eine Herausforderung, der wir nicht gewachsen sind. Wenn die Krise, der wir jetzt gegenüberstehen, extrem ist, dann steigen auch unsere Möglichkeiten, etwas Neues zu erschaffen. Nicht die Ereignisse selbst bestimmen unser kollektives Schicksal, sondern wie wir darauf reagieren. Angst ist eine ganz natürliche Reaktion auf Veränderung, ganz besonders bei so einer großen, die da auf uns zuzukommen scheint. Als Kind habe ich oft von Flutwellen geträumt und bin dann unmittelbar bevor riesige Wasserwände auf mich herabstürzten, vor lauter Panik und Schrecken aufgewacht. Solche Träume tauchen immer wieder mal auf. Doch sie haben meine leidenschaftliche Liebe für das Meer nicht beeinträchtigt, und ich liebe nichts mehr, als in der Türkei, wo ich zurzeit lebe, in der Nähe meines Hauses am Strand stundenlang durch die Welt der schönsten Korallen zu schwimmen.

Angst als biologische Reaktion auf das Unbekannte zu erfahren, ist etwas ganz anderes, als in die Angst hineinzugehen oder sich in Weltuntergangsstimmung und Schwermut hineinzusteigern. Angst ist eine Reaktion auf das Unbekannte. Wir ängstigen uns vor dem Unbekannten, weil wir Angst vor Veränderung haben. Wenn wir die Tore zum Unbekannten erst einmal bewusst durchschritten haben, verwandelt sich die Angst in Heiterkeit. Wenn wir erst einmal verstehen, was geschehen wird, und, was noch wichtiger ist, warum es geschieht, stehen wir vor einer Wahl.

In unserer Mitte taucht eine neue Spezies auf. Ich glaube, dass alle physischen Veränderungen und Bewusstseinsveränderungen, die heute stattfinden, entworfen sind, um in diesem Geburtsprozess behilflich zu sein. Dieses Buch eröffnet die Möglichkeit, diesen Geburtsvorgang nicht nur zu verstehen, sondern auch daran teilzuhaben, und zwar sowohl persönlich als auch kollektiv.

Während ich mich bemühe, in Bezug auf die wissenschaftlichen Informationen in diesem Buch so genau wie möglich zu sein, ist dieses Buch auch zutiefst persönlich. Viele meiner eigenen multidimensionalen Entdeckungen der Natur des menschlichen Bewusstseins sind mit wissenschaftlichen Forschungen verwebt. Während meiner persönlichen Forschungen entdeckte ich vor nicht allzu langer Zeit ein neues, kraftvolles System zur Heilung und zum göttlichen Erwachen. Dieses System hat seinen Ursprung in der Tradition der Mysterienschulen Ägyptens, was ich aber auch meinen Abenteuern mit den Walen und deren Walbewusstsein zu verdanken habe. Unter dem Namen »Ilahinoor« zu neuem Leben erweckt, bietet es einfache Techniken, die jeder lernen und praktizieren kann, um Unterbewusstsein und Überbewusstsein miteinander zu verbinden. Obwohl einfach, sind es erstaunlich kraftvolle Werkzeuge, die uns helfen, uns mit unserem multidimensionalen Bewusstsein zu verbinden und den Himmel auf Erden zu manifestieren.

Ein großer Teil dieses Buches beschäftigt sich mit der Anwendung dieser Techniken, um auf persönlicher und planetarischer Ebene Veränderungen in Gang setzen zu können, und um mit Meditationen und Übungen, die uns in unserer Evolution unterstützen, dahin zu gelangen, was Sri Aurobindo den »Göttlichen Menschen« nannte.

Ich glaube daran, dass wir Aspekte eines unendlich intelligenten Bewusstseins sind und dass wir uns auf etwas vorbereiten, das weit über unser Vorstellungsvermögen hinausgeht. Um nochmals auf die Analogie – Gefangenschaft an fremden Ufern – zurückzukommen: Wir brauchen uns nicht auf Angst basierende Möglichkeiten zu begrenzen. Wir können uns auch dafür entscheiden, unsere Surfbretter fertig zu machen und uns auf den fröhlichsten Ritt unseres Lebens vorzubereiten. Es ist meine Hoffnung, dass dieses Buch Werkzeuge und Perspektiven darlegt, die wir nutzen können, damit es Wirklichkeit wird.

Kiara Windrider 15. Mai 2008

TEIL I

Kosmische Perspektiven

Wo Gott, die Natur und die Menschheit sich treffen
Da reise ich mit müden Füßen
Um eine Welt zu erschaffen – so gut ich kann
In der die Menschheit mit der Natur lebt und Gott mit den
Menschen …

Erster Teil eines Gedichtes eines Kindes, 8 oder 9 Jahre alt

Aufwachen für das neue Jahrtausend

Ich werde die Dämmerung dieses Jahrtausends niemals vergessen. Nicht weil die Weltuntergangsszenarien, einschließlich des weltweiten Zusammenbruchs des Computernetzes, nicht eintrafen und inzwischen zum Glück vergessen sind. Auch nicht wegen der riesigen Feuerwerke, die synchron auf der ganzen Welt und im Fernsehen zu sehen waren, was eigentlich nicht hätte funktionieren können. Nein, etwas hat sich in dieser Nacht ereignet, das mir über jeden Zweifel hinaus zeigte, dass wir in einem multidimensionalen Universum leben.

Ich lebte damals in Mt. Shasta, Kalifornien, in einer magischen Bergwelt, wo die Schleier zwischen den Welten sowieso schon dünn sind. Am frühen Silvesterabend war ich auf dem Weg zum Flughafen in Redding, um meine Freundin Elisabeth abzuholen. Die Fahrt auf der sich sanft dahin schlängelnden Bergstraße dorthin dauerte etwa eine Stunde.

Plötzlich kam ein starker Sturm auf, anfangs mit Schnee, der sich dann aber allmählich in starken Regen verwandelte, während ich den Berg hinabfuhr. Die Sicht war schlecht. Ich war angespannt, nicht nur wegen des Wetters und weil ich zu spät war, sondern weil ich in einem nörgelnden Teil meines Verstandes nicht anders konnte, als mich zu fragen, ob das »Y2K-Phantom« in irgendeiner Weise die Grundlagen unserer existierenden Zivilisation, und das heißt uns alle, umstülpen würde und was das für uns bedeuten würde. Ich hatte einen vollen Benzintank und zwei Wolldecken hinten im Auto – nur für alle Fälle …

Abgelenkt durch meine Gedanken fuhr ich nicht sehr konzentriert und auch ein bisschen zu schnell, als vor einer Brücke eine scharfe Kurve kam. Dort passierte es. Das Auto rutschte durch Aquaplaning, und ich verlor die Kontrolle über das Steuer. Ich sah, wie ich schnell auf die Kante der Brücke zurutschte. Und dann fühlte und hörte ich die unausweichliche Explosion von auseinanderberstendem und herumfliegendem Glas und Metall, und der Wagen krachte gewaltsam gegen das Brückengeländer.

Obwohl alles viel zu schnell geschah, erlebte ein Teil meines Bewusstseins jede einzelne Sekunde. Ich fühlte mich nicht mehr in meinem Körper, so, als ob ich es alles von außen beobachten würde, anstatt direkt daran teilzuhaben. Interessanterweise hatte ich keine Angst. Ich spürte nur Neugierde und die Gewissheit, dass, egal was passierte, alles in Ordnung war.

Ich weiß nicht, was dann passierte. Ich hatte gesehen, gehört und gefühlt, wie mein Auto in dem verheerenden Moment des Aufpralls gegen die Brückenkante geknallt war. Gleichzeitig beobachtete ich mit derselben Neugierde und einem Gefühl von Unbeteiligtsein, dass das Auto dann in einer kleinen Haltebucht, wo es vor nachfolgenden Fahrzeugen geschützt war, zum Stehen kam.

Ich kletterte aus dem Wagen, um mir seinen Zustand anzuschauen. Aber ich fand keine einzige Schramme. Ich setzte mich wieder hinein und blieb lange Zeit still sitzen, schockiert, erleichtert und völlig verdutzt – alles gleichzeitig. Während ich langsam wieder zu mir kam, fing mein Körper schließlich an zu zittern.

Was war passiert? Ich fühlte, dass ich zwischen den Welten gereist sein musste und an irgendeiner Stelle eine bewusste Entscheidung getroffen hatte. Für mich unbegreiflicher waren beide Ereignisse real, aber ein Teil von mir, der außerhalb und über die normale, lineare Zeit hinausgegangen war, hatte die Entscheidung getroffen, diesmal auf der Erde zu bleiben.

Später, als ich langsam wieder in meinen »normalen« Bewusstseinszustand zurückkehrte, begann das andere Erlebnis, die Qualität eines Traumes anzunehmen. Ich bemerkte, dass die erkennende Dissonanz zu groß war, und dass ich daher gezwungen war, eine Realität der anderen vorzuziehen. Aus der Sichtweise meines denkenden Verstandes war mein Körper in einem gewaltigen Autounfall entweder in Stücke zermalmt, oder ich war sicher, lebendig und unverletzt. Beide Realitäten konnten nicht nebeneinander existieren. Dennoch, für einen kurzen Moment war ich in eine mystische Dimension der Realität eingetreten, die ich mit den Gesetzen der klassischen Physik nicht erklären kann. Es war eine machtvolle Initiation in die verborgenen Mysterien der Zeit. Dieses Erlebnis scheint mir eine passende Metapher für unsere kollektive Reise zu sein.

Wir winden uns auf dem Weg unserer Bestimmung in ein neues Jahrtausend hinein nach unten. Wissenschaftler, Mystiker und die alten Propheten warnen uns, weil wir nahe am Abgrund verheerender Zerstörung stehen. Oder, so wird uns auch gesagt, wir werden in den Geburtskanal zu einer wundervollen, neuen Welt eintreten. Was erwartet uns also in diesen Zeiten gleichzeitiger Hoffnung und Verzweiflung – und wie entscheiden wir uns?

Botschaft aus der Zukunft

Anfang August gab es eine Sonnenfinsternis. Für Astrologen war diese besonders signifikant, weil sie ein »großes Kreuz« in fixen Zeichen präsentiert, was den Eintritt in eine globale Krise anzeigt, die eine tiefe Integration von miteinander im Konflikt stehenden oder sich gegenseitig ausschließenden Energien erfordert. Als wir dem Millenium entgegensahen, haben sich viele gefragt, inwieweit die Menschheit in der Lage sein würde, die enormen evolutionären Veränderungen zu vollziehen, die von uns gefordert sind, ohne die verheerenden Erdkatastrophen, die so häufig vorausgesagt wurden, zu erfahren.

Auf der Suche nach Antworten begab ich mich auf die alpinen Wiesen von Mt. Shasta auf eine Visionssuche. Es war eine wunderschöne Jahreszeit mit einer unendlichen Vielfalt wilder Blumen, die die weiten Gebiete des schmelzenden Schnees mit einem üppigen Teppich bedeckten. Ich zog mich in eine Zeit tiefer Stille zurück. Während die Tage verstrichen, konnte ich die vom denkenden Verstand vorgezogenen Schleier ganz allmählich durchdringen. Eines Morgens wachte ich auf und fühlte die Anwesenheit eines starken Wesens. Es war sanft und doch kraftvoll und fühlte sich unendlich weit an. Es drängte mich zu schreiben. Die Worte flossen nur so aufs Papier. Das Wesen gab sich als Windrider zu erkennen. Er sei ein »aufgestiegener Meister und Zeitreisender«, der von einem Zeitpunkt in der Zukunft durch die Dimensionen gekommen war, um Kontakt mit mir aufzunehmen.

Er wies mich auf die Tatsache hin, dass wir uns auf eine große »Verschiebung der Zeitalter« hinbewegten und dass es zwei Ströme von Wahrscheinlichkeiten gäbe, die sich vor uns auftäten. Zuerst sprach er über die Natur der Zeit und sagte, dass sie eine Funktion von Frequenzen sei. Genauso wie es mehrere Noten gibt, die denselben Platz innerhalb eines Notensystems einnehmen, so gibt es auch mehrere Töne, die wir Dimensionen nennen, die dasselbe Universum bewohnen. Jede Dimension hat ihre eigene Schwingungsfrequenz, ihre eigene Dichte und ihr eigenes, unterscheidbares Gesetz der Zeit.

»Daher«, sagte er, »erfährt ein Wesen aus einer höheren Dimension des Universums die Zeit ganz anders und viel umfassender als ihr.« Unser Bewusstsein ist auf eine dreidimensionale Realität fokussiert, in der die Zeit, die nur aus einer Richtung fließt, als linear erfahren wird, und zwar aus einer nebulösen Vergangenheit durch einen kleinen Punkt des Gewahrseins, »Gegenwart« genannt, in eine ungewisse Zukunft.

Höher dimensionale Wesen bewohnen denselben Raum, aber mit anderen Zeitkoordinaten, oder dieselbe Zeit, aber mit anderen Raumkoordinaten. Anders: Sie erleben, im Verhältnis zu unserer Sichtweise von Raum und Zeit, eine multidimensionale Perspektive, in der die Gegenwart und Zukunft quasi in einem völlig anderen Modus von Erfahrung zusammengerollt sind, was er »Jetzt-Zeit« nannte.

»In den höheren Frequenzen von Dichte«, fuhr er fort, »ist deine Wahrnehmung der Jetzt-Zeit stark erweitert, die Trennung von Vergangenheit und Zukunft wird aufgehoben. Das lässt eine viel weitere Erfahrung der Gegenwart zu und damit der Gegenwärtigkeit. Schamanen, Mystiker, Propheten und Meditierende haben zu allen Zeitaltern gelernt, diese Trennung aufzuheben und in andere Dimensionen zu reisen, sind aber immer wieder in eure Welt, die du ›real‹ nennst, zurückgekehrt. Einige, wie zum Beispiel die Ureinwohner von Australien, waren in der Lage, zwischen den Welten zu leben. Sie nannten diese Wege ihre ›Traumzeitpfade‹, ihre primäre Realität. Während sie zwischen den Welten reisten, waren sie in der Lage, Visionen von zukünftigen Ereignissen intuitiv zu erfassen. Ebenso hatten sie Zugang zur Vergangenheit durch das ›Buch des Lebens‹.«

Er erzählte mir von einer »starken Verschiebung« in unserer Zukunft, einer dimensionalen Verschiebung, mit der unsere Körper und unser Bewusstsein grundlegende Veränderungen erfahren, die uns einen Zugang zu den multidimensionalen Realitäten ermöglichen, wenn wir uns dafür entscheiden würden. Dadurch würden wir zu aufgestiegenen Meistern. Und er meinte, viele Menschen würden sich nach der Verschiebung in diesen Zustand entwickeln.

Zu meiner Überraschung sagte er mir auch den Grund, warum er in der Lage war, durch Raum und Zeit Kontakt mit mir aufzunehmen. Er spüre eine Art von Verwandtschaft zwischen uns und er sei, etwas salopp gesagt, ein »zukünftiger« Aspekt von mir aus einer Zeit nach der Verschiebung. Durch meinen Rückzug in die Stille meiner Visionssuche und durch die Aufhebung der Trennung der Welten war die Unterscheidung zwischen den Welten und Dimensionen nicht mehr so rigide.

Unsere Sprache ist nicht dafür gemacht, Erfahrungen außerhalb der linearen Zeit mitzuteilen. Es ist daher für mich nicht leicht zu beschreiben, wie es sich anfühlte, mit diesem »Wesen«, dass von mir getrennt war und irgendwie doch nicht, »im Kontakt« zu sein. Es war jemand, der aus der Zukunft linearer Zeit, gleichzeitig aber auch in der multidimensionalen Landschaft meiner eigenen erweiterten Gegenwart war.

Was hatte es mit dieser »bedeutenden Verschiebung« auf sich? Windrider fuhr fort, durch die Seiten meines Tagesbuchs zu sprechen. »Ihr steht an der Schwelle eines furchterregenden, kollektiven Ereignisses. Ihr werdet

Zeugen einer kosmischen Geburt, eines Nullpunktes, der vor langer Zeit schon vorhergesagt wurde, nicht nur von Schamanen und Propheten der Erde, sondern der auch in den unendlichen Galaxien lange erwartet wird. Was jetzt auf der Erde passiert, wird – aus Gründen, die dir später noch klar werden – Wellen schlagen, die sich durch die ganze Schöpfung hindurch fortsetzen. Ein ganz neuer Entwicklungszyklus beginnt … ein Einatemzug zum Geist Gottes.«

Vieles von dem, was er mir sagte, war mir nicht neu. Ich hatte genügend Bücher gelesen und mit vielen Leuten geredet, sodass mir das meiste seiner Informationen bekannt war. Doch diesmal waren die Worte nicht nur reine Information. Sie waren eine Übertragung, die mich auf einer tiefen zellularen Ebene berührte.

Dann kam Windrider zum Hauptthema seiner Botschaft: »Aufgrund der einzigartigen Natur dieses besonderen Nullpunktes steht die Erde an der Schwelle eines kosmischen Geburtsmoments, in dem der Schöpfer und die Schöpfung eins werden. Mit anderen Worten: Die Schleier zwischen den Welten werden für einen Moment lang in der Zeit verschwinden – oder eher für einen Moment ›außerhalb der Zeit sein‹ –, lange genug, damit das Bewusstsein des Schöpfers in die Herzen und Köpfe aller auf Erden verkörperter Wesen schlüpfen kann. Es ist, als ob die ganze Schöpfung mit dem Schöpfer zusammen den Atem anhalten würde und dann für immer mit dem Geist Gottes geimpft ist.

Die Frequenz der Schwingungen aller Lebensformen hängt mit der Verbundenheit mit dem Geist zusammen.

Im Moment der Impfung wird die Frequenz aller Wesen auf der Erde in einem außergewöhnlichen Stoß des Erwachens angehoben. Und da Zeit und Raum auch etwas mit der Frequenz zu tun haben, werdet ihr in einem kollektiven Geschehen plötzlich in die ›vierte Dimension‹ katapultiert werden.«

Mit der vierten Dimension meinte er eine höhere Schwingungsoktave, in der unsere Körper nicht mehr so fest in Raum und Zeit fixiert sind. Auf der wir anfangen können, uns direkt mit den Frequenzen unserer Seele zu verbinden. »Während der kollektive Übergang in die fünfteDimension noch etwas dauern wird, werden einige von euch aber an der vierten vorbei direkt in die fünfte oder sogar sechste dimensionale Frequenz gehen und den Aufstiegsprozess aktivieren.«

Er erklärte mir, dass die fünfte und sechste Dimension mit Bewusstseinszuständen zu tun haben, dass dort die physikalischen Körper zunehmend mit dem harmonisiert werden, was oft als »Lichtkörper« bezeichnet wird. Der Aufstiegsprozess sei so etwas wie die Vereinigung des physischen Körpers mit dem Lichtkörper. Windrider betonte, dass viele geistig vorbereitete Menschen dann in der Lage sein würden, diese Vereinigung während oder nach der Zeit der Verschiebung zu erreichen, sie würden dann zu aufgestiegenen Meistern und Zeitreisenden.

Aber dann kam auch eine Warnung. Obwohl er aus seiner Zukunftsperspektive sehen konnte, dass diese Verschiebung an einem Punkt in der kollektiven Zukunft der heute lebenden Menschheit unausweichlich stattfinden würde, war das »Wie« doch von uns abhängig. Die »Zukunft« ist nicht in allen Einzelheiten festgelegt, und viele Wahrscheinlichkeiten könnten gleichzeitig existieren. Welche dieser Möglichkeiten wir auswählen, die wir als unsere Realität erfahren, liegt ganz in unseren Händen.

»Die ›starke Verschiebung‹, von der ich gesprochen habe, ist unausweichlich. Von den möglichen Zeitlinien eurer Zukunft passiert sie mit Bestimmtheit. Aber was genau an diesem Nullpunkt oder bei dieser kosmischen Geburt tatsächlich passieren wird, ist nicht festgelegt. Es ist zutiefst abhängig von dem latenten, kollektiven Bewusstsein im gegebenen Moment. Es gibt zwei Hauptströme von Möglichkeiten. Im positivsten Fall werden alle Wesen des Planeten und die Erde selbst in die Schwingungsfrequenz der vierten Dimension versetzt. Das wäre dann der Ausgangspunkt für verschiedene Gruppierungen von Seelen, sich noch weiter zu entwickeln.

Ein alternatives Szenario wäre eine Trennung der Welten, wobei diejenigen, die vorbereitet sind, durch die Korridore einer kosmischen Geburt hindurch in die vierte Dimension und darüber hinausgehen. Diejenigen aber, die nicht darauf vorbereitet sind, würden in der ›dritten Dimension‹ verbleiben, den Gesetzen und Konsequenzen der gegenwärtigen Bedingungen in dieser

Welt ausgeliefert. Aller Wahrscheinlichkeit nach würden sie ziemlich verheerende Katastrophen erfahren, während die Erde in dem Prozess ist, sich auszubalancieren.

Der schlimmste Fall, in dem die gesamte Erde in einer großen Umwälzung zerstört würde, kommt nicht mehr in Frage«, erklärte er weiter. »Das schien bis vor einem Jahrzehnt oder länger noch eine wahrscheinliche Möglichkeit. Aber unsere kollektiven Absichten und Bemühungen auf den inneren Ebenen haben bereits geholfen.

Ein großes Licht wird jetzt auf die Erde getragen. Daher glauben wir, dass es möglich ist, dass sich die Situation des zweiten Szenarios einer teilweisen Versetzung zum bestmöglichen Szenario, einer vollständigen Versetzung in die vierte Dimension und darüber hinaus, verändert.«

Christliche, moslemische und jüdische Schriften sind voll von Hinweisen auf einen »Tag des jüngsten Gerichts«, an dem die Rechtschaffenden belohnt und die Nicht-Rechtschaffenden bestraft würden. Das war seinerzeit das hoffnungsvollste Szenario und stellt nach Windrider den zweiten Strom von Möglichkeiten dar. Jesus selbst sprach von den zwei Männern, die Seite an Seite auf dem Feld arbeiten, einer von beiden wird ausgewählt, der andere zurückgelassen.

»Es gibt auch in diesem Zeitalter Metaphern, die das erste Szenario widerspiegeln. Die Geschichte vom hundertsten Affen, eine gute Beschreibung biologischer wie auch spiritueller Entwicklung, ist so ein Beispiel. Es ist wahr, wann immer eine ausreichende Anzahl von Wesen ein neues Paradigma anstrebt und praktiziert, dann tritt das ›Gesetz der Gnade‹ auf den Plan, und der Rest der Affen – oder der Menschen, wie der Fall auch immer liegen mag – werden mitgenommen.«

Was muss für das Massenbewusstsein geschehen, damit wir vom zweiten Strom der Möglichkeiten zum ersten Strom kommen? Windrider betonte, dass das zweite Szenario auf »Karma« basiert, während das erste Szenario auf der »Gnade« basiert. Die Gesetze der Gnade wirken auf einer höheren Ebene als die Gesetze des Karmas. Doch um Ersteres zu aktivieren, müssen wir sowohl unseren persönlichen als auch unseren kollektiven Schatten verstehen und liebevoll umarmen.

»Als der Meister Jesus davon sprach, deinen Feinden zu vergeben, meinte er nicht, ihre Taten gutzuheißen, sondern zu erkennen, dass du beides bist, Schatten und Licht zusammen, und dass die Vergebung euch beiden eine Gelegenheit schenkt, die göttliche Alchemie zu üben, beides, Licht und Schatten in der Erfahrung des Einsseins zu vereinen. ›Liebe deinen Nachbarn wie dich selbst‹, sagte er, ›denn ihr seid tatsächlich gleich.‹«

»Der Test für eine erwachende Menschheit ist«, folgerte Windrider, »kannst du die Hand der Vergebung und Liebe deinen Brüdern und Schwestern, die in Ignoranz und Dunkelheit stecken, in diesem erweiterten Sinn entgegenstrecken? Das ist Vergebung, die aus wahrem Wissen über dich selbst entspringt. Eine Vergebung, die dich selbst umarmt, deinen Partner, deinen Nachbarn, deine Regierung, die Kraftprotze, den Militärindustriekomplex, die Illuminaten oder was auch immer deine eigene Version des ›Feindes‹ sein mag.

Wenn du das tust, aktivierst du damit das Gesetz der Gnade und beendest einen polarisierten Konflikt. So wird eine Tür zu vollen planetarischen Erwachen geöffnet. So wird sichergestellt, dass bei dem kommenden ›Einatmen Gottes‹ niemand zurückgelassen wird. Das ist das beste Fallszenario, eines, um dessen Willen ich in deine Zeit reise, um die Samen für diese neue Möglichkeit zu bringen.«

Das Mysterium von Schrödingers Katze

Die Begegnung mit Windrider war enorm wichtig für mich. Vor vielen Jahren hatte ich eines von Richard Bachs Büchern gelesen, basierend auf einer Begegnung mit sich selbst in der Vergangenheit. Ich war, wie von allen seinen Büchern, auch von diesem inspiriert und fasziniert, wusste allerdings nie, ob sie nun Fiktion oder autobiographisch waren. Aber jetzt wurde mir klar, dass wir multidimensionale Wesen sind. Befreit von den Restriktionen des denkenden Verstandes, in der ewigen Weite unseres unendlichen Schöpferbewusstseins, bekommen wir in beiden Zeiten, in der Vergangenheit und in der Zukunft, Zugang zu Aspekten von uns selbst. In der Tat wird unsere Erfahrung der Zeit selbst, aus dieser Perspektive gesehen, nie mehr dieselbe sein. Was wir als »uns selbst« betrachten, ist nicht mehr auf das lineare Fortschreiten einer einzigen Seele von Leben zu Leben begrenzt, sondern dehnt sich weiter und weiter aus, um das ganze Gewebe des Lebens aller Schöpfung und aller Zeitlinien zu umarmen.

Kurz nach dieser Begegnung entschied ich mich, als Vorausnahme dessen, wohin ich wachse, den Begriff »Windrider« meinem Namen hinzuzufügen.

Diese Begegnung half mir auch, meine Erfahrung am Silvesterabend besser zu verstehen. Vielleicht hatte sie mich in gewisser Weise darauf vorbereitet, in ein neues Bewusstsein einzutreten, in dem ich zwei Zeitlinien gleichzeitig erfahren konnte. Und vielleicht beantwortete sie uns auch einige Fragen, während wir den komplexen Realitäten, wie sie heute auftauchen, entgegensehen.

Die Quantenphysiker sind sich der fremdartigen Realitäten, die sich zu zeigen scheinen, wenn sie erst einmal tiefer und tiefer in die subatomare Physik hinuntergestiegen sind, durchaus gewahr. Es gibt ein recht bekanntes Experiment, das als »Schrödingers Katze« bekannt ist. Das Licht funktioniert als beides, als Teilchen und als Wellen. Wenn Licht in bestimmten Experimenten durch einen doppelten Schlitz auf eine Leinwand ausgestrahlt wird, kreiert es auf der anderen Seite ein wellenförmiges Muster. Während das Licht als Ganzes ein voraussehbares Interferenzmuster kreiert, kann jedes einzelne Photon oder Teil des Lichtes nur durch einen der beiden Schlitze entweichen. Welchen Schlitz wird es wählen? Der klassischen Physik zufolge sollte es eine Wahrscheinlichkeit von 50 Prozent geben, den einen oder anderen Durchgang zu wählen.

Schrödinger nutzte dieses Prinzip, um ein Gedankenexperiment durchzuführen. Angenommen, wir nehmen einen Kasten, der absolut lichtundurchlässig ist, mit zwei hineingeschnitzten Spalten. Dann legen wir ein

Kügelchen aus Zyanid unmittelbar hinter einen der beiden Schlitze. Das Kügelchen ist so beschaffen, dass, wenn es einem Photon Licht ausgesetzt ist, das Zyanid freigeben würde. Als Nächstes setzen wir außer dem Zyanid auch noch eine Katze in den Kasten und bombardieren sie mit einem einzigen Lichtphoton. Wenn es durch den Schlitz mit dem Zyanidkügelchen dahinter ginge, würde dieses sein Gift entlassen, und die Katze würde sterben. Wenn es durch den anderen Schlitz ginge, bliebe die Katze am Leben.

Hier gibt es eine Wahrscheinlichkeit von genau 50 Prozent dass die Katze überlebt oder stirbt. Wir wissen nicht, ob sie tot oder lebendig ist, bis wir den Kasten öffnen und nachsehen. Doch was ist, wenn wir gar nicht nachschauen? Was ist, wenn wir unseren denkenden Verstand gar nicht benutzen? Den Gesetzen der Quantenphysik zufolge ist es das beobachtende Bewusstsein, das die Wahl real macht, und die Katze ist in einem eigenartigen Zustand aussetzenden Belebt-Seins, weder tot noch lebendig, oder beides, tot und lebendig, bis der Beobachter den Kasten öffnet und nachschaut.

Was wäre, wenn dieselben Regeln nicht nur für die subatomaren Teilchen gelten würden, sondern auch für die makrokosmische Welt? Was wäre, wenn vielfältige Realitäten in unserer täglichen Erfahrung des Lebens gleichzeitig existieren würden – vielfältige Zukünfte, vielfältige Vergangenheiten, vielfältige Dimensionen der Gegenwart? Das ist die Welt der Traumzeit der australischen Ureinwohner oder die Welt des »Nagual« auf die Carlos Castaneda sich bezog.

Gibt es einen Mechanismus, den wir bisher noch nicht verstanden haben, durch den diese Traumzeitwelt eine bewusste Erfahrung für uns werden kann und unsere bewussten Absichten dieser Traumzeitwelt Form geben können? War meine Erfahrung am Abend des neuen Jahrtausends auf der Brücke dafür ein Beispiel, ähnlich den vielfältigen mystischen und schamanischen Erfahrungen, welche die Menschen seit unzähligen Jahrtausenden gehabt haben?

Wenn unser denkender Verstand die vielfältigen Wahrscheinlichkeiten quasi einfriert zu einer beobachtbaren Realität, gibt es dann andere »Orientierungsmöglichkeiten«, die über den denkenden Verstand hinausgehen, die die Dinge anders wahrnehmen? Könnte uns das nicht helfen auszuwählen, welche dieser vielfältigen Wahrscheinlichkeiten wir in unsere unmittelbare Erfahrung herunterladen? Mit anderen Worten: Erschaffen Wahrnehmungen die Realität? Und was heißt das für uns in diesen Zeiten einer globalen Krise?

Kosmische Evolution

Bevor wir diese Fragen weiter erforschen, lassen Sie uns noch einmal einen Blick darauf werfen, wer wir sind und wohin wir uns, aus einer metaphysischen Perspektive heraus gesehen, bewegen. Wir sind zunehmend dabei zu erkennen, dass das Metaphysische kein Gegensatz zum Physischen bildet und dass keins von beiden besser ist als das andere. Es sind einfach nur zwei verschiedene Linsen, durch die wir dieselbe Realität betrachten.

Jeder Schritt ist mit jedem anderen Schritt auf unserer Reise in die Ewigkeit verbunden. In dem großen Gefüge des kosmischen Entwurfs ist jeder Teil mit allen anderen verbunden – ohne Anfang und ohne Ende. Und doch gibt es Schritte auf dem linearen Weg des menschlichen Bewusstseins, die markiert werden können. Vielleicht bemerkst du, wie du, während wir hier zusammen reisen, aus dem Käfig des linearen Verstandes ausbrichst und an einen Ort kommst, an dem sich alle Zeitlinien treffen, wo sich alle Teile des Bewusstseins zu einem einzigen Puls strahlenden Lichtes verweben.

Die Menschheit steht an der Schwelle eines großen Erwachens. Es gibt ein kosmisches Feuer, das dem Bewusstsein aller Materie innewohnt, das uns seit Äonen vorantreibt und lange Zyklen der Evolution erschafft. So bewegen wir uns durch Zyklen der Einheit und solchen der Trennung, durch Wellen göttlichen Abstiegs und menschlichen Aufstiegs. Aus dem ersten Moment göttlichen Lichts geboren, sind wir weit gereist mit dem Wind von Raum und Zeit. Wir erwarten jetzt den Moment der Rückkehr, in dem jegliche Materie durch das Bewusstsein des Lichtes leuchten wird und seine wahre Bestimmung im Gefüge der Schöpfung findet.

Dieses Experiment ist nicht neu. Immer schon gab es die Hüter des kosmischen Feuers in den alten Traditionen, und immer auch einige wenige, die sich daran erinnern konnten, woher wir kamen und wie wir wieder zurückfinden können. Ihr Auftrag war es, dieses heilige

Wissen zu bewahren und uns, wenn die Zeit reif ist, einen Weg nach Hause zu erschaffen. Wenn ihr dies lest, sind wir vielleicht auch mit auf der Reise und es wird Zeit, sich an die heilige Botschaft zu erinnern.

Wer sind wir wirklich? Vielleicht ist das für den Anfang eine gute Frage. Sind wir Körper aus Materie, ein Produkt der darwinschen Evolutionstheorie, hervorgegangen aus dem namenlosen Affen aus weit zurückliegender Vergangenheit? Entwickeln wir uns zu einer Art höheren Bestimmung, während wir dem Reich des Geistes entgegengehen? Oder sind wir Fahrzeuge des Geistes, die spielerisch Körper erschaffen, während sie sich mit der Absicht, innerhalb der Materie zum ewigen Sein zu erwachen, in dieselbe hineinbegeben?

Sind wir Geist oder Materie? Unsere Religionen lehren uns das eine, unsere Wissenschaft lehrt uns das andere. So herum ist das vielleicht eine einfache Frage. Doch was ist, wenn die Frage selbst irgendwie falsch ist? Unser Verstand ist so programmiert, dass wir glauben, dass es eine einzige Antwort auf diese Frage gibt, dass es entweder das eine oder das andere ist. Aber vielleicht ist es dieses Programm selbst, womit unser Problem beginnt.

Stell dir vor, du bist auf einer Reise zu dem Moment unseres Ursprungs. Was begegnet uns da? Es gibt so viele verschiedene Geschichten davon, wie das Leben begann, wer oder was Gott ist. Und endlos viele Variationen davon, warum wir getrennt wurden und wie wir zurückkehren können. Vielleicht werden wir niemals erfahren, welche Variation der Geschichten wahr ist. Vielleicht ist es aber auch ganz egal, selbst wenn wir es wüssten. Vielleicht können wir auf eine Bewusstseinsebene gelangen, auf der selbst diese Fragen sich auflösen …

Stell dir vor, es gibt viele verschiedene Realitätsformen, die alle gleichzeitig existieren, aber auch alle miteinander verbunden sind. In unserem menschlichen Dasein erfahren wir biologische Realitäten, mentale und emotionale Zustände und gelegentlich spirituelle Erfahrungen. Wir haben ein einziges »Instrument« durch das wir alle diese Realitäten erfahren können, und das ist durch den »Geist«.

Was aber ist dieser Geist? Und wie wäre es, wenn es nicht nur eine Ebene des Geistes gäbe, sondern viele, und wenn wir in diesen subtilen Ebenen des Geistes unsere Identität mit Gott oder als Gott erführen? Oft wird uns gelehrt, dass unsere Anhaftung an den Geist des Verstandes die Ursache allen Leidens ist. Vielleicht ist das ja sogar wahr. In diesem Zusammenhang sprechen wir nur von einer Ebene des Geistes, von seinem rationalen Teil, vom Verstand, der in der linearen Zeit und im dreidimensionalen Raum gefangen ist. Wie aber können wir über den rationalen Verstand hinausgehen, um andere, subtilere Schichten der Realität zu erfahren?

Gibt es überhaupt subtilere Schichten des Geistes, die über den rationalen Verstand hinausgehen, so wie es subtilere Schichten unseres Körpers gibt, die über den physischen Körper hinausgehen? Können wir mit diesen subtileren Ebenen des Geistes mit den korrespondierenden Schichten unseres Körpers Kontakt aufnehmen? Können wir uns eventuell sogar mit einer Quantenebene der körperlichen Realität, die gleichzeitig weit hinter unserer materiellen Realität liegt, verbinden?

Ist es möglich, dass wir, während wir uns mit den subtileren Schichten des Geistes und des Körpers verbinden, beginnen, uns mit dem im Menschen vorhandenen Göttlichen zu verbinden? Ist es das – wer wir unserem Potenzial nach sind – göttlich-menschliche Wesen, in deren Bewusstsein sich der Schleier zwischen Geist und Materie in der Einheit aufgelöst hat? Es gibt viele Geschichten von aufgestiegenen Meistern, oder von Menschen, die gelernt haben, ihre physischen Körper mit dem göttlichen Licht zu verschmelzen, und dabei haben sie die Grenzen der Materie, des Raumes und der Zeit überschritten. Bekannt und unbekannt leben viele dieser Wesen noch in irdischen Dimensionen. Sie arbeiten im Unsichtbaren mit dem kollektiven morphogenetischen Feld der Menschheit und warten auf die Zeit, in der wir alle gemeinsam weitergehen können.

Wenn das möglich ist, wie erreichen wir es dann? Ich fühle, dass hinter allen langen Zyklen der Menschheits- und der Erdevolution ein göttlicher, evolutionärer Impuls aktiv wirksam ist. Dieser evolutionäre Impuls wirkt nicht nur in Perioden allmählicher Entfaltung, sondern auch in »Quantensprüngen« plötzlichen Erwachens. Dieser Impuls erreicht uns nicht nur durch Kräfte außerhalb von uns im kosmischen Feld, sondern auch durch solche aus unserem Inneren. Ich fühle, dass es einen evolutionären Zeitplan gibt, dessen Code in den Mustern unserer Gene verankert ist, der sich seit Äonen langsam entfaltet hat. Dieses Muster hat die Entwicklung bis zu einem Punkt beschleunigt, an dem ein Quantensprung des evolutionären Bewusstseins jetzt möglich ist.

Erleuchtung entmystifiziert

Viele Menschen setzen diese evolutionäre Reise der Menschheit mit Erleuchtung gleich. Aber meiner Meinung nach ist es wichtig, zwischen beidem zu unterscheiden. Erleuchtung ist ein Bewusstseinszustand, in dem unser persönliches Ego zurücktritt, in dem wir einen Schimmer von der Freiheit bekommen, die ansonsten unser konditionierter Verstand verhindert. Dagegen ist die evolutionäre Reise, auf die ich mich in diesem Buch beziehe, ein kollektives Ereignis, eine genetische Transformation der menschlichen Spezies und ein Prozess planetarischer Evolution, die von externen galaktischen Faktoren initiiert wurde.

Aufgrund dieser Unterscheidung mag es jetzt hilfreich sein, das Wort »Erleuchtung« genauer zu definieren und was es im Kontext unserer evolutionären Reise bedeutet. Erleuchtung ist eines der am stärksten mystifizierten spirituellen Konzepte. Daher ist es wichtig, genau zu verstehen, was es bedeutet, und auch, was es nicht bedeutet. Bei der Erleuchtung geht es nicht darum, ein Übermensch zu werden, sich in Licht zu verwandeln, spirituelle Kraft zu manifestieren oder den Trübsinn des täglichen Lebens und der Gefühle zu transzendieren. Es geht nicht um kosmischen Segen, sofort auftretende Fähigkeiten der Hellsichtigkeit oder darum, den menschlichen Verantwortungen zu entfliehen. Es geht auch nicht darum, den Verstand zu verlieren oder in irgendeiner Weise die Natur des Geistes zu verändern.

Der Geist hat viele Facetten, die mit den vielen Ebenen des Bewusstseins in Beziehung stehen. In unserem gegenwärtigen Entwicklungszustand sind wir so geprägt, dass wir die Realität nur durch eine dieser Ebenen, eben den denkenden Verstand, wahrnehmen. Der denkende Verstand hat auf unserer Reise, dieser unserer Verkörperung, eine wichtige Rolle zu spielen. Doch irgendwie sind wir so geprägt worden, dass wir glauben, dass er alles sei.

Der denkende Verstand nimmt die Realität durch seine Fähigkeit, Information zu vergleichen und zu analysieren, wahr. Er bekleidet sich mit einer Sammlung unbewusster Überzeugungen und Gefühlen, die wir alle aus einem kollektiven Netz menschlicher Konditionierung erben. Er ist auf Erinnerungen begründet und erschafft ein Gefühl für das eigene Sein, das auf einer Reihe von Ereignissen in linearer Zeit basiert. Wir nennen dieses Gefühl von uns selbst das *Ego.* Unsere auf dem Ego gründende Persönlichkeit sieht sich selbst als eine feststehende Identität, die mit der Geburt beginnt und mit dem Tod endet.

Der denkende Verstand hilft uns, zu denken und zu überleben. Er ist nicht für die Wahrnehmung der subtileren Realitäten geschaffen. Das ist die Domäne der Seele. Er ist nur ein Aspekt dessen, wer wir als multidimensionale Wesenheit sind. Doch durch die schwingungsmäßige Dichte unseres Körper-Geist-Organismus ist dies der Aspekt unseres Seins, mit dem wir den Hang haben, uns zu identifizieren und auf den wir uns fixieren. Bei der Erleuchtung hingegen geht es einfach darum, durch die Schichten unserer unterbewussten Prägungen, die uns auf unseren denkenden Verstand fixieren, hindurchzubrechen, um uns wieder mit unserer multidimensionalen Gegenwart zu verbinden.

Sobald wir uns unserer auf dem denkenden Verstand gründenden Anhaftung und Abhängigkeit gewahr werden, versuchen wir auszubrechen. Für viele spirituelle Sucher heißt das endloses Suchen, ständige Selbstanalyse, flüchtige Triumphe und zumeist unausweichliches Scheitern. Das alles ist Teil unserer menschlichen Konditionierung. Unser unablässiges Bedürfnis zu vergleichen, zu analysieren, zu rechtfertigen und uns selbst zu beurteilen, ist ein Teil unseres denkenden Verstandes.

Ironischerweise entspringt sogar unsere Identität als spiritueller Sucher in der Dualität des denkenden Verstandes, der immer wieder versucht, Erwartungen zu kreieren und Urteile zu fällen, die auf gut und böse, richtig und falsch, spirituell oder nicht spirituell usw. beruhen. Ich denke, wir sind irgendwie fehlgeleitet und engagieren uns bei dem Versuch, uns selbst zu verändern. Dann entdecken wir, dass es unmöglich ist, die Natur unseres Verstandes zu verändern, und ersticken schließlich in Schuld und Scham.

Unsere Identifikation mit dem denkenden Verstand wird sich in dem Moment auflösen, wenn sich unsere Schwingungsfrequenz aus der Anhaftung an die dreidimensionalen Realitäten erhebt. Das ist Teil unserer evolutionären Reise, unserer göttlichen Bestimmung. Aber es passiert nicht, wenn wir *versuchen,* es geschehen zu lassen. Die einfache Wahrheit ist, dass wir die Erleuchtung nicht erreichen können – egal, wie sehr wir uns bemühen. Denn all unsere Versuche, unsere Bemühungen entspringen nur aus dem Aspekt von uns, der mit dem denkenden Verstand identifiziert ist, demselben denkenden Verstand, von dem wir uns so verzweifelt zu lösen versuchen.

Erleuchtung ist die Erkenntnis, dass wir nicht dieses Netz von Konditionierungen sind, das unserem Körper-Geist-Organismus innewohnt, von dem wir glauben, dass wir es sind. Erleuchtung heißt, die Dualität aufzubrechen, die unserem persönlichen Ego innewohnt, und zu verstehen, dass die Dinge einfach so sind, wie sie sind, ohne nach etwas zu streben, das uns wünschenswert erscheint, ohne dem Widerstand zu leisten, was wir als schmerzhaft oder unangenehm empfinden.

Erleuchtung heißt, die Realität der Dinge so anzunehmen, wie sie in diesem Moment sind, einfach, weil unsere Identität nicht mehr an die Mechanismen des Vergleichens und Verurteilens, die dem denkenden Verstand innewohnen, gebunden ist. Frei vom Netz der Konditionierungen, ist sie die Fähigkeit, uns in jedem Moment spontan ausdrücken zu können, und zwar aus unserem authentischen Selbst heraus lebend, anstatt aus konditionierten Reflexen. Befreit von den Lasten der Vergangenheit und den Erwartungen der Zukunft, ist sie die Fähigkeit, in jedem gegebenen Moment voll im Leben engagiert zu sein. Frei von der Identifikation mit dem denkenden Verstand oder dem persönlichen Ego, ist sie die Fähigkeit, als spontaner Ausdruck göttlichen Bewusstseins oder der Seele in diesem Körper-Geist-Organismus zu leben.

»Na ja, das ist ja ganz schön und richtig. Doch was muss ich TUN, um erleuchtet zu werden?« Diese Frage kommt unweigerlich auf. Wir müssen verstehen, dass unser persönliches Ego im Tun begründet ist und dass der denkende Verstand den denkenden Verstand nicht bremsen kann. Wenn wir das einmal wirklich verstanden haben, dann sind wir paradoxerweise in der Lage, unsere Bemühungen einzustellen, unser Versagen und unseren Schmerz anzunehmen, unsere Wankelmütigkeit und unsere Schatten zu umarmen, uns angesichts der Wahrheit zu entspannen und mit dem Universum unseren Frieden zu schließen. Wenn wir das tun, entdecken wir, dass wir durch das Loslassen schon gefunden haben, wonach wir so lange gesucht haben.

Als Grace und ich das letzte Mal in Indien waren, nahmen wir an einem Satsang mit Ramesh Balsekar in Bombay teil. Er war ein enger Schüler von Nisargadatta Maharaj und wird, obwohl schon über 90, aber noch sehr rüstig, als erleuchteter, selbstverdienter Meister angesehen. Ich hatte kurz vorher in einem Forschungsprojekt über die Möglichkeit vielfältiger, gleichzeitiger Realitäten in einem evolutionären Kontext mitgearbeitet und bat ihn ohne lange Vorrede, doch bitte etwas über die Natur des Bewusstseins, multiple Realitäten und Zeit zu erzählen.

Sobald ich die Frage losgeworden war, duckte ich mich erschrocken, weil mir sofort klar war, wie irrelevant sie an diesem Ort war und dass er als Advaita-Lehrer den Fragenden in Stücke zerreißen wird. Und das tat er. »Warum ist diese Frage für Kiara so wichtig?«, stellte er die Ge-

genfrage. »Wie kann allein die Anhäufung von Wissen Kiara glücklich machen?

Unser grundlegendes Problem ist die Identifikation unseres Selbst mit dem Tuenden. Solange wir mit dem »Tuenden« identifiziert sind, glauben wir, dass wir wählen können im Leben, dass wir dem Vergnügen nachjagen, den Schmerz vermeiden können. Wir glauben, dass wir falsche Entscheidungen treffen, und fühlen uns schuldig. Oder wir treffen Entscheidungen, weil wir Angst davor haben, unsere eigene Wahrheit auszuleben. Doch jede Handlung, die wir ausführen, ist einfach nur das Ergebnis unserer gegenwärtigen Konditionierung und unseres genetischen Erbes. Das sind alles Entscheidungen, die auf Angst basieren. Haben wir wirklich einen freien Willen?

Wir sind nur dann frei, wenn wir uns nicht mehr länger mit dem Tuenden identifizieren. Dann werden wir zum Tun, und das Leben wird, was geschieht. Wenn wir uns nicht mehr mit dem Tuenden identifizieren, haben wir auch keine Angst mehr, eine falsche Entscheidung zu treffen oder dass das Universum uns in irgendeiner Weise Schaden zufügen könnte. Wir lassen unsere Schuldgefühle und Ängste los und engagieren uns ganz spontan im gegenwärtigen Moment des Lebens.

Erleuchtet zu sein ist, den göttlichen Fluss, so wie er sich durch uns hindurchbewegt, anzunehmen, ohne sich mit einem persönlich Tuenden zu identifizieren. Erleuchtet zu sein, heißt nicht mehr länger in Angst zu leben. Erleuchtet zu sein, heißt zu erkennen, dass es nichts und niemanden gibt, dem wir für irgendetwas, dem wir im Leben begegnen, Schuld zuweisen könnten. Da alles, was geschieht, Gottes Wille ist, göttliche Bestimmung und kosmischer Plan.

Das ist nicht ein Problem des Egos«, betonte er. »Wir alle sind den unbewussten Einflüssen des persönlichen Egos ausgeliefert, der Psychopath genauso wie der Heilige. Der Unterschied ist nur, dass das Gefühl des persönlichen Tuns im Falle des erleuchteten Heiligen entwurzelt ist. Wenn wir die Tuenden sind, wie kann es dann Karma geben? Karma ist für uns nur dann real, wenn wir mit der physischen Form identifiziert sind, gefangen in einer Welt der Dualität und dem Rad der Verantwortung und den Konsequenzen davon ausgeliefert. Wenn wir über diese begrenzte Identifikation erst einmal hinausgekommen sind, sind wir frei, die ganze Kraft unserer göttlichen Bestimmung zu manifestieren.

Haben wir erst einmal erkannt, dass wir nicht der Tuende sind, verändert sich alles. Unsere Identität verschiebt sich an einen dahinterliegenden Ort. Dann erkennen wir, dass alles durch das kosmische Gesetz regiert wird. Deshalb gibt es nichts, dem wir Widerstand leisten, nichts, wovor wir Angst haben müssten. Der Tuende wird eins mit der Tat, und die Bestimmung erfüllt sich in jedem Moment in einem spontanen Lebensfluss.

Ein persönliches ›Wesen‹ und die Erleuchtung gehen nicht zusammen«, schloss er. »Es gibt kein ›Ich‹ oder ›Du‹ das Erleuchtung sucht. *Tatsächlich gibt es so etwas wie Erleuchtung gar nicht, und das wirklich zu begreifen, ist selbst Erleuchtung!*«

Also, die Essenz des Erleuchtet-Sein ist es zu verstehen, dass ich nicht der Tuende bin, sondern nur ein

»Fahrzeug«, welches das Tun geschehen lässt. Wenn ich nicht der Tuende bin, *wer* bleibt dann noch, der sich schuldig fühlt, ängstlich oder der irgendetwas verurteilt, was das Leben zu bieten hat?

Unsere Erinnerungen an die Vergangenheit und unsere Hoffnungen und Ängste in Bezug auf die Zukunft entspringen alle unserer Identifikation mit dem Tuenden. Das Leben ist so gedacht, dass wir im ewigen Moment spontanen Tuns leben, der aus unserer Identität als multidimensionales Bewusstsein geboren wird. Wir sind in der Welt der Zeit gefangen, solange wir uns mit dem Tuenden identifizieren.

Wir sind einfach nur Zeugen des Göttlichen, das durch uns wirkt, das sich in jedem Moment entsprechend seiner eigenen Weisheit und seiner eigenen Geschwindigkeit aus der unendlichen, kreativen Quelle neu erschafft. Während wir üben, unsere Identität vom Tuenden zum spontanen Tun zu verlagern, vom Ego zur Seele, erkennen wir, dass alles göttlicher Wille ist. Das ist eine Sichtweise, die unser begrenzter Körper-Verstand-Organismus nicht leicht begreifen kann. Erleuchtung heißt einfach zu erkennen, dass dies immer wahr gewesen ist und der Vollkommenheit, die schon da ist, keinen Widerstand zu leisten.

Aus dieser Perspektive erkennen wir schließlich, dass wir nichts tun können, um unser Ego zur Ruhe zu bringen, unsern Verstand abzuschalten oder unsere Erleuchtung zu erlangen. Denn alle diese Versuche, uns selbst zu verändern, entspringen dem Widerstand, den wir der Vollkommenheit, die schon vorhanden ist, leisten. Alles was wir tun können, ist einfach die Vollkommenheit unseres Platzes im Ganzen und uns selbst genauso zu lieben und zu verstehen wie wir sind. Sobald wir das anerkennen, hebt sich der Vorhang. Wir erkennen, dass wir nicht die Schauspieler auf der Bühne des Lebens sind, sondern dass das Leben selbst den Wunsch hat, sich in jedem Moment seiner Existenz auszudrücken.

Eine andere Sicht des Maya-Kalenders

Im Laufe der Jahre habe ich festgestellt, dass mich meine Suche nach persönlicher Erleuchtung nicht mehr so antreibt wie zuvor. Vielleicht habe ich erkannt, dass es sich hierbei um einen lebenslangen Prozess handelt, anstatt um ein letztendliches Erlebnis. Anscheinend bin ich auch nicht mehr ganz so stark mit meinem persönlichen Selbst identifiziert. Vielleicht habe ich gelernt, ein bisschen liebevoller mit mir selbst und anderen umzugehen, die Schatten und Unvollkommenheiten mehr zuzulassen, und bin eher bereit, mich im Fluss des Lebens, der in einem Ort entspringt, der größer ist als die dreidimensionalen Realitäten, die der denkende Verstand wahrnimmt, spontaner zu engagieren.

Heute fühle ich mein Leben durch eine tiefe Leidenschaft für ein gemeinsames, planetarisches Erwachen motiviert, durch den Wunsch, die Zeit und den Mechanismus hinter dem mystischen Geburtsprozess zu verstehen und mit anderen gemeinsam neue Welten in Raum und Zeit zu erschaffen. Wir sind an einem Dreh-

und Angelpunkt in der Menschheitsgeschichte angekommen, und keiner von uns kann sich weiterentwickeln, wenn wir es nicht gemeinsam tun. Doch wohin entwickeln wir uns von hier aus? Wie können wir diesen Geburtsvorgang besser verstehen und daran teilhaben?

Einen Hinweis zu unserem evolutionären Prozess finden wir vielleicht in den alten Kalendersystemen früherer Zivilisationen. Es gibt ägyptische, hinduistische, chinesische, tibetanische und verschiedene andere Kalendersysteme, zum Beispiel die der Azteken, Hopis, Inkas und Cherokee, die hinsichtlich bestimmter Sichtweisen der evolutionären Geschichte und Zeitzyklen übereinstimmen, obwohl sie sich im Detail sehr unterscheiden.

In letzter Zeit ist viel über den Maya-Kalender veröffentlicht worden, und darauf möchte ich jetzt Bezug nehmen. Der heutige »Maya-Kalender« ist allerdings nur der letzte Teil eines viel älteren Kalendersystems, das bis an den Anfang der »Zeit« wie wir sie verstehen, zurückgeht und auch auf das Ende der Zeit, wie wir sie jetzt erfahren, hinweist. Er ist nicht so sehr ein historischer Kalender, als vielmehr ein Zwischenstück zwischen »linearer« Zeit und dem, was wir multidimensionale oder »galaktische« Zeit nennen könnten. Als solches könnte er als Landkarte unserer evolutionären Impulse aus der linearen Geschichte ins multidimensionale Bewusstsein interpretiert werden.

Bewusstsein ist untrennbar mit unserer berechneten Zeit verknüpft. So wie die alten Mayas in der Lage waren, sich gemäß ihres Sinnes für Zeit auf den galaktischen, anstatt auf den Sonnenkalender einzustimmen, so konnten sie sich auch auf das multidimensionale anstatt auf das lineare Bewusstsein einstimmen.

Was heißt das heute für uns? Unsere Zivilisation ist zunehmend im Morast eines linearen Zeitverständnisses festgefahren, was uns immer mehr von anderen multiplen, miteinander verbundenen Realitäten trennt. Lineare Zeit funktioniert nur in eine Richtung. Sie führt von einer feststehenden Vergangenheit durch eine vorüberhuschende Gegenwart in eine unbestimmte Zukunft. Wir erfahren uns selbst als eine biologische Uhr, die von Moment zu Moment tickt – von der Geburt bis zum Tod. Genauso erleben wir die Geschichte als ein lineares Fortschreiten von Ereignissen in einer einzigen Dimension von Realität.

Galaktische Zeit jedoch setzt uns in ein Verhältnis zu einer multidimensionalen Welt gleichzeitiger Realitäten, die alle durch ein Quantenfeld unendlicher Möglichkeiten miteinander verbunden sind. Diese Sichtweise der Zeit eröffnet uns dafür ein kosmisches Bewusstsein, in dem wir gleichzeitig der vielschichtigen Dimensionen des Seins gewahr werden. Dann sind wir keine im Ego gegründete Persönlichkeit mehr, die verzweifelt versucht, sich mit ihrer Seele zu verbinden, um ihrer kümmerlichen Existenz eine Bedeutung zu geben, sondern die weite Landschaft einer göttlichen Seele, die ihre Verkörperung als menschliche Schöpfung gleichzeitig in Raum und Zeit erfährt.

Wenn wir jetzt also beginnen, den Maya-Kalender zu erforschen, geht es nicht nur um ein Kalendersystem, sondern um die Natur des Bewusstseins selbst. Fangen wir an, die galaktische Zeit wirklich zu erfahren, werden wir vielleicht entdecken, dass wir galaktische Wesen sind und den Begrenzungen linearer Zeit, die uns so lange in Kästen farbloser Wahrnehmung gefangen gehalten haben, nicht mehr unterworfen sind.

Es gibt viele Interpretationen des Maya-Kalenders, wobei einige extrem von anderen abweichen. Hier möchte ich eine bestimmte Interpretation des Maya-Kalenders vorstellen, mit der ich mich in starker Verbindung fühle und die ich wichtig finde, um die subtilen Nuancen unserer evolutionären Reise zu verstehen.

Carl Johann Calleman, Amerikaner schwedischen Ursprungs, ist Mathematiker, Historiker und ein Erforscher der Maya-Kultur. Grace und ich trafen ihn in einer spirituellen Gemeinschaft in Indien. Durch unsere gemeinsame Begeisterung von der Vision eines planetarischen Erwachens wurden wir schnell enge Freunde. Er beschreibt die Berechnung der Zeit der Mayas als neun miteinander verbundene Schöpfungszyklen. Diese Schöpfungszyklen begannen vor 16,4 Milliarden Jahren, im ersten Moment der Erschaffung der Zeit, den die Wissenschaft als den Urknall bezeichnet, und enden seltsamerweise während unserer Lebenszeit, am 28. Oktober 2011 n. Chr. Aus Gründen, die Calleman uns ausführlich erklärt hat, weicht dieses Datum von dem allgemein angenommenen, dem 21. Dezember 2012, ab. In seinem Buch *Der Mayakalender. Die wahre Tzolkin-Zählung verwendet seit über 2500 Jahren,* erklärt er achtsam die Struktur dieses Kalendersystems und beschreibt, dass es sich hier um einen prophetischen Kalender handelt anstatt nur um ein System zur Einteilung der Zeit.

Die Mayas teilten die Zeit in 13 Himmel ein. Diese Himmel reflektieren die Bewegung des Bewusstseins, vom ersten Keimen der Saat bis zur reifen Frucht am Baum des Lebens. Diese 13 Himmel folgten einander, ebenso wie Tage und Nächte – sieben Schöpfungstage mit sechs Nächten dazwischen. In der Genesis wird dieselbe Geschichte erzählt und betont, dass Gott am siebten Tage ruhte. In einem metaphorischen Sinn warten wir noch auf diesen siebten Tag, an dem die Schöpfung sich mit dem Schöpfer vereint und sich die Schleier der Trennung auflösen. Wenn wir die Berechnungen der Zeit der Mayas wörtlich nehmen, ist dieser Tag nicht mehr so weit entfernt!

Die Mayas verweisen auch auf neun Schöpfungszyklen, von denen jeder in dieselben 13 Himmel geteilt wird. Der erste Schöpfungszyklus reicht 16,4 Milliarden Jahre zurück. Er umfasst 13 Himmel, von denen jeder aus 1,2 Milliarden Jahren besteht. Dieser Zyklus endet am 28. Oktober 2011. Der zweite Schöpfungszyklus beginnt im letzten zwanzigsten Teil des ersten Zyklus. Er ist auch in 13 Himmel eingeteilt, und zwar von jeweils 63 Millionen Jahren, und endet wieder am 28. Oktober 2011. Der dritte Schöpfungszyklus beginnt im letzten zwanzigsten Teil des zweiten Zyklus, ist wiederum in 13 Himmel eingeteilt, und endet auch am 28. Oktober 2011. So geht es weiter, wie bei einer Serie von Matrjoschkas, jede Zeiteinheit ist in einer größeren Zeiteinheit enthalten, die vorher begann.

Die sogenannte »lange Zählung«, die fälschlicherweise oft als der einzige Maya-Kalender betrachtet wird, begann nach Calleman im Juni 3115 v. Chr. und fällt zufällig mit dem sechsten der neun Schöpfungszyklen zusammen, den er als die »nationale Unterwelt« bezeichnet. Der siebte Schöpfungszyklus, als die »planetarische Unterwelt« bekannt, begann 1755 n. Chr. Wir befinden uns zurzeit im achten Schöpfungszyklus, der im Januar 1999 begann und als der »galaktische Zyklus« bekannt ist. Der neunte dieser Zyklen, der »universelle Zyklus« beginnt im Februar 2011 und endet wie alle anderen auch am 28. Oktober desselben Jahres.

Wie du vielleicht schon erkannt hast, ist jeder folgende Schöpfungszyklus in allen zuvor beginnenden Schöpfungszyklen enthalten. Hier handelt es sich um einen prophetischen Kalender, weil wir dann, haben wir die evolutionären Energien dieser 13 Himmel erst einmal verstanden sowie die Ereignisse, die in den jeweiligen Himmeln des vorhergehenden Zyklus stattfanden, ein ziemlich genaues Verständnis dafür entwickeln können, was in gegenwärtigen und zukünftigen Zyklen wahrscheinlich geschehen wird.

Jetzt, wo ich dies schreibe, sind wir genau in der Mitte der fünften Nacht der galaktischen Unterwelt, einer extrem unstabilen Periode, in der sich alte Strukturen und Muster auflösen – als wenn Platz für neue Möglichkeiten geschaffen werden sollte. Wir können einen flüchtigen Eindruck von der evolutionären Energie bekommen, die uns zu dieser Zeit vorantreibt, wenn wir die Natur der fünften Nacht in ihrer archetypischen Essenz verstehen und gleichzeitig die Ereignisse, die in der fünften Nacht aller vorhergehenden Unterwelten stattgefunden haben, erforschen.

In vorhergehenden Zyklen der fünften Nacht verursachte seine Energie weitreichende Zerstörungen auf unserem Planeten. In der nationalen Unterwelt bedeutete dies den Untergang des Römischen Reiches und den Beginn des dunklen Zeitalters, während zur Zeit der planetarischen Unterwelt die große Depression und der Aufstieg des Nationalsozialismus stattfanden. Wenn Callemans Theorie stimmt, wird es recht spannend sein zu beobachten, was für ökonomische, politische, soziale und ökologische Veränderungen wir von jetzt an bis zum Ende der fünften Nacht erleben werden.

Es ist nicht meine Absicht, dieses Kalendersystem im Detail zu beschreiben. Calleman beschäftigt sich in seinem Buch und auf seiner Website, www.calleman.com, mit viel weiterreichenden Einzelzeiten sowie mit prophetischen und metaphysischen Aspekten. Ebenso wie Ian Xel Lungold, ein Kollege von Calleman und auch jemand, mit dem ich befreundet war, der leider vor nicht allzu langer Zeit gestorben ist. Den ich aber in liebevoller Erinnerung behalten werde. Seine Website existiert noch: www.mayanmajix.com.

Wir leben also in einer Zeit, in der die himmlischen Tage und Nächte in sehr kurzen Abständen aufeinanderfolgen. Zurzeit werden an 360 Sonnentagen genauso viele Erfindungen gemacht und umgesetzt, wie vor 20, 400 oder 8000 Jahren vergangener, historischer Zyklen. Die Bewusstseinsentwicklung geht schneller. Wenn im Februar 2011 die universale Unterwelt beginnt, wird, während wir uns dem Endpunkt linearer Zeit am 28. Oktober 2011 nähern, die letzte Phase der Beschleunigung initiiert werden.

An dieser Stelle möchte ich anmerken, dass ich nicht hundertprozentig davon überzeugt bin, dass der 28. Oktober 2011 das absolute Ende des Maya-Kalenders bedeutet. Ebenso überzeugend kann der 21. Dezember 2012, im Allgemeinen anerkannter, als Enddatum erklärt werden, und zwar in einem Zyklus, der entsprechend am 13. August 3114 v. Chr. begann. Wie auch immer, die beiden Daten liegen so nah beieinander, dass, was auch immer ich über eines von beiden sage, dies aus unserer gegenwärtigen Perspektive auf das andere ebenso anwendbar ist. In den folgenden Kapiteln werde ich noch genauer ausführen, was diese Daten in Bezug auf mögliche planetarische Ereignisse bedeuten können.

Was die Sonnenzeit und ihre Kalendersysteme betrifft, so sind wir im Laufe der Geschichte in einer recht ordentlichen linearen Manier fortgeschritten. Ein Tag folgt dem anderen wie jeder andere, und so geht das Leben weiter. Aus der Perspektive der galaktischen Zeit jedoch scheint alles wie in einer Spirale darauf hinauszulaufen, was Windrider den »Nullpunkt« nannte. Wir erleben einen enormen Aufschwung des Bewusstseins und eine letzte Phase der Beschleunigung in Vorbereitung auf einen großen, kosmischen Moment.

Was dieser »Nullpunkt« bedeutet, gibt allen Menschen ein Rätsel auf. Ist es der lang erwartete Moment, in dem das Bewusstsein des Schöpfers in die Materie der Schöpfung schlüpft, in dem die Trennung zwischen den Welten beginnt, sich aufzulösen? Das ist eine Vision, die mich und so viele andere in diesen turbulenten Zeiten inspiriert.

TEIL II

Physische Realitäten

»Der Mensch ist ein Teil eines Ganzen, das wir Universum nennen, ein Teil, der durch Zeit und Raum begrenzt ist. Er erfährt sich selbst, seine Gedanken und Gefühle als etwas, das vom Rest getrennt ist ... eine Art optischer Täuschung in seinem Bewusstsein. Diese Täuschung ist eine Art von Gefängnis für uns, das uns auf unsere persönlichen Wünsche und die Zuneigung zu einigen wenigen Menschen, die uns am nächsten sind, begrenzt. Es muss unsere Aufgabe sein, uns aus diesem Gefängnis zu befreien, indem wir den Kreis des Mitgefühls auf alle lebenden Kreaturen und die gesamte Natur in all ihrer Schönheit erweitern und sie umarmen.« *Albert Einstein*

»Wo ist das Dickicht? Weg! Wo ist der Adler? Weg! Das Ende des Lebens und der Anfang des Überlebens ...«
Chief Seattle vom Stamm der Squamish, 1854

Zukünftige Veränderungen auf der Erde

Die Veränderungen auf der Erde sind heute in aller Munde. Meistens ist von dramatischen Klimaveränderungen und geologischen Vorkommnissen, wie Erdbeben, Vulkanausbrüchen, Hurrikans, Trockenheit und Überschwemmungen die Rede. Manche beziehen sich sogar auf Ereignisse größerer katastrophaler Ausmaße, wie zum Beispiel die Umkehr der Magnetpole, Supervulkane, Erdkrustenverschiebungen, Meteoraufprall oder Polverschiebungen.

Was tun – angesichts solcher Aussichten? Einiges davon sind vielleicht Falschmeldungen, absichtliche Versuche, Menschen fehlzuleiten oder zu terrorisieren. Einiges, obwohl sicherlich mit besten Absichten geschrieben oder medial empfangen, trägt noch Elemente unserer eigenen unbewussten Ängste in sich. Vieles davon ist jedoch von Seismologen, Kosmologen, Geologen, alten Aufzeichnungen oder zeitgenössischen Sehern und Mystikern sorgfältig erforschte Information. Im Folgenden möchte ich diese Informationen wissenschaftlich überprüfen, und zwar auf der Grundlage experimenteller Beobachtungen der physischen Welt.

Es ist leicht, bestimmte Vorhersagen als Schwarzmalerei abzutun, obwohl wir sicherlich genau hinschauen oder hinhören sollten auf die Stimme eines Ökosystems, das aus der Balance geraten ist. Tragischerweise verschließen wir uns auch die großartigen Möglichkeiten einer planetarischen Erneuerung und Hoffnung, wenn wir uns für die Möglichkeiten der Veränderungen auf der Erde verschließen.

Natürlich sind auch eine Menge falscher Informationen im Umlauf, und es ist wichtig, dass wir sie erkennen und uns davon distanzieren. Dennoch können wir heute enorme Veränderungen auf der Erde beobachten, die in den kommenden Jahren zunehmen werden, und ich habe das Gefühl, dass wir achtsam sein müssen. Auf die Veränderungen zu achten, ist nicht dasselbe, wie sich in eine Angst hineinzusteigern. Wir müssen anerkennen, dass wir jetzt schon in einer Zeit gravierender Veränderungen auf der Erde leben. Über vieles davon wird in den Massenmedien gar nicht berichtet.

Das schließt Veränderungen auf der Erde ein, die durch den menschlichen Willen und seine Einmischung stattfinden. Warum wird das menschliche kriegerische Toben und die zunehmende Umweltzerstörung, beides bedeutet für Millionen von Menschen auf dem Planeten eine starke Belastung, von vielen als »Realität« akzeptiert? Aber wenn abzusehen ist, dass Mutter Erde sich entscheidet zu reagieren, dann wird das als Schwarzmalerei abgetan?

Haben wir den Mut, uns anzuschauen, in welchem Ausmaß wir unsere Umwelt schon jetzt verwüstet haben, sodass in ein bis zwei Dekaden vielleicht kein Leben auf der Erde mehr möglich ist? Haben wir den Mut, uns das ganze Ausmaß anzuschauen, in dem unsere fehlgeleiteten, politischen und militärischen Systeme Trübsinn und Verderben für andere auf diesem Planeten erschaffen haben – und das alles im Namen von Demokratie, Freiheit und zur Erhaltung eines unechten Lebensstils?

Für uns ist es sehr einfach, uns in unsere Elfenbeintürme zurückzuziehen, unsere Köpfe im Sand zu vergraben und so zu tun, als ob nichts von alledem geschehen würde. Ich rede nicht davon, Trübsinn und Verderben für die Zukunft vorauszusagen, sondern ich möchte nur unsere Augen dafür öffnen, was bereits *jetzt* auf unserem schönen Planeten passiert! Was wir, als Folge disharmonischer Muster, die wir heute auf der Erde geschaffen haben, in naher Zukunft wahrscheinlich erleben werden, ist erschreckend, wie uns viele höchst vertrauenswürdige Wissenschaftler, Umweltexperten und politische Beobachter bestätigen.

Die Informationen sind für diejenigen, die sie haben möchten, vorhanden. Vieles davon wird aber in den Massenmedien nicht angeschnitten, was uns ein trügerisches Gefühl der Sicherheit gibt und uns zunehmend von dem trennt, was in Wahrheit auf unserem Planeten geschieht. Wir müssen es mit allen Menschen teilen, die hier auf Gottes Erde gekommen sind, um etwas anders zu machen.

Aber wir können es nicht anders machen, wenn wir es nicht zuerst verstehen. Wir können nicht heilen, wenn wir nicht gewillt sind, die Ursachen und das Ausmaß unserer Verletzung zu sehen. Mutter Erde ist tief verletzt, und wir können das nicht ignorieren. Sie ist ein hochentwickeltes lebendiges Wesen und versucht, sich selbst zu heilen, indem sie einige Ungleichgewichte korrigiert, und das wird Veränderungen der Erde einschließen. Haben wir, nach unseren übermütigen Plünderungen der Nahrung und Bodenschätze von Mutter Erde, das Recht, ihr zu sagen, dass sie stillhalten soll?

Wir *können* diese Realitäten nur ändern, wenn wir uns mit ihrer Seele verbinden, und wenn unsere bewusste Absicht stark genug ist. Bei vielen Gelegenheiten haben wir das schon getan. Das ist die Macht und das Potenzial des vom Göttlichen inspirierten menschlichen Geistes. Doch wo ist unsere Macht, wenn wir schlafen oder verleugnen? Wo ist unsere Macht, wenn wir noch von der Angst regiert sind?

Im Grunde brauchen wir keine Angst zu haben. Wenn wir uns die Veränderungen der Erde aus einer evolutionären Perspektive anschauen, ist, was wir sehen, viel bedeutsamer, als nur der Versuch der Erde, eine Möglichkeit zu finden, sich selbst zu heilen. Von kosmischen Wesen unterstützt und von einem riesigen galaktischen Netzwerk, das unsere eigenen höherdimensionalen göttlichen Anteile mit einschließt, gebiert sie eine völlig neue Realität, eine kollektive Schöpfung, die viel großartiger ist, als dass wir sie erfassen könnten. Einfach weil unser Geist zu stark von unserer Vergangenheit konditioniert ist, sodass es uns nicht möglich ist, das Leben über diesen riesigen Übergang hinaus zu verstehen. Ich sehe eine Transformation vor sich gehen, die es in der Geschichte unseres Planeten noch nicht gegeben hat. Vor allem betrifft sie nicht nur unseren eigenen Planeten, sondern unser gesamtes Sonnensystem, unsere Galaxie und geht sogar noch darüber hinaus.

Meine Schlussfolgerungen basieren auf der Arbeit hochrangiger Wissenschaftler und Mystiker. All das gibt mir Hoffnung und sogar noch mehr als Hoffnung, es gibt mir eine neue Sichtweise. Das ist nicht die Perspektive des Vogel Strauß, mit dem Kopf im Sand, sondern es ist die Perspektive eines Systems, das größer ist als unser individuelles Selbst oder unsere individuellen Leben. Aus dieser Perspektive kann ich sehen, dass wir die Veränderungen der Erde nicht fürchten müssen. Wir brauchen nur ein paar notwendige Anpassungen vorzunehmen, damit wir im Vertrauen und als spirituelle Wesen, die von einer planetarischen Vision ergriffen sind, weitergehen können. Damit könnten wir über die Alpträume unserer qualitätslosen Schöpfung hinaus in einen vom Göttlichen inspirierten Himmel auf Erden gehen.

»Ich habe das versprochene Land gesehen«, sagte Martin Luther King in seiner sehr bekannten Rede, die auch eine Prophezeiung war. Wie viele von uns können das sagen? Wissen wir schon, für welchen Weg wir uns entscheiden? Oder sind wir mit einem Leben zufrieden, das zunehmend aus der Balance gerät, destruktiv ist, aller Schönheit beraubt? Mit einem Leben, das nach Aussage einiger schlauer Wissenschaftler unseres Planeten in weniger als zwei Jahrzehnten in das Ende allen Lebens auf Erden führt?

Wir alle sind vom Instinkt geprägt, überleben zu wollen. Doch dieser Instinkt führt oft dazu, dass wir zurückschrecken, wenn wir von Veränderungen der Erde, Leiden, Tumult oder Zerstörung hören. Viele auf dem spirituellen Weg sind von dem Instinkt geprägt, der Zerstörung als Aspekt der Transformation oder den Tod als Aspekt der Wiedergeburt nicht anerkennen will. Aber wenn wir uns die Lehren von Christus, Krishna, Lao Tze oder irgendeines anderen großen Eingeweihten anschauen, die die Erde gesegnet haben, scheint das sehr unrealistisch. Es ist Ironie, wenn wir wissen, dass unsere Zivilisationen gelernt hat, mit der dunklen Seite des Todes hausieren zu gehen, und zwar in dem Ausmaß, in dem Regierungen mit jeder Art von Mord ungestraft davonkommen und sie das im Namen des Schutzes unseres »Lebensstils« rechtfertigen können.

Aber was wird tatsächlich von uns gefordert, wenn wir auf den spirituellen Weg gehen? Wissen wir, was dieser Vorgang der Veränderung langfristig bedeutet? Durch stärkere Lichtfrequenzen, die jetzt in unser planetarisches Feld eintreten, kommt alles Dunkle, das es zu klären gilt, ans Licht. Wir bewegen uns durch den Tunnel einer planetarischen Geburt, und eine Geburt ist manchmal schmerzhaft. Eine wahre spirituelle Transformation ist kein lahmer, steriler Vorgang, bei dem wir einen nicht funktionierenden »Lebensstil« aufrechterhalten können. Sie erfordert von uns, dass wir »mutig dahin gehen, wo noch nie jemand gewesen ist«. So romantisch das in dem Film *Star Trek* auch aussehen mag, es ist für uns alle, die wir von Anhaftungen an die Vergangenheit geprägt sind, das Schwierigste auf Erden. Es erfordert, dass wir unseren Geist für neue Wahrnehmungen öffnen, unsere Herzen für eine neue Empfindsamkeit und unsere Seelen für neue Möglichkeiten. Wir Menschen sind so konstruiert, dass das nur geschieht, wenn wir vorher in eine Krise geraten. Falls es gravierende Veränderungen der Erde geben wird, ist es letztendlich nur Mutter Erde, die versucht, uns abzuschütteln, wenn alles andere gescheitet ist.

Wir haben jedes Recht der Welt, uns auf unserem Weg in die Zukunft zu fürchten. Doch lasst uns nicht aus den Augen verlieren, worum es bei diesem planetarischen Abenteuer geht. Wenn du jemals auf einer riesigen Welle geritten bist, einen doppelten Diamanten beim Skisprung gewonnen hast oder auf Hawaii einen Wasserfall hinuntergesprungen bist, dann kennst du den Knoten der Angst, der in deinem Bauch sitzt, während du hinunterspringst und das Leben jenseits des Ufers ausprobierst, nur um sich in einer tief gefühlten Feier des Lebens wieder zu lösen. Dasselbe geschieht kollektiv mit uns, während wir den Tunnel der planetarischen und kosmischen Geburt betreten.

Mutter Erde ist krank

Auch wenn viele es noch versuchen, wird es zunehmend schwieriger zu leugnen, dass unser Planet ein Problem hat. Die besten Wissenschaftler der ganzen Welt warnen uns seit Jahren, weil die Erde und die Menschheit ernstlich in Gefahr sind. Wir alle kennen Begriffe wie: Treibhauseffekt, Ozonlöcher, Erwärmung der Erde oder Aussterben einer Spezies. Doch was heißt das alles für das Überleben der Menschheit und des Planeten?

Ist ein Mensch krank, so ist es wichtig, dass er es weiß, bevor er bereit ist, eine Heilmethode zu suchen. Es ist meine Absicht, in den nächsten Kapiteln kurz die Art und Weise und das Ausmaß unserer Krankheit und die Symptome, unter denen wir derzeit leiden, darzustellen. Später werden wir uns auf die Heilung konzentrieren.

Um unser Dilemma richtig zu verstehen, müssen wir uns erst einmal anschauen, wie wir die Erde wahrnehmen. Sehen wir diesen Planeten als einen toten Koloss aus Materie, den wir, wenn wir wollen, plündern, verschmutzen und ausbeuten können? Können wir mit diesem Raubbau und mit dieser Vergewaltigung ohne Konsequenzen fortfahren? Gibt es Grenzen, bis zu denen die

Erde noch damit fertig wird? Was würde passieren, wenn sie sich entscheiden würde zurückzuschlagen, um selbst überleben zu können?

Alle Naturvölker haben die Erde immer als ein lebendiges Wesen gesehen, das sie ihre Mutter nannten, manchmal auch Großmutter. Das war ihre Art, diesen schönen Heimatplaneten zu ehren, anzuerkennen, dass sie ein fühlendes Wesen ist, und auszudrücken, wie gut sie sich von ihr genährt, erhalten und beschützt fühlten. Sie sprachen auch von einem feinen »Netz«, das alles Leben auf Erden und darüber hinaus verbindet.

Der Walt Disney Film *Pocahontas* beruht auf historischen Charakteren, zeigt deutlich den Unterschied zwischen der Einstellung indigener Völker zur Natur und die Ignoranz und Gefühllosigkeit der meisten europäischen Siedler in der sogenannten »Neuen Welt«. Da sagt Pocahontas, die Tochter des Häuptlings, zu dem Kapitän John Smith: »Du glaubst wohl, dass dir das ganze Land gehört, wo auch immer du landest, und dass die Erde nur ein totes Ding ist, worauf du Anspruch hast? Doch ich weiß, dass jeder Felsen, jeder Baum und jede Kreatur Leben in sich hat, Geist hat und einen Namen …«

»Hast du jemals gehört, wie der Wolf den blauen Maismond anruft oder den schönen Luchs fragt, warum er grinst? Kannst du mit all den Stimmen der Berge singen? Kannst du mit all den Farben des Windes malen?«

Indem sie die Natur personifiziert hat, nahm sie Kontakt mit ihr auf. Für die ursprünglichen Bewohner Nordamerikas und allen indigenen Völkern auf der ganzen Welt, war das ihr Lebensstil, eine Art und Weise, die Realität wahrzunehmen, die ihre Erfahrung der Welt geprägt hat. Sie hätten es sich nicht träumen lassen, etwas von der Mutter zu nehmen, ohne etwas zurückzugeben, und sie nahmen immer nur so viel, wie sie zum Leben brauchten. In Harmonie mit dem Netz des Lebens zu sein bedeutete, »den Weg der Schönheit zu gehen« und das war ein wesentlicher Teil ihrer Existenz auf Erden.

»Der Mensch hat das Netz des Lebens nicht gewebt«, sagte Häuptling Seattle vom Stamm der Squamish vor 150 Jahren. »Er ist nur eine Faser darin. Was auch immer er dem Netz tut, tut er sich selbst an.«

Häuptling Seattle ist durch seine leidenschaftliche Rede, die er hielt, als die Europäischen Siedler ihn fragten, ob er ihnen sein Land »verkaufen« könnte, berühmt geworden. Obwohl es kürzlich eine Debatte darüber gab, wer die Worte wirklich geschrieben hat, bleibt die Botschaft bestehen: »Wie kannst du den Himmel kaufen oder verkaufen oder die Wärme des Landes«, plädierte er, »wenn uns die Frische der Luft und der Glanz auf dem Wasser nicht gehören, wie kannst du sie dann kaufen?«

Alle Erinnerungen und die Identität seiner Leute waren mit der Beziehung, die sie zu diesem Land fühlten, verbunden. Konnten sie das für ein paar Perlen und Wolldecken so einfach aufgeben?

Er erkannte die unausweichliche Wahrheit, dass seine Leute von Hungersnöten und Krieg gebrochen waren und dass sie ihr Heimatland und das ihrer Ahnen durch den enormen Ansturm europäischer Siedler, die sich selbst zur legalen Regierung eines Landes erklärten, das sie zum größten Teil gestohlen hatten, verlieren würden.

Doch bevor er aufgab und den Vertrag unterschrieb, bot er ihnen das natürliche Wissen seiner Leute an. Seine Rede ist wundervolle Poesie und eine schmerzliche Erinnerung an etwas, was die meisten vergessen haben. »Dieses wissen wir«, schloss er schließlich, »die Erde gehört nicht den Menschen. Die Menschen gehören der Erde. Wir sind alle verbunden, wie das Blut, das eine Familie verbindet.«

Einige wenige überlebende Indianer verstehen das noch und sprechen von dieser Wahrheit, wo auch immer ihre Stimmen gehört werden. Kürzlich hat der britische Wissenschaftler James Lovelock, der die Verbundenheit allen Lebens, bekannt als die »Gaia-Hypothese«, auf wissenschaftlicher Basis nachgewiesen hat, die Perspektive dieses Systems wieder populär gemacht. Mit anderen Worten: Er war in der Lage, das, was die indigenen Völker schon immer gesagt haben, in einer wissenschaftlichen Sprache zu formulieren, nämlich dass die Erde ein lebendiger Superorganismus mit einem komplizierten Feedback-System ist, in dem alles mit allem verbunden ist, genauso wie irgendein anderer Organismus. Er bezeichnet diese »lebendige Erde« nach der griechischen Göttin der Erde als »Gaia«.

In seinem ersten Buch, *Unsere Erde wird überleben. Gaia – ein neuer Blick auf das Leben der Erde,* erklärt Lovelock, dass die Erde ein sich selbst regulierender Organismus mit dutzenden von Rückkopplungsmechanismen ist, die dafur sorgen, dass unser Planet innerhalb stabiler Grenzen funktioniert. Genauso wie unser Körper Rückkopplungsmechanismen hat, die Temperatur, Blutzirkulation, Atmung, Nerven- und Immunsystem regulieren.

Zum Beispiel entwickelt unser Körper Fieber, wenn wir krank sind. Dadurch wird der Energiefluss neu gelenkt, und Viren werden abgetötet. Genauso hat Gaia ihr eigenes Rückkopplungssystem, das ihr hilft zu gesunden, wenn sie krank oder aus der Balance geraten ist.

Aber vielleicht sollten wir uns fragen: Gibt es einen Punkt, an dem die Sache kippt, ab dem sich die Erde nicht mehr erholen kann, genauso, wie der menschliche Körper ein Fieber nicht zu hoch und zu lange ertragen kann und daran stirbt? Ist die globale Erwärmung der Erdatmosphäre das äußere Symptom eines planetarischen Fiebers? Wie lange wird es dauern, bis wir, beziehungsweise die Erde, wieder gesund werden – oder sterben?

Sind wir dabei, die einzige Heimat, die wir haben, mit unserer gefühllosen Ausbeutung der Natur auf schnellsstem Weg zu töten? Wie der Titel seines neuesten Buches *Gaias Rache* nahelegt, ist Lovelock nicht so hoffnungsvoll, dass wir entweder den Willen oder die Möglichkeit haben, die sich schnell abwärts bewegende Spirale aufzuhalten.

Sind wir Menschen zu einem Virus für die Erde geworden? Ist Gaia bereit, uns einzuäschern?

Der Planet ist in Gefahr

Ich habe vor etlichen Jahren in den Bergen Südindiens ein internationales Gymnasium besucht. An den Wochenenden ging ich oft mit einer kleinen Gruppe von Freunden zum Wandern in den atemberaubend schönen

Wald in der Nähe. Wir konnten tagelang wandern, ohne dort einem Menschen zu begegnen. Manchmal stießen wir auf eine Herde Bergziegen, wilder Elefanten oder Bisons. Gelegentlich fanden wir sogar Spuren von Tigern in der Nähe. Die Berge waren von hier heimischem Dschungelwein und anderer Vegetation bedeckt, und in den Flüssen glänzten die herrlich schimmernden Regenbogenforellen.

Davon ist leider nur sehr wenig übrig geblieben. Als ich die Gegend das letzte Mal besuchte, waren die Wälder verschwunden, die Flüsse ausgetrocknet und in dem idyllischen Bergdorf Kodaikanal stank es nach Autoabgasen. Es gab billige Touristenhotels und Berge leerer Plastikflaschen. Ich bin nun schon viele Jahre nicht mehr da gewesen, weil ich dieses Bergparadies gern so in Erinnerung behalten möchte, wie es einmal war.

Das wirft für mich die Frage auf, was hinterlassen wir den zukünftigen Generationen? Wird es überhaupt zukünftige Generationen geben? Obwohl sich sehr viele wahrhaftig gut um die Erde kümmern, interessiert die Menschheit im Allgemeinen das Schicksal unseres Planeten sehr wenig; und es brauchte schon eine enorme Krise, um diesen Trend rückgängig zu machen. Wie Krebszellen wuchern wir auf einem Selbstmordkurs, indem wir unseren eigenen Lebensraum mit rasender Geschwindigkeit zerstören. Die Kräfte der Gier, der Dummheit und der Verleugnung, unser Glaube an kurzfristige Profite, koste es, was es wolle, verbunden mit einer Politik des Überlebenskampfes, scheinen viel zu pervers zu sein, als dass sie unsere Bereitschaft motivieren könnten, irgendwelche gravierenden Schritte in einer Größenordnung, die für eine Veränderung notwendig wären, einzuleiten.

Ich werde nun auf eine neue Art und Weise ein paar Statistiken vorstellen, damit wir anfangen zu erkennen, wie lebensnotwendig diese Zusammenhänge sind. Sie zeigen, wie stark sie uns betreffen und wie wenig Zeit wir haben, wenn wir überhaupt noch Zeit haben, die Entwicklung umzukehren. Vieles vom Inhalt der nächsten Kapitel mag, wenn dir das neu ist, zur Folge haben, dass du noch tiefer in die Spirale der Hoffnungslosigkeit, Schuld und Angst hineinsinkst. Das ist nicht meine Absicht. Obwohl es auch wichtig ist, sich dieser Gefühle bewusst zu sein, können uns Schuldgefühle, Angst und Hilflosigkeit noch unbeweglicher machen. Letztendlich möchte ich unsere Perspektive ein bisschen erweitern, um das evolutionäre Gesamtbild zu sehen. Wodurch wir vielleicht einige Hinweise und sogar ein paar Lösungen bekommen, aber sicherlich nicht in der Weise, in der wir sie erwarten.

Die Gruppe »Union of Concerned Scientists« hat 1992 eine Warnung ausgesprochen. Zu ihr gehörten 1700 Wissenschaftler, davon 99 Nobelpreisträger aus 69 Ländern der Welt. Sie betonten, dass wir auf einem Kollisionskurs mit der Natur sind. Dass menschliche Aktivitäten der Umwelt und den Schätzen der Erde schwere und nicht wieder gutzumachende Schäden zugefügt haben und dass grundlegende Veränderungen dringend notwendig sind, wenn wir diese Kollision verhindern wollen. Der Bericht stellte mehrere Stressfaktoren in den Mittelpunkt: Unsere Atmosphäre ist verschmutzt, unsere Ozonschicht ist zu großen Teilen zerstört, industrielle

Abfallprodukte kehren als saurer Regen zurück und töten unseren Humus. Die Seen, Flüsse und Ozeane sind ebenfalls hochgradig verschmutzt. Die Zunahme von Säuren durch Einleitung chemischer Gifte in Flüsse und Ozeane bedroht die gesamte Lebenskette, angefangen bei den empfindsamen Korallenriffen und Ökosystemen der Küsten. Die Fischerei nimmt rapide ab, und die weltweite Wasserknappheit wird zunehmend schlimmer.

Sowohl schwerwiegende Erosionen als Folge pflichtvergessener Anbaumethoden als auch eine weltweit zunehmende chemische Vergiftung guten Bodens durch den wahllosen Gebrauch von Pestiziden und Düngemitteln haben ihre Wirkung auf die Produktivität der Böden. Die extrem starke Abholzung tropischer Regenwälder und anderer Wälder gemäßigter Zonen verändert unser Wetter dramatisch und trägt zu globaler Erwärmung, Verwüstung und zu Überschwemmungen bei. Es wird geschätzt, dass der größte Teil unserer Regenwälder 2100 nicht mehr vorhanden sein wird. Weiter heißt es: Ein Drittel aller jetzt lebenden Arten wird 2100 ausgestorben sein, wenn nicht sofort drastische Maßnahmen eingeleitet werden, um das zu verhindern.

Der Bericht fuhr fort, in dem er Vorschläge unterbreitete, was wir tun müssen, um den Schaden rückgängig zu machen. Zum Beispiel: Abstand nehmen von fossilen Brennstoffen, Abholzung stoppen, Erhaltung und Wiederverwendung von Rohstoffen, Stabilisierung des Bevölkerungszuwachses, Aufhebung der Armut.

Die sogenannten westlichen Nationen müssten die Leitung für diesen Umkehrprozess übernehmen. Wenn dieses Unternehmen erfolgreich sein soll, betonten die Wissenschaftler, erfordert es eine enorme Einschränkung aller Gewalt und Kriege, wobei die Rohstoffe, die jetzt für Kriegsvorbereitungen und Kriegsführung gebraucht werden, für zivile Zwecke verwendet werden müssten, um die neue Herausforderung zu bestehen. Sie betonten auch, dass das nur möglich wäre, wenn die gesamte Weltgemeinschaft zusammenarbeitete, einschließlich der Wissenschaftler, Regierungen, Geschäftsleute, Industriellen und spirituellen Lehrer.

Der Bericht ist vor 17 Jahren veröffentlicht worden. Seitdem hat es sowohl von verschiedenen Wissenschaftlern als auch von Angehörigen der Naturvölker, die direkt für Mutter Erde gesprochen haben, viele ähnliche Warnungen gegeben. Diese Warnungen sind meistens nicht beachtet worden. Anstatt sich zu verbessern, haben die Umweltbedingungen sich exponentiell verschlechtert, und wir sind auf dem Weg zur planetarischen Zerstörung weiter gegangen als je zuvor.

In seinem Buch und Film *Eine unbequeme Wahrheit,* der weltweit Schlagzeilen machte, stellte der ehemalige Vizepräsident der USA, Al Gore, den Zusammenhang zwischen globaler Erwärmung, Treibhausgasen und nicht rückgängig zu machenden Klimaveränderungen dar. Für seine Bemühungen, die Folgen dieser globalen Krise zu publizieren und ihren Trend umzukehren, bekam er 2008 den Friedensnobelpreis. In seinem Buch trägt er sowohl brisante aktuelle Forschungsergebnisse der besten Wissenschaftler als auch Fotos und Karten zusammen, um die Realität der globalen Erwärmung zu dokumentieren und die Alarmglocke zum Handeln zu schlagen, bevor es zu spät ist.

Wenn diese Wissenschaftler Recht haben, erklärt Al Gore, haben wir nur sehr wenig Zeit, eine Klimakatastrophe größeren Ausmaßes abzuwenden, einschließ-lich extremer Wetterverhältnisse, Überschwemmungen, Dürren, Hurrikans, Epidemien und tödlichen Hitzewellen, die über alles hinausgehen, was wir bisher erlebt haben.

All das könnte aber nur die Spitze des Eisbergs sein, wie ich in den folgenden Kapiteln erklären werde. Es geht nicht mehr um einzelne Umweltprobleme, wie zum Beispiel die globale Erwärmung, Umweltverschmutzung, Humusabtrag, Verwüstung, Abholzung, giftige Abfallprodukte, Elektrosmog oder Löcher in der Ozonschicht. Wir sind inzwischen an einem Punkt angekommen, an dem die kombinierten Effekte eines lang anhaltenden planetarischen Ungleichgewichts nie zuvor dagewesene Auswirkungen herbeigeführt haben, die wir uns nicht hätten vorstellen können.

Der ehemalige Vizepräsident argumentiert, dass die globale Erwärmung nicht nur eine Frage der Wissenschaft oder der Politik ist, sondern die größte moralische Herausforderung, die unsere Zivilisation je hatte. Er sieht, dass sowohl die Regierungen der Welt als auch jeder einzelne Mensch Verantwortung dafür trägt, anzufangen, drastische Schritte einzuleiten, um sich dieser kollektiven Krise zu stellen. Ja, wir haben es hier mit einer moralischen Herausforderung zu tun. Wir haben bereits ein Zehntel aller Spezies, die noch vor hundert Jahren gelebt haben, vernichtet, und weitere sterben aus, und zwar in einer Geschwindigkeit von einer in einer Stunde. Nachgewiesene Schätzungen gehen davon aus, dass innerhalb der nächsten 40 bis 50 Jahre ca. ein Drittel aller bekannten Arten aussterben könnten.

Das ist eine Vernichtungsquote, vergleichbar mit dem Geschehen, als vor 67 Millionen Jahren ein riesiger Meteor auf die Erde aufprallte, was eine Kettenreaktion von Ereignissen auslöste, in deren Folge die Hälfte der auf der Erde leben den Gattungen, einschließlich der Dinosaurier, ausgelöscht wurde. Die nächste Vernichtungswelle könnte auch unsere eigene empfindliche Art einschließen. Chief Seattle hat es so ausgedrückt: »Verschmutze dein eigenes Bett, und du wirst eines Nachts in deinem eigenen Mist ersticken.«

Sich der Herausforderung stellen, ein Bericht aus dem Jahr 2005, der für Politiker aller Länder als richtungweisend gelten sollte, wurde von einer Gruppe von Seniorpolitikern, führenden Ökonomen und Akademikern aus der ganzen Welt herausgegeben. Ergebnis: In zehn Jahren oder sogar eher wird die globale Erwärmung einen Punkt erreicht haben, von dem aus es kein Zurück mehr gibt. Der Bericht nennt sogar eine Zahl. Erhöht sich die durchschnittliche Temperatur auf der Erde um zwei Grad Celsius, als was sie 1750 betragen hat, würde das Klima unweigerlich kippen, dadurch käme es zu weit verbreiteten Missernten, Wasserknappheit, Pest, Wald- und Korallenriffsterben, Schmelzen des Poleises und Anhalten des Golfstromes.

Wir sind über die relativ milden und reparablen Probleme inzwischen längst hinausgegangen. Jetzt bleibt uns nur noch eine Dekade oder weniger, bevor langfristig ein nicht umkehrbares, katastrophales Klima einsetzt und die Veränderungen der Erde beginnen. Die durchschnittliche Temperatur auf der Erde ist bereits um 0,8 Grad Celsius über die vorindustrielle Richtlinie gestiegen und fährt fort, exponentiell zu steigen. Studien der Vereinten Nationen schätzen, dass die globale Temperatur bis 2100 n. Chr. um ca. 1,4 bis 5,8 Grad Celsius gestiegen sein wird.

Dabei können wir nur noch eine Erhöhung um ein Grad ertragen. Manche schätzen, dass das Kippen sogar schon nach 0,5 Grad Erhöhung erreicht sein wird. Unglücklicherweise könnte dies, aus Gründen, die ich später noch beschreibe, viel eher geschehen, als wir glauben.

Globale Erwärmung und Eiszeitalter

Was bedeutet die globale Erwärmung aus Gaias Perspektive, aus einem riesigen, sich selbst regulierenden Superorganismus? Der Mensch hat sich im Laufe seiner Geschichte meistens innerhalb eines relativ engen Temperaturspielraums entwickelt. Dieser Temperaturbereich hat unsere Fruchtbarkeit und unser Überleben ermöglicht. Was würde nun passieren, wenn die Temperatur unseres Planeten plötzlich über diese Grenzen hinaus extrem steigen oder extrem fallen würde? Da alles Leben der Erde tatsächlich durch ein interdependentes Netz des Lebens miteinander verwoben ist – was würde also geschehen?

Zurzeit findet darüber eine rege Debatte statt. Die einen glauben, dass die Erderwärmung ein von Menschen gemachtes Phänomen ist und dass wir die Kohlendioxidemissionen drastisch senken müssen, um der Entwicklung Einhalt zu gebieten. Die anderen verharmlosen die Bedrohung durch die Erderwärmung, klagen über die Kosten, die eine Reinigung der verschmutzten Atmosphäre erfordern würde, und behaupten, dass die Erderwärmung nur bedingt etwas mit menschlichem Handeln zu tun hat.

Beide Seiten nutzen die vorliegenden wissenschaftlichen Daten, und interessanterweise haben vielleicht beide Gruppen Recht. Wir können die beiden Faktoren nicht trennen, wie ich später noch darstellen werde. Schließlich sind nicht nur planetarische Faktoren für die Erderwärmung verantwortlich, sondern auch außerplanetarische, wie zum Beispiel unsere Sonne und darüber hinaus.

In den nächsten Kapiteln werde ich diese weiteren Möglichkeiten im Detail prüfen. Aber lass uns jetzt ein paar störende Faktoren betrachten. Wie auch immer wir sie interpretieren, diese Fakten bleiben doch unbestreitbar bestehen, mit ihren ernst zu nehmenden Konsequenzen für unsere derzeitige Zivilisation. Wie schon erwähnt, ist die Temperatur auf der Erdoberfläche seit der industriellen Revolution um etwa ein Grad Celsius durchschnittlich gestiegen. Auf den ersten Blick scheint das nicht viel zu sein. Doch wenn wir uns Gaias kompliziertes vernetztes Ökosystem anschauen, ist das eine bedeutende Zunahme. Stell dir vor, deine Körpertemperatur ist nicht mehr, wie normalerweise, 37 Grad Celsius.

Jeder, der schon einmal Fieber gehabt hat, weiß, wie das ist, wenn man sich schwach, vernebelt und krank fühlt, abwechselnd irritiert und lethargisch mit Schüttelfrost und Hitzewallungen.

Die Erde hat vielfältige Rückkopplungsmechanismen, mithilfe derer sie ihre Temperatur stabil halten kann, und zwar auf ihrem optimalen Stand, um Leben gedeihen zu lassen. Was wäre, wenn dieser Thermostat über längere Zeit künstlich zerstört würde? Diese um durchschnittlich ein Grad Celsius erhöhte globale Temperatur reicht aus, um eine Kettenreaktion auszulösen. Betrachten wir nur einen dieser Rückkopplungsmechanismen. Da tropische Ozeane wärmer sind, verdunstet über ihnen mehr Wasser in der Luft, was sie salziger macht. Dieser Dunst zieht zu gemäßigten und polaren Zonen, wo er als Regen herunterkommt. Das frische Wasser fließt in den Ozean und verdünnt den Salzgehalt wieder.

Ozeanographen haben innerhalb der letzten 20 Jahre starke Unterwasserströmungen entdeckt, die dafür verantwortlich sind, dass gemäßigte Klimazonen warm und tropische Zonen kühl bleiben. Der breite Unterwasserstrom, das »globale Förderband« oder auch »thermohaline Zirkulation« genannt, ist vierzigmal so groß wie alle Flüsse der Erde zusammen. Der »Motor«, der diesen Strom fließen lässt, ist der unterschiedliche Salzgehalt verschiedener Regionen der Ozeane der Welt.

Warmes Wasser steigt auf und kaltes Wasser sinkt. Wasser mit höheren Salzkonzentrationen ist schwerer als Wasser mit niedrigeren Salzkonzentrationen. Warmes Wasser aus der äquatorialen Zone fließt an der

Oberfläche des Ozeans in die Regionen des nördlichen Atlantiks. Dabei wärmt es die Landmassen, an denen es vorbeifließt, insbesondere den westlichen Teil Nordeuropas und den östlichen Teil Nordamerikas. Während der warme Strom des Ozeans nach Norden fließt, kühlt er sich allmählich ab und beginnt zu sinken. In der Gegend südlich von Grönland fließen kalte, arktische Ströme aus dem Norden mit dem »Golfstrom« aus dem Süden zusammen, wodurch Letzterer tief nach unten gedrückt wird, wo er seine Rückreise in den Süden beginnt.

Das »globale Förderband« das den Golfstrom mit einschließt, ist einer von Gaias Rückkopplungsmechanismen, der in Nordeuropa und an der Ostküste von Amerika seit Tausenden von Jahren für relativ stabile und gemäßigte Temperaturen sorgt. Sibirien, das auf demselben Breitengrad wie England liegt, ist wesentlich kälter, weil es die Wohltat des wärmenden Golfstroms nicht erfährt.

Was ändert sich jetzt? Wie schon erwähnt, bekommt dieser riesige Unterwasserstrom (globales Förderband) seine Kraft durch seinen Salzgehalt. Dass die Ozeanströme wieder nach Süden fließen, ist von den höheren Salzkonzentrationen der nördlichen Gewässer abhängig.

Paradoxerweise ist eine mögliche Folge der globalen Erwärmung, dass sie uns eine neue Eiszeit bescheren könnte. Wie ist das möglich? Erhöhte Temperaturen führen zu einem schnellen Schmelzen der polaren Eismassen. Große Teile der arktischen Eisberge brechen ab und fließen nach Süden; in der Antarktis brechen sogar noch größere Teile ab und fließen gleichzeitig nach Norden. Während diese Frischwasserkappen schmelzen, vermindern sie den Salzgehalt der polaren Meere, was wiederum die Antriebskraft des globalen Förderbands verringert.

Durch eine stärkere Verdunstung über den äquatorialen Ozeanen nimmt der Niederschlag als Regen oder Schnee zu, wodurch der Salzgehalt noch mehr verringert wird. In den 1970er Jahren haben Wissenschaftler der CLIMAP (Climate Long-range Investigation, Mapping and Prediction; deutsch: Langzeituntersuchungen des Klimas, Kartieren und Prognosen) Tiefseemeeresböden untersucht, wobei sie in der Tiefe zu Schichten vordrangen, die ca. 500 000 Jahre alt waren. Sie waren überrascht, als sie herausfanden, dass in den letzten Millionen von Jahren Eiszeiten sehr plötzlich begannen, aber auch endeten. Sie waren erstaunt, als sie entdeckten, dass Eiszeiten sehr regelmäßig, ganz grob etwa alle 11 500 Jahre, erschienen sind. Also sehr viel häufiger, als irgendjemand zuvor erkannt hatte. Interessanterweise war die letzte Eiszeit auf diesem Planeten vor 11 500 bis 12 000 Jahren.

Die Wissenschaftler stellten fest, dass das Umschalten von einem warmen Zeitalter zu einer Eiszeit in der Regel sehr schnell geschah, und zwar innerhalb weniger Monate bis zu ein paar Jahren. Gewöhnlich gingen einer Eiszeit ein paar Jahre zunehmend unberechenbarer, extremer Wetterverhältnisse voraus. Ebenso wie eine Periode globaler Erwärmung, die meistens von Unterwasservulkanismus ausgelöst wurde. Wir erfüllen im Moment durchaus alle Voraussetzungen für den Beginn einer neuen Eiszeit.

Das globale Förderband hat während der letzten zehn Dekaden schon ein paar mal angehalten und dann doch weitergeflossen, allerdings hat es sich in der letzten Zeit besonders wild gebärdet, schreibt Thom Hartmann in seinem Buch *The Last Hours of Ancient Sunlight*. Wenn es einmal ganz anhält, bleibt es wahrscheinlich auch für ein paar Hundert bis ein Tausend Jahre stehen und initiiert eine neue Eiszeit.

Je näher wir an den Punkt des Kippens herankommen, desto schneller bewegen wir uns unglücklicherweise in der Abwärtsspirale. Während die Polareiskappen schmelzen, wird weniger Sonnenlicht reflektiert, was wiederum mehr Hitze zulässt und die Temperaturen noch mehr steigen lässt. Der umgekehrte Vorgang ist ähnlich: Wenn eine Eiszeit erst einmal begonnen hat, sinken die Temperaturen rapide, größere Landmassen sind ständig von Eis und Schnee bedeckt, die das Sonnenlicht reflektieren und die Temperaturen weiter sinken lassen.

So gern wir unsere Politiker und Industriellen auch beschuldigen möchten, Treibhausgase sind nicht der einzige Grund für eine globale Erwärmung und damit für eine drohende Eiszeit. Wir tragen sicherlich dazu bei, und bewirken, dass wir dem gefährlichen Punkt des Kippens etwas schneller näher kommen, doch es gibt auch andere Faktoren, die ebenfalls dafür verantwortlich sind, wie die Regelmäßigkeit vergangener Eiszeiten beweist. Einer davon ist der Vulkanismus.

Vulkanismus

Vulkanische Aktivität ist ein anderer Rückkopplungsmechanismus, der Gaia genau innerhalb einer Temperaturspanne hält. Durch die Erwärmung der Erde ändern sich die Druckverhältnisse in ihrem Inneren. Es wird Druck auf ihre empfindlichen Zonen, das Magma und die tiefere Erdkruste, ausgeübt. Dadurch kommt es zu Vulkanausbrüchen. Die Asche vulkanischer Eruptionen wird in die Atmosphäre geschleudert. Der Himmel verdunkelt sich. Das Sonnenlicht wird gehindert, auf die Erde zu kommen, und sie kühlt sich ab.

Als die Erde entstand, war sie ein Ball überaus heißer Gase. Während sie sich abkühlte, kondensierte das Gas und formte innerhalb einer Schicht, die als der Mantel bekannt ist, feurige Felder aus Lava. Indem die Lava weiter kondensierte, formte sie die Erdkruste, die äußere Haut Gaias. Im Laufe von Millionen von Jahren hat sich die Erdkruste durch Zentrifugalkräfte in ihrem Inneren kontinuierlich ausgedehnt. Kometen regneten vom Himmel herab und brachten das sogenannte »schmutzige Eis« mit sich, das sich allmählich zu unseren Ozeanen entwickelte.

Schließlich wurden erkennbare Landmassen und die Ozeane geboren, die sich entsprechend der Bewegungen der »tektonischen Platten«, die auf Feldern aus Magma in der tieferen Erdkruste gleiten, immer wieder mal veränderten.

Neulich habe ich bei »Youtube« einen sehr interessanten Film von Neal Adams, mit dem Titel *The Earth is Growing* (Die Erde wächst) gesehen. Mit einer lebendigen Computersimulation zeigte er sehr überzeugend, dass die Erde ursprünglich eine viel kleinere Sphäre mit einer einzigen ungebrochenen Landmasse war. Während sie sich im Laufe von Millionen von Jahren ausdehnte, sind Spalten und Falten auf ihren Landmassen erschienen, ähnlich wie bei einem Tannenzapfen, wenn er reift. Wasser floss in die Spalten und wurde zum Ozean. Falten wurden zu Bergen.

Durch diese Ausdehnung entstanden auch enorme Hohlräume in der Erde, was die Theorie von der »Hohlen Erde« unterstützt. Diese faszinierende Theorie besagt, dass durch die Zentrifugalkräfte die meiste geschmolzene Erdmasse an die Erdoberfläche, also nach außen, gedrückt wurde und dass, während die Erde sich abkühlte und ausdehnte, ein riesiger leerer Raum um den feurigen, heißen Kern der Erde entstanden ist. Auf dieser inneren Oberfläche der Erde leben weiträumig Zivilisationen. Ein Zugang zu diesen inneren Räumen ist durch Öffnungen in der Nähe der Pole und ein unterirdisches Tunnelsystem möglich (siehe www.ourhollowearth.com).

Es ist interessant, sich die Erdoberfläche anzuschauen und die Westküste von Afrika mit der Ostküste von Südamerika zu vergleichen. Man erkennt, dass sie einmal verbunden waren. Adam demonstriert in seinem lebendigen Modell, dass dasselbe für den Pazifik zutrifft, dass er sich auch ausgebreitet hat, aber in einem viel größeren Maße. Die Kontinente haben sich nicht getrennt, indem sie einfach nur auseinandergedriftet sind, sondern indem sie sich beide vom inneren Kern und Mantel der Erde her nach außen hin ausgedehnt haben! Dieser Theorie zufolge haben sich die Ozeane entwickelt, während sich die Erde ausgedehnt hat, und die tiefsten Ozeangräben bilden die jüngsten Teile der Erdkruste. Hier sind die letzten Risse der expandierenden Erde entstanden.

Es ist wissenschaftlich bewiesen, dass unter den Ozeanen ein »Ring aus Feuer« existiert, der unter dem pazifischen Ozean, einschließlich Teilen vor der Küste Japans, Indonesiens und Tasmaniens, weiter herum entlang der Westküste von Südamerika, hoch bis zur kalifornischen Küste und zu den Inseln von Hawaii verläuft. Eine riesige Kette unterirdischer Vulkane sitzt auf diesem Ring aus Feuer. Dieser Feuerring verläuft übereinstimmend mit den jüngsten Regionen der Erde. Er steht mit den neuesten Ausbrüchen kreativer Aktivität großen Ausmaßes in der jetzigen Inkarnation unseres Planeten im Zusammenhang, theoretisiert Adam.

Viele Wissenschaftler sagen heute, dass wir Menschen nicht der einzige, nicht einmal der Hauptgrund für die globale Erwärmung sind. Die Erde wird nicht einfach von der Oberfläche her erhitzt, was der Fall wäre, wenn die Verschmutzung der Atmosphäre die Hauptschuld trüge, sondern sie erhitzt sich aus ihrem Kern heraus, von innen nach außen. Jetzt richten wir unseren Fokus erst einmal auf die Beziehung zwischen der Erwärmung des Erdkerns und dem vulkanischen Feuerring.

Obwohl sie uns den genauen Mechanismus nicht erklären können, gehen die Wissenschaftler davon aus, dass es eine zyklische Beziehung zwischen der Aktivität im Kern der Erde und vulkanischer Aktivität gibt. Die Vulkane auf dem Ring des Feuers beziehen ihre Hitze aus den Magmaschichten unter der Erdkruste, die wiederum direkt unter der Einwirkung von Aktivitäten im Kern der Erde stehen. Vulkane werden, je nachdem, vor wie langer Zeit sie das letzte Mal aktiv waren, als erloschen oder ruhend klassifiziert. Alle Vulkane sind potenziell heiße Orte, und wenn sich der Kern der Erde bis zu einem gewissen Grad erhitzen würde, könnten wir eine bedeutende Zunahme explosiven Potenzials beider Arten beobachten. Die Bewohner des US-Bundesstaates Washington können sich noch gut an den Ausbruch des Mount St. Helens und die massive Wolke vulkanischer Asche, die in die Atmosphäre entlassen wurde, erinnern. Was wäre, wenn sich so etwas in der Zukunft multiplizieren würde?

Der Seismologe Michael Mandeville und ein Klimatologe der Russischen Nationalen Akademie der Wissenschaften kamen zu dem Ergebnis, dass die vulkanischen Aktivitäten in den letzten hundert Jahren um 500 Prozent zugenommen haben und exponentiell weiter zunehmen.

Genauso wie Erdbeben auf der Richterskala von 1 bis 12 klassifiziert werden, werden auch Vulkane auf dem logarithmischen Vulkanexplosivitätsindex von 0 bis 8 gemessen und klassifiziert. VEI-8-Vulkane sind Supervulkane, die tausendmal kraftvoller sind als solche wie der St. Helens, der als VEI 5 eingestuft wird.

Supervulkane sind in der Lage, die Erde in einen vulkanischen Winter zu versetzen, was eine massive Zerstörung menschlichen Lebens und möglicherweise die Auslöschung von Arten verursachen kann. Ein VEI-7-Vulkan brach um ca. 1500 v. Ch. auf der Mittelmeerinsel Santorin, in der Nähe von Kreta, aus.

In einer VEI-6-Eruption wurden 30 Kubikkilometer vulkanischer Asche über der Türkei, Griechenland und Ägypten verstreut, was eine plötzliche, einschneidende Abnahme der minoischen und ägyptischen Kulturen zur Folge hatte. Untersuchungen von Bibelforschern, wie zum Beispiel Graham Phillips *(Act of God)* zeigen, dass dies auch das historische Ereignis gewesen ist, das die sieben Plagen aus der bekannten Geschichte von Moses herbeigeführt hat.

Es existieren viele solcher Supervulkane, die meisten unter Wasser, von denen wiederum die meisten auf der Kante einer tektonischen Platte oder auf dem Feuerring liegen. Der bekannteste Supervulkan liegt jedoch genau in der Mitte eines Kontinents. Nur wenige Amerikaner kennen den Yellowstone National Park nicht. Was die meisten aber nicht wissen, ist, dass der Yellowstone einer der größten auf der Erde existierenden Supervulkane mit einem Krater von 40 oder 50 Kilometern Länge und 20 Kilometern Breite ist.

Wie Lawrence Joseph in seinem Buch *Apocalypse 2012* schreibt, scheint die Periodizität des Yellowstone Ausbruchs zwischen 600 000 und 700 000 Jahren zu liegen. Die letzte große Eruption war vor 640 000 Jahren. Er zitiert kürzlich erhobene geographische Daten, die zeigen, dass sich der gesamte Krater seit 1922 um ca. 75 Zentimeter gehoben hat, sich mit Magma füllt und sich auf eine Explosion vorbereitet. Im Jahr 2003 erreichte die Bodentemperatur in einigen Teilen des Yellowstone National Parks 200 Grad Celsius. Teile des Parks sind der Öffentlichkeit aus unerklärlichen Gründen nicht zugänglich.

Obwohl wir nicht wissen, wann die nächste Eruption stattfinden wird, wissen wir doch, dass eine zunehmend große Zahl von Wissenschaftlern aussagen, dass die Wahrscheinlichkeit einer vulkanischen Eruption exponentiell mit der globalen Erwärmung zunimmt.

Wenn der Yellowstone explodierte, wäre das in der Größenordnung von VEI 8. »Das wäre in einem Ausmaß, das wir uns nie vorgestellt haben, extrem verheerend«, sagt Robert Smith, ein Geologe der Universität Utah. Schätzungen zufolge entspricht die Explosivkraft des Yellowstone etwa 1000 Atombomben vom Typ Hiroshima *in der Sekunde.* Damit wäre er in der Lage, die gesamte westliche Hemisphäre unseres Planeten in einen vulkanischen Winter zu versetzen, von dem sich unsere gegenwärtige Zivilisation nicht mehr erholen würde.

Im Vergleich zu anderen Supervulkanen, die von der Grenze zwischen dem Kern und dem Mantel ca. 1800 Meilen unter die Erdoberfläche reichen, liegt diese Grenze nur 125 Meilen unter dem Yellowstone. Anstatt von der Hitze des geschmolzenen Kerns der Erde gespeist zu werden, wird er von den riesigen Uranvorkommen und anderem radioaktiven Material unter der Erdoberfläche dieses Gebietes gespeist. Hier geht es nicht nur um einen vulkanischen Winter, sondern um das Potenzial eines nuklearen vulkanischen Winters.

Es gibt etwa 30 Supervulkane auf der Erde, die wir kennen, und vermutlich viele, die wir nicht kennen. Die meisten sind unter Wasser und in der Lage, riesige Flutwellen auszulösen, wenn sie ausbrechen. Wenn es zu dem entscheidenden Höhepunkt der globalen Erwärmung kommen sollte, der über das Maß hinausgeht, das Gaia in der Lage ist zu verkraften, könnte das ihre Möglichkeit sein, sich wieder Abkühlung zu verschaffen.

Sonnenflecken und kosmischer Staub

Leben ist ohne die Wärme und das Licht der Sonne auf der Erde nicht möglich. Doch diese Bedingungen waren nicht immer erfüllt. Was die Erde von vielen anderen Planeten unseres Sonnensystems unterscheidet, ist die Fähigkeit, die Hitze der Sonne aufzunehmen, und zwar durch das allmähliche Wachstum einer Atmosphäre.

Eine andere bedeutende Kostbarkeit für das Leben auf unserem Planeten ist die Existenz eines elektromagnetischen Feldes, das uns nicht nur die Orientierung in Zeit und Raum ermöglicht, sondern auch eine schützende Grenze um die Erde herum darstellt. Ohne diesen magnetischen Schild würden wir durch die Fluktuation solarer Aktivität, bekannt als Sonnenflecken und koronale Massenauswürfe, schnell gebraten werden.

Die Aktivitäten auf der Sonne werden von Zyklen bestimmt. Einer dieser Zyklen, der in letzter Zeit recht viel Aufmerksamkeit bekommen hat, ist die elfjährige »Sonnenfleckenperiode«. Basierend auf dem magnetischen Unterschied zwischen der äquatorialen und polaren Region der Sonne, stehen die Höhepunkte der Sonnenfleckenperiode mit einer Zunahme solarer Aktivität, sowohl der Sonnenflecken als auch der Koronalstrahlen, im Zusammenhang.

Während des Sonnenfleckenmaximums schießen gewaltige Explosionen auf der Sonne Elektronen, Protonen und hoch energetisierte Teilchen auf die Erde, die auf unsere Ionosphäre und unser geomagnetisches Feld stoßen, und zwar mit dem Potenzial, dass sie unsere Stromnetze, Satelliten und unser Kommunikationssystem zerstören können.

Die Intensität einer Sonnenfleckenperiode wird an ihrer maximalen Anzahl von Sonnenflecken gemessen, sichtbar als dunkle Kleckse auf der Sonne, die Gebiete erhöhter magnetischer Aktivität anzeigen. Je größer die Anzahl der Sonnenflecke, man spricht vom Sonnenfleckenmaximum, desto wahrscheinlicher sind Explosionen oder sogar gewaltigere Koronalstrahlen, wobei die gesamte Gashülle, die die Sonne umgibt, als Korona bekannt, in den Weltraum geschleudert werden könnte.

Wir befinden uns gerade in einer Ruhephase zwischen den Höhepunkten zweier Sonnenfleckenperioden. Der 23. Zyklus hatte seinen Höhepunkt 2001. Interessanterweise haben die folgenden Jahre jedoch ein paar sehr rätselhafte Ausnahmen von der Regel der Sonnenfleckenperioden gezeigt. Wir haben in einer Zeit, die eigentlich ein Minimum an Sonnenflecken haben sollte, eine außergewöhnlich starke Sonnenaktivität beobachtet, und zwar in einem Ausmaß, das der Sonnenaktivität in vorausgehenden Jahren maximaler Sonnenflecken gleichkommt.

Wir befinden uns jetzt im Frühstadium des 24. Zyklus. Aufgrund des Verhaltens der Sonnenaktivität der letzten Zeit erwarten Wissenschaftler, dass der nächste Höhepunkt einer Sonnenfleckenperiode ein Feuerwerk eines noch nie dagewesenen Ausmaßes bedeuten könnte. Sonnenspezialisten des Nationalen Zentrums zur Erforschung der Atmosphäre in Boulder, Colorado, sagen voraus, dass die derzeitige Sonnenfleckenperiode, die 2007 begann und ihren Höhepunkt 2012 haben wird, um 30 bis 50 Prozent stärker sein wird als die letzte!

Außer der elfjährigen Sonnenfleckenperiode scheint es jedoch auch andere Faktoren zu geben, die diese extreme Sonnenaktivität hervorrufen. Sami Solanki vom Max Planck Institut in Deutschland hat berichtet, das die Sonne jetzt gewaltigere Aktivitäten an den Tag legt als zu irgendeiner anderen Zeit innerhalb der letzten 11 000 Jahre. Seit 1940, sagt er, hat die Sonne eine außergewöhnlich hohe Anzahl von Sonnenflecken als auch Koronalstrahlen entwickelt, was durch die normale Fluktuation der Sonnenfleckenperiode nicht erklärt werden kann. Und diese Tendenz steigt. Solankis Behauptung ist angesichts der Tatsache, dass 11 500 Jahre die Periodizität aufeinanderfolgender Eiszeiten ist, besonders ernüchternd.

Forschungen von Maurice Cotterell *(Die Prophezeiungen der Maya)* weisen auf einen Zyklus einer magnetischen Umpolung auf der Sonne von 11 500 bis 12 000 Jahren hin. Dieser Zyklus scheint auf seinem Höhepunkt extrem starke Sonnenaktivität auszulösen, die durch Sonnenwinde als Medium zu einer Magnetpolumkehrung auf der Erde führen könnte, sagt Cotterell.

Außerdem ist das Magnetfeld der Erde, das uns normalerweise vor dieser Art von Sonnenstrahlung schützt, in den letzten Jahren aus unerklärlichen Gründen schwächer geworden.

Wie können wir diese Geschehnisse erklären? Der Astrophysiker Alexej Dmitriev von der Russischen Nationalen Akademie der Wissenschaften in Sibirien gibt uns ein paar hoch interessante Hinweise. So wie die Erde um die Sonne kreist, so reist auch unsere Sonne auf ihrer eigenen Umlaufbahn durch unsere Milchstraßengalaxie. Genauso wie die Erde einen schützenden elektromagnetischen Schild hat, der sie auf ihrer Reise durch das Sonnensystem umgibt, so hat auch die Sonne eine schützende elektromagnetische Hülle, die das gesamte Sonnensystem auf seiner Reise durch die Milchstraße umgibt. Die magnetisch geschützte sphärische Region des Weltraums, die unser Sonnensystem umhüllt, wird »Heliosphäre« genannt. Die äußere Umgebung der Heliosphäre wird »Heliopause« genannt und besteht aus stark aufgeladenen Plasmaschichten. Während die Sonne durch die Milchstraße wandert, dient das Plasma als Schild, indem es Teilchen interstellaren Staubs abprallen lässt und zurückweist.

Was Dmitriev und sein Team beobachtet haben, ist, dass sich die Schockwelle des Plasmas am äußeren Rand der Heliosphäre innerhalb der letzten 15 bis 20 Jahre in Größe und Intensität um ein Zehnfaches erweitert hat. Sie ist von etwa 3 oder 4 AU bis 40 AU oder mehr gewachsen! Eine AE, eine Astronomische Einheit (international: AU Astronomical Unit), wird als mittlere Entfernung zwischen der Erde und der Sonne gemessen.

Dmitriev schreibt in seinem Artikel *Planetophysical State of the Earth and Life:* »Diese Verdickung der Schockwelle hat eine Formation von angesammeltem

Plasma in einer lateralen Schicht verursacht, was zu einem Plasmaüberschuss um das Sonnensystem herum geführt hat und dann zu einem Durchbruch in interplanetarische Bereiche.«

Viele meiner Generation sind mit *Star Trek,* den Reisen des Raumschiffes »Enterprise« aufgewachsen. Stell dir vor, die Enterprise kommt im Weltraum in ein Gebiet, das voller Meteoriten und kosmischem Staub ist. Stell dir jetzt vor, wie Kapitän Pickard seiner Mannschaft befiehlt, alle Kraft auf die Schilde zu leiten, um die Kraftfelder um das Schiff herum zu stärken und so jeglichen Staub zurückzuweisen.

Das ist es, was mit unserem Sonnensystem passiert. Dmitriev stellt die überraschende Behauptung auf, dass der Weltraum nicht überall gleich ist, was wir vielleicht nicht vermuten würden. Aus im Raum herumfliegenden Bruchstücken zusammengesetzt, gibt es Regionen im Weltraum, in denen es turbulenter zugeht als in anderen, und wir kommen jetzt in eine Gegend interstellarer Turbulenz. Die Schockwelle vor der Heliosphäre ist größer und dicker geworden, während wir in diese dichtere Region des Weltraums eintreten, wo mehr Teilchen sind, die es aus dem Weg zu räumen gilt.

Stell dir jetzt vor, das Raumschiff Enterprise fliegt durch ein starkes Bombardement von kosmischem Sternenstaub, und die Schilde sind überlastet und werden feuerheiß. Das ist es genau, was in unserem eigenen Sonnensystem passiert. Die interstellare Turbulenz aus kosmischem Staub überschwemmt den Raum voller Plasma auf der anführenden Seite der Heliosphäre und verursacht, was Dmitriev so beschreibt: »… eine Art von Materie- und Energiegabe des interplanetarischen Raumes an unser Sonnensystem.«

Mit anderen Worten: Die Sonne erwärmt sich. Durch die Analyse von Daten aus den Voyager-Satelliten tief im Weltraum konnten Dmitriev und sein Team bestätigen, dass dieser Anstieg der Temperatur nicht nur unsere Sonne beeinflusst, sondern auch alle anderen Planeten im Sonnensystem. Die interstellare Turbulenz verursacht darüber hinaus eine ganze Reihe anderer messbarer Auswirkungen in unserem Sonnensystem, angefangen von wachsenden Atmosphären, zunehmender Helligkeit verschiedener Planeten, Veränderungen im magnetischen Feld, bis zu Verschiebungen kreisender Pole.

Hier auf der Erde erfahren wir den Aufprall interstellaren Staubs ebenfalls, und zwar sowohl direkt als Resultat der »Energiegabe« als auch indirekt durch Veränderungen innerhalb der Sonne. Die abnormalen Aktivitäten der Sonne und ihre nicht vorhersehbaren Auswirkungen auf die Erde können auch mit der interstellaren Region der Turbulenz, in die wir gegenwärtig eintreten, verbunden sein.

Dmitriev erwartet, dass wir noch mindestens 3000 Jahre innerhalb dieser Schockwelle bleiben. Er glaubt auch, dass viele der extremen Klimaveränderungen, die unausweichlich folgen werden, sehr bald beginnen könnten, nicht in Jahrhunderten oder in Jahrzehnten, sondern in wenigen Jahren.

In einem persönlichen Gespräch zwischen Dmitriev und Lawrence Joseph, Autor des Buches *Apocalypse 2012*, nennt Dmitriev drei wichtige Energiequellen, die von orthodoxen Wissenschaftlern völlig ignoriert oder heruntergespielt werden. Die erste sind die unvorhersagbaren dynamischen Schwankungen im interstellaren Raum. Wie im vorhergehenden Kapitel erwähnt, ist der Weltraum nicht homogen und leer. So wie wir an bestimmten Tagen des Jahres Meteorschauer beobachten können, während sich die Erde durch Reste asteroider Felder bewegt, so trifft unsere Sonne auf ihrer eigenen Reise durch die Galaxie auf interstellare Trümmer. Das ist wahrscheinlich ein sich periodisch wiederholendes Vorkommen, das immer dann auftritt, wenn wir uns durch diese bestimmte Region der Umlaufbahn unserer Sonne bewegen. Und es erschafft eine »Material- und Energiegabe« für unser Sonnensystem mit möglicherweise weit reichenden Auswirkungen. Wir fangen gerade erst an, das in Erfahrung zu bringen.

Die zweite dieser Quellen, sagt Dmitriev, sind energetische Auswirkungen der Stellung der Planeten in unserem Sonnensystem. Joseph geht nicht weiter darauf ein, doch ich nehme an, dass das der Bereich ist, den ägyptische Priester, die Wächter des Tages der Mayas und verschiedene Astrologen im Laufe der Menschheitsgeschichte weitgehend erforscht haben. Elektromagnetische und Einflüsse durch die Gravitation auf unseren Planeten sind den meisten Wissenschaftlern bekannt. Doch hier geht es um etwas anderes, was wir uns später in diesem Buch noch genauer anschauen werden.

Die dritte Energiequelle, sagt Dmitriev, sind Impulse aus dem Zentrum der Galaxie. Dafür habe ich bei meinen Studien keine weitere Erklärung gefunden. Wie auch immer, die »Galaktische Superwellen«-Theorie des Astrophysikers Paul LaViolette, der als Erster von diesen galaktischen Impulsen Notiz genommen hat, beschäftigt sich sehr detailliert mit diesem mysteriösen Phänomen (siehe www.etheric.com). Ich hatte das Privileg, LaViolette bei dem »New Science«-Symposium in Las Vegas zu treffen. Sowohl mein erstes Buch *Portal zur Ewigkeit* als auch sein erschütterndes Buch *Earth Under Fire* waren gerade erschienen. Ich fand ihn sehr sanft und bescheiden, ganz im Gegenteil zu den erschütternden Implikationen seiner Theorien.

Wir wurden Freunde und hatten ein paar faszinierende Gespräche über seine Theorien von der »ununterbrochenen Schöpfung« und den »galaktischen Superwellen«. Diese Freundschaft ist bestehen geblieben. Ich bin Paul sehr dankbar dafür, dass er mir geholfen hat, mein Verständnis dieser Themen mit ihm abzustimmen und dass er, während ich dies schreibe, mein wissenschaftlicher Ratgeber war.

Neuerdings wurden auch galaktische Kernexplosionen entdeckt. In den frühen 1960er Jahren haben Astronomen bemerkt, dass der Kern von Spiralgalaxien periodisch aktiv wird. Wenn er aktiv ist, spuckt er so viele kosmische Strahlen und Gammastrahlenenergie aus wie

Millionen von Supernovaexplosionen. Das sind Explosionen, die von einzelnen Sternen in ihrem letzten Lebenszyklus ausgelöst werden.

Damalige Astronomen nahmen an, dass diese aktiven Zustände relativ selten vorkommen, etwa einmal in zehn oder mehr Millionen Jahren. LaViolette hat das Gegenteil bewiesen. Sowohl auf der Grundlage astronomischer Daten als auch auf der Untersuchung von Eiskernmustern stellte er die Hypothese auf, dass diese galaktischen Kernexplosionen weitaus häufiger sind, als irgendjemand gedacht hat.

Beryllium-10 ist ein Isotop aus Berylliumgas, das durch die Wirkung von galaktischen, kosmischen Strahlen produziert wird. Bei seinen Forschungen hat LaViolette hohe Konzentrationen von Beryllium-10 in Eiskernmustern gefunden, die ca. 10 000 bis 15 000 Jahre alt sind. Das, wie auch seine Experimente mit Nickel- und Iridiumindikatoren in Eiskernmustern, hat seine frühere, auf astronomischen Daten beruhende Hypothese gestützt. Er vermutet, das diese Vorkommen auf sich wiederholende galaktische Kernexplosionen zurückgehen, die eine im Verhältnis viel kürzere Periodizität von etwa 10 000 bis 15 000 Jahren haben.

Diese Periodizität wurde später durch von Grant Raisbeck analysierten Eiskerndaten bestätigt, der das regelmäßige Vorhandensein von Be-10-Spuren während der letzten 140 000 Jahre nachgewiesen hat, wodurch er den Beweis für periodisch wiederkehrende Ausbrüche kosmischer Strahlungsaktivität aus dem galaktischen Zentrum erbrachte.

Jeder galaktische Ausbruch könnte nach LaViolette mehrere Hundert oder sogar Tausend Jahre dauern. In unserer eigenen Galaxie hat dieses große Ereignis zum letzen Mal vor etwa 12 000 bis 13 000 Jahren stattgefunden. Außerdem zeigen astronomische Beobachtungen, dass es innerhalb der letzten 6 000 Jahre 14 kleinere Auswürfe von ionisiertem Gas gegeben hat.

LaViolette prägte den Begriff »Galaktische Superwelle«, um dieses kosmische Strahlenbombardement zu benennen. Er sagt, dass kosmische Strahlenteilchen aus dem extrem dichten Zentrum unserer Milchstraßengalaxie ausströmen und sich in sphärischen Wellen bis zu den äußeren Grenzen ihrer Spiralarme ausbreiten, und zwar fast in Lichtgeschwindigkeit. Während sich diese Superwelle, unberührt von interstellaren, magnetischen Feldern, radial durch die Galaxie nach außen bewegt, erzeugt sie als Vorhut eine Welle von Gammastrahlen.

Mit anderen Worten: So wie unser Herz Blut in einem gleichmäßigen Rhythmus durch Arterien und Venen schickt, so hat auch unsere Galaxie ihren eigenen Herzschlag, durch den sie Energie und Information in Form von kosmischen und Gammastrahlen durch ihren galaktischen Körper schickt, und zwar einen Hauptpulsschlag etwa alle 10 000 bis 15 000 Jahre, und ein paar kleine Pulsschläge zwischendurch.

LaViolette liefert eine alternative Version zu Dmitrievs Staubwolkenmodell. Dmitrievs Hypothese ist, dass unser Sonnensystem jetzt in eine Region der Galaxie eintritt, die von Sternentrümmern durchdrungen ist. LaViolette nimmt jedoch an, dass unser Sonnensystem während der letzten paar Millionen Jahre bereits in einer Region der Galaxie war, die mit kosmischem Staub und Bruchstücken von Kometen gefüllt ist. Diese Staubwolke umrundet unsere Heliosphäre ständig, wird von Plasmaschilden gewöhnlich jedoch außerhalb unseres Sonnensystems gehalten. Die Beobachtungen des Astronomen H. Aumann, der 1988 erklärte, dass unser Sonnensystem von einer Staubhülle umgeben ist, die 500-mal dichter ist, als bisher angenommen, könnten LaVioletts Theorie stützen. Außerdem haben Infrarotbeobachtungen des Satelliten IRAS 1984 offenbar gemacht, dass unser Sonnensystem von Zirruswolken aus Staub umgeben ist.

Wie kommt dieser Staub durch die Plasmaschilde in unser Sonnensystem? Immer wenn eine galaktische Superwelle periodisch durch unser Sonnensystem reist, verursachen Trillionen von Protonen mit höchster Geschwindigkeit aus hereinkommenden kosmischen und Gammastrahlen eine Überladung des Plasmaschildes der Heliopause, was schließlich dazu führt, dass die in der Umlaufbahn befindlichen Wolken kosmischen Staubs die Plasmaschilde durchdringen und in die Heliosphäre geraten, wodurch ein Zyklus interplanetarischer Turbulenzen entsteht.

Eine andere Theorie, von Markus Landgraf, kehrt diese Reihe von Ereignissen wieder um. Er beginnt mit starker Turbulenz und Flackern in der Sonne, was vielleicht mit Maurice Cotterells »Inversionszyklus« im Zusammenhang steht. Die Turbulenz stört das das Sonnensystem umgebende magnetische Feld, wodurch das heliosphärische Feld überladen wird und kosmischer Staub eindringt.

Die Periodizität einer großen galaktischen Superwelle ist dieselbe Periodizität wie Maurice Cotterells »Solarinversionszyklus«. Könnte Cotterells Zyklus der intensiven Aktivität der Sonne auf den Fersen einer galaktischen Superwelle und dem entsprechenden Eintritt von kosmischem Staub in unser Sonnensystem im Zusammenhang stehen?

Unabhängig davon, was zuerst kommt, scheinen alle diese Phänomene mit dem Kommen einer galaktischen Superwelle im Zusammenhang zu stehen. LaViolette betont, dass die Auswirkungen der galaktischen Superwelle auf das Klima der Sonne und der Erde nicht so sehr durch die Kosmos- und Gammastrahlen selbst bestimmt wird, sondern durch den kosmischen Staub, Kometenkörper und Eisklumpen aller Größen, die diese galaktischen Strahlen in unser Sonnensystem transportieren. Diese Invasion interstellarer Bruchstücke ist in der Lage, eine Kettenreaktion von zunehmend gewaltigeren Ereignissen auf der Erde und der Sonne auszulösen. Dies ist, nach LaViolette, während der letzten drei Millionen Jahre der Mechanismus für das Wiedererscheinen der Eiszeitalter.

Was sind aller Wahrscheinlichkeit nach die Auswirkungen der nächsten galaktischen Superwelle? Während kosmischer Staub und Trümmer die Oberfläche der Sonne bombardieren, könnte das Sonnenfleckenmaximum tausendfach oder mehr zunehmen, wodurch die Sonne ununterbrochen flackern würde, wozu gleichzeitig massive koronale Massenauswürfe gehören. Das könnte zur

Folge haben, dass alle Kommunikationssysteme, Stromleitungsnetze und Satellitensysteme langfristig zusammenbrechen, während enorme magnetische Stürme die Erde schaukeln. Überschwemmungen, Vulkanausbrüche und Flutwellenaktivitäten könnten folgen. Enorme Hitze könnte die Erdatmosphäre durchdringen, Wälder verbrennen, Vulkane entzünden, Ozeane verdampfen lassen und eine neue Eiszeit auslösen.

Bei ausreichender Intensität, sagt LaViolette, könnten stark aufgeladene kosmische Strahlen von der Sonne erzeugt werden. Daraus entstehende Sonnenwinde könnten die Oberfläche der Erde bombardieren, wodurch enorm starke, ringförmig um den Äquator verlaufende Stürme erzeugt werden, die das Magnetfeld der Erde innerhalb von Tagen auslöschen und umkehren könnten. Inzwischen könnten – wie es wahrscheinlich vor ca. 12 900 Jahren geschah – enorme koronale Massenauswürfe durch den interplanetaren Raum stürmen und die Erde in einen ungeheuren Feuerball einhüllen, was eine Massenauslöschung der Natur zur Folge hätte.

Das oben beschriebene Szenario basiert auf historischen Auswirkungen der letzen großen galaktischen Superwellenepisode der Kategorie vier vor 12 000 bis 13 000 Jahren. Kleinere Episoden, die häufiger vorkommen, wären nicht so katastrophal, doch immer noch schlimm genug, um unsere gegenwärtige Zivilisation empfindlich zu treffen.

Besonders besorgniserregend, warnt LaViolette, ist die Tatsache, dass kosmische Strahlen fast mit Lichtgeschwindigkeit unterwegs sind und unser Sonnensystem quasi ohne Warnung treffen könnten. Vorausgehen würde nur eine blitzartige Welle aus der ursprünglichen Explosion, die wir als helles, weißblaues Licht wahrnehmen könnten, das aussieht wie ein sehr heller Stern aus dem galaktischen Kern in der Konstellation des Schützen. Wir könnten auch einen bläulichen Dunst wahrnehmen, der aus den kosmischen Strahlen entsteht, die auf die Heliopause aufprallen. Doch im Zentrum des Geschehens wäre dieses sternengleiche Phänomen.

Interessanterweise gibt es eine Hopiprophezeihung von dem »blauen Stern Kachina«, der als Vorbote der »Tage der Reinigung« und unserer Reise in die »Fünfte Welt« kommt. Ist es LaViolettes weißblaues Licht, worauf sie sich beziehen, aus einer Erinnerung aus der Zeit, als dies zum letzten Mal passierte?

Auf die Frage, wann er die nächste bedeutende galaktische Superwellensalve hier in unserem Sonnensystem erwartet, antwortet LaViolette mit einer zurückhaltenden Vermutung und sagt, dass sie mit neunzigprozentiger Wahrscheinlichkeit innerhalb der nächsten vier Jahrhunderte kommt. Doch dann sagt er auch, dass er »die Möglichkeit, dass sie etwa zur Zeit des letzten Datums des Maya-Kalenders ungefähr 2012 kommt, wie manche verkünden, nicht ausschließen kann. Andere haben das Gefühl, dass es sogar noch eher zu einer Katastrophe kommen könnte.« Er kann auf der Grundlage dessen, was in der Vergangenheit passiert ist, nur Vermutungen anstellen, betont er. Er erklärt, dass der galaktische Kern momentan in einem ruhigen Zustand zu sein scheint, obwohl sich das jederzeit ändern könnte.

Geologen sind sich nicht einig darüber, wie lange die Zeitspanne zwischen Polumkehrungen sein kann, und schon gar nicht darüber, ob es ein vorhersehbares periodischen Zeitinterwall zwischen den Umkehrungen gibt. Auch in dem Punkt, wie lange es dauert, bis ein Magnetfeld zusammenbricht und sich erneuert, sind sie geteilter Meinung. Bei der derzeitigen Abnahmegeschwindigkeit könnte das Feld in 1500 bis 2000 Jahren völlig verschwinden und damit eine Polumkehrung vorbereiten, sagt Jeremy Bloxham von der Harvard Universität.

Geologen, die an ein »uniformes« Modell der planetarischen Evolution glauben und annehmen, dass vulkanische Sedimente sich zwischen den Umkehrungen gleichmäßig in Eiskernmustern abgelagert haben, versichern, dass Polumkehrungen ziemlich unvorhersehbar sind und eine Periodizität irgendwo zwischen 100 000 bis zu 1 Million Jahren haben. Die letzte Umkehrung, sagt Andy Jackson der Universität Leeds, war vor 750 000 Jahren. LaViolette deutet auf Beweise für eine Umkehrung, die nicht so lange her ist, genannt die »schwarze Umkehrung« vor ca. 100 000 Jahren.

Andererseits glauben Geologen, die eher ein »Katastrophenmodell« planetarischer Evolution unterstützen, dass die Ablagerung der Sedimente unregelmäßig stattfindet, und zwar auf einer Folge extremer geologischer Ereignisse basierend. Sie meinen, dass Polumkehrungen weitaus häufiger vorkommen. Douglas Vogt und Gary Sultan, die mit der Kalium-Argon-Messung gearbeitet haben, behaupten in ihrem Buch *Reality Revealed,* dass magnetische Umkehrungen in ziemlich regelmäßigen

Zeitabständen erfolgen. Sie versichern, dass die Zeitspanne zwischen aufeinanderfolgenden Polumkehrungen etwa 12 000 Jahre beträgt und dass die letzte Umkehrung vor 12 000 Jahren stattgefunden hat. Sie sagen weiter, dass diese letzte Polumkehrung unmittelbar vor der letzten Eiszeit geschah.

Bei der Erforschung dieser unterschiedlichen Phänomene erkannte ich schnell, dass *viele von ihnen dieselbe Periodizität von etwa 12 000 Jahren haben.* Gibt es einen Zusammenhang von galaktischen Superwellen, Solarinversionen, geomagnetischen Polumkehrungen und Eiszeitaltern? Erscheinen sie in einer bestimmten Reihenfolge? Wenn ja, was ist das für eine Reihenfolge und wie läuft sie ab? Wie lange dauert es, bis wir das erleben? Und am Allerwichtigsten, was bedeutet das sowohl für unser menschliches Leben als auch für das gesamte andere Leben auf Erden?

Betrachten wir folgendes Szenario des schlimmsten Falles: Eine kleinere oder größere Superwelle fegt durch unser Sonnensystem. Das intensive Bombardement von Kosmos- und Gammastrahlenteilchen überlädt die Plasmaschilde der führenden Flanke der Heliosphäre. Dicke Wolken von kosmischem Staub und Trümmern werden durch die Schilde hindurch in unser Sonnensystem gedrückt und verursachen auf ihrem Weg durch den interstellaren Weltraum gewaltige Turbulenzen. Die daraus resultierende »Materie- und Energiespende« verursacht eine Kettenreaktion innerhalb der Sonne, die langsam durch eine Periode zunehmend intensiver werdendem Sonnenflackern und koronalen Massenauswürfen geht.

Gleichzeitig mit der Aktivität auf der Sonne hat das Eindringen der interstellaren kosmischen Bruchstücke auch eine direkte Auswirkung auf die Erde und alle anderen Planeten unseres Sonnensystems. Die Erde beginnt sich von ihrem Kern her nach außen zu erhitzen. In Kombination mit Treibhausemissionen erreicht die globale Erwärmung bald einen Punkt, von dem aus es kein Zurück mehr gibt, einen Punkt, an dem alles kippt, durch den extreme Klimaveränderungen ausgelöst werden.

Durch das Schmelzen des Polareises werden riesige Gebiete überschwemmt, und der Wasserstand der Ozeane steigt. Die thermohaline Zirkulation, die den Golfstrom energetisiert, fällt aus. Inzwischen aktiviert die Hitze aus dem Kern der Erde unzählige Vulkane und Supervulkane. Aufsteigende Asche verdeckt das Sonnenlicht und kühlt den Planeten ab. Eine Eiszeit beginnt.

Inzwischen wird die Sonnenaktivität immer intensiver, bis an einem bestimmten Punkt ein Eindringen in das solare, magnetische Feld erfolgt. Eine enorme Plasmawolke wird in Form von Sonnenblitzen in den Weltraum katapultiert. Wenn sie die Erde erreicht, wird das geomagnetische Feld überlastet. Der Geodynamo fällt aus. Während dieser Zeit bricht das schützende magnetische Feld für kurze Zeit zusammen und dreht sich dann um.

Es gibt im Zusammenhang mit einer magnetischen Polumkehrung eine zusätzliche Möglichkeit, die ich hier erwähnen möchte. Es gibt eine Regel, die elektromagnetische Dynamos betrifft, die als die »Regel der linken Hand« bekannt ist. Wenn man mit der linken Hand eine Faust macht und den Daumen in Richtung

Nordpol zeigen lässt, dann zeigt die Einrollrichtung der Finger die Richtung der Rotation der Spule an. Je stärker das magnetische Feld ist, desto schneller ist die Rotation. Wenn der magnetische Pol sich umkehrt, kehrt sich auch die Rotation um. Einige Autoren haben dieses Prinzip auf die Rotation der Erde angewandt und argumentiert, dass eine magnetische Polumkehrung unweigerlich zu einer Richtungsänderung der Erddrehung führen würde.

In alten Schriften unterschiedlicher Kulturen scheint es Hinweise darauf zu geben, dass solche verheerenden Zeiten möglich sind, und zwar »… wenn der Osten zum Westen und der Westen zum Osten wird«. Einige sehen solch einen Hinweis sogar in der Darstellung von Tierkreisen in antiken Tempeln, wie zum Beispiel Dendera in Ägypten, wo die Reihenfolge der Sternbilder rückwärts gezeichnet ist.

Obwohl Paul LaViolette einer der Ersten war, der die Vorstellung einer magnetischen Polumkehrung gegen Ende der letzten großen galaktischen Superwelle in Erwägung gezogen hat, ist für ihn die Möglichkeit, dass die Erde ihre Drehrichtung umkehrt, sehr unwahrscheinlich. Wenn diese Theorie stimmt, wie andere Autoren behaupten, wäre die Umkehrung der Drehrichtung ein weiterer Schritt des oben genannten Szenarios. Während der Geodynamo ausfällt, kommt die Rotation der Erde langsam zum Stillstand. Als Reaktion darauf entsteht eine signifikante Welle der Trägheit. Riesige Stürme und Flutwellen fegen über das Land, massive Erdbeben reißen die Erde auf, während tektonische Platten sich verschieben und übereinanderrutschen. Hitze, Druck und Bewegung entfesseln ein Bersten vulkanischer Aktivität.

Dann lädt sich der Dynamo durch Sonnenblitze wieder auf, das geomagnetische Feld springt um und richtet sich neu aus. Die Erde beginnt, sich in die entgegengesetzte Richtung zu drehen und es beginnt ein neuer Lebenszyklus.

Polverschiebungen und Erdkrustenverlagerungen

Edgar Cace, der bekannte »schlafende Prophet«, hat für 2001 eine Polverschiebung vorausgesagt. Glücklicherweise ist sie nicht eingetroffen. Eine Polverschiebung bezieht sich auf eine wörtlich zu nehmende Verschiebung der Kontinente und Ozeane auf der Erdoberfläche, und zwar im Verhältnis zur Nord-Süd-Polarachse. Eigentlich hatte ich nicht vor, mich eingehend damit zu beschäftigen, bis ich entdeckte, dass die letzte Polverschiebung – nach Charles H. Hapgood, Professor für Geschichte am Keene State College in New Hampshire und Autor von *The Path of the Poles* – vor 11 500 bis 12 000 Jahren vermutet wird.

Hier tauchten wieder dieselben Zahlen auf, dieselbe geschätzte Periodizität wie für galaktische Superwellen, solare Inversionen, magnetische Polumkehrungen und Eiszeitalter. Könnte das ein weiterer Faktor sein, der mit einem einzigen, riesigen, verheerenden Geschehen im Zusammenhang steht?

Basierend auf geomagnetischen Studien und Karbon-14-Analysen, kam Hapgood zu dem Schluss, dass der Nordpol vor 12 000 Jahren, vor der Polverschiebung, sein Zentrum in der Hudson Bay Region hatte. Außerdem erwähnt er zwei andere Polverschiebungen. Danach war der Nordpol vor 55 000 Jahren in Grönland und vor 80 000 Jahren in Yukon. Die Zeit der Verschiebung betrug jeweils 5000 Jahre.

Der Mechanismus, der für solche Verschiebungen verantwortlich ist, heißt »Verlagerung der Erdkrustenplatten«. Die äußere Erdkruste schwimmt auf einer halbflüssigen Magmaschicht. Unter bestimmten Bedingungen kann sich die gesamte Erdkruste in einem Stück verschieben – wie die lose Schale einer Mandarine. Das ist ein anderes Phänomen als das »Kontinentaldriften«. Beim Kontinentaldriften bewegen sich die Kontinente unmerklich langsam voneinander weg. Bei einer Erdkrustenplatten-Verlagerung bewegt sich die Kruste des gesamten Planeten, einschließlich aller Kontinente und Ozeane, in Beziehung zur Polarachse in eine neue Position.

Wie geschieht das? Hapgood war nicht ganz sicher, zog aber folgende Möglichkeit in Betracht: Zu Beginn einer Eiszeit könnte die Zunahme des Gewichts des Eises in der polaren Region ein Ungleichgewicht beim Drehen der Erde um die eigene Achse verursachen. Wie bei einer Waschmaschine, die aus dem Gleichgewicht geraten ist, entstünde ein Schwanken beim Drehen der Erde. Wenn dann ein bestimmter Kipppunkt erreicht ist, könnte die gesamte äußere Erdkruste sich in eine neue, stabilere Position verschieben. Bei der Darlegung der geologischen

Beweise kam Hapgood zu dem Schluss, dass die Bewegungen in eine neue Position hinein keineswegs verheerend waren, sondern relativ langsam, sodass die Reise ca. 5000 Jahre dauerte. Er äußerte, dass der neue Nordpol nach einer Verlagerung ca. 20 000 bis 30 000 Jahre in einer Position bleibt.

Wie zuvor schon erwähnt, kann die Interpretation von Eiskernuntersuchungen sehr unterschiedlich ausfallen, und zwar abhängig davon, ob man von einer »uniformen« oder »katastrophalen« Perspektive geologischer Zeit ausgeht. Hapgood bringt Erdkrustenplatten-Verlagerungen mit Eiszeiten in Zusammenhang, die nach Vogt und Sultan in einem 12 000-Jahreszyklus erfolgen. Ist es daher möglich, dass Verlagerungen von Erdkrustenplatten demselben periodischen Zyklus folgen, also viel öfter geschehen als Hapgood vermutete?

Ich bewege mich hier vielleicht auf sehr dünnem Eis. Nur wenige Geologen, auch LaViolette nicht, würden Vogts und Sultans These zustimmen, dass Eiszeiten alle 12 000 Jahre stattfinden. Wenn man aus einer Synthese ein großes Bild entwirft, besteht, insbesondere für einen Laien, natürlich die Gefahr, dass man versucht, die falschen Teile in ein zuvor entworfenes Puzzle zu pressen. Diesen Fehler habe ich auch schon gemacht.

Da ich mich ohnehin schon auf recht dünnem Eis bewege, möchte ich noch eine andere Möglichkeit betrachten. Wie wäre es, wenn die Verlagerungen der Erdkrustenplatten nicht in erster Linie durch die Zunahme von Eis ausgelöst würden, sondern durch den enormen Stress, den die äußere Erdkruste während einer geomagnetischen Polumkehrung erfährt? Was wäre, wenn die Rotation der Erde sich tatsächlich verlangsamen, anhalten und in der entgegengesetzten Drehrichtung wieder beginnen würde, und zwar innerhalb eines Tages, wie aus alten Schriften und mündlich überlieferten Traditionen der ganzen Welt berichtet wird? Liefert extreme Trägheit nicht die Bedingungen für solch ein Phänomen?

Die neue Position der geomagnetischen Pole mag das Ungleichgewicht des Eises an den Polen berücksichtigen, wird dadurch aber nicht ausgelöst. Es scheint mir eher so, dass die Verlagerung der Erdkrustenplatten eine Art Abpufferung einer ansonsten wesentlich gefährlicheren Situation ist.

Füll eine Schale mit Wasser, stelle sie auf einen Tisch und schiebe den Tisch abrupt über den Fußboden. Die plötzliche Bewegung lässt das Wasser, den Gesetzen der Trägheit entsprechend, über den Rand schwappen. Ähnlich würden bei einer geomagnetischen Polumkehrung und der damit einhergehenden Richtungsänderung der Drehung der Erde um ihre eigene Achse enorme Tsunamis, Winde und Erdbeben von dieser Bewegung erzeugt, was verständlicherweise alles Leben auf Erden hinwegfegen könnte.

Stell die Schale beim zweiten Mal in eine Art halbflüssigen Sirup und verschiebe den Tisch wieder ruckartig. Der Sirup würde den Schock abpuffern, und es würde viel weniger Wasser verschüttet. Eine Verlagerung der Erdkruste bedeutet, dass die äußere Oberfläche der Erde sich während des Umkehrprozesses von dem Mantel und der tiefer liegenden Kruste löst und frei über die halbflüssige Magmaschicht rutscht, wodurch sie ihre Position, trotz all der enormen Kräfte, die im Inneren erzeugt werden, auf relativ sanfte Art und Weise verändern kann.

Die letzte Verlagerung der Erdkrustenplatte erfolgte nach Hapgood und anderen Geologen vor 12 000 Jahren. Meine Gedanken wanderten zu Geschichten von Atlantis und ihrem letztlich verheerenden Sinken. Wenn das eine wahre Begebenheit war, wann und wie ist es dann genau versunken? Patrick Geryl bezieht sich in ›*The Orion Prophecy*‹ in diesem Zusammenhang auf das von Albert Slosman ins Amerikanische übersetzte *Ägyptische Totenbuch.* Als eines der ältesten ägyptischen Manuskripte nennt es für dieses Ereignis das Jahr 9792 v. Chr., grob gerechnet also vor 11 800 Jahren.

Rand und Rose Flem-Ath waren Studenten und Kollegen von Prof. Hapgood. In ihrem Buch *The Atlantis Blueprint* legen sie sehr plausibel dar, dass die Reste von Atlantis, einer ehemals – ähnlich wie unsere – blühenden Zivilisation, unter dem Eis der Antarktis begraben liegen. Graham Hancock stimmt in *Fingerprints of God* damit überein. Wenn das stimmt, könnte sich also der gesamte Kontinent von Atlantis, als er sank, zum Südpol bewegt haben, und zwar in der letzen Phase der Erdkrustenverlagerung mit entsprechend katastrophalen Zuständen.

An diesem Punkt stimmen Hapgood und LaViolette nicht überein. In seinem Buch *Earth under Fire* schreibt LaViolette, dass Untersuchungsergebnisse polarer Eiskerne die Möglichkeit einer Verschiebung der Breitengrade der Antarktis ausschließen.

Wie auch immer – ist das Schicksal von Atlantis das, was aller Wahrscheinlichkeit nach in naher Zukunft vor uns liegt? Ist es das, wovor uns die Mayas, andere Angehörige von Naturvölkern, Propheten wie Edgar Cayce und Wissenschaftler wie Dmitriev, LaViolette und viele andere gewarnt haben?

Präzessionszyklen, Photonengürtel und kosmische Zeitalter

Ist eine verheerende Zerstörung die einzige Möglichkeit für die Erde und die Menschheit? Oder könnte es, wie bei meinem Unfall zu Beginn des neuen Milleniums, viele Dimensionen von Möglichkeiten geben, die sich uns eröffnen könnten? Ist es das, worauf Windrider hingewiesen hat? Und wenn ja, wie funktioniert das alles?

Bevor wir über neue Möglichkeiten für die Zukunft, auf früheren historischen Zyklen basierend, reden, möchte ich noch einmal ganz klarstellen, was ich nicht meine.

Bei früheren Studien antiker Kalendersysteme und dem meisten New-Age-Material begegnete mir immer wieder der »Präzessionszyklus«. Das ist ein etwa 26 000 Jahre andauernder Zyklus, der auf Messungen basiert, die zur Zeit des Sonnenaufgangs der herbstlichen Tag- und Nachtgleiche vorgenommen wurden, und der offensichtlich einen Weg durch die zwölf Sternzeichen des Tierkreises markiert. So wie die Erde auf ihrer Reise um die Sonne Jahreszeiten erlebt, so weist der Präzessionszyklus auf Tierkreiszeiten hin. Beide Arten von »Jahreszeiten« basieren auf dem Neigungswinkel der Erdachse. Von Zeit zu Zeit ändert sich der Neigungswinkel ein wenig, was entsprechende Veränderungen der Länge eines Präzessionszyklus nach sich zieht.

Während eines solchen Zyklus durch die Tierkreiszeichen überqueren wir den galaktischen Äquator zweimal. Dazu befinden wir uns auf keinerlei Umlaufbahn, sondern es geht hier nur um die Veränderung der Positionen der Tierkreiszeichen am Himmel, und zwar aus unserer erdlichen Perspektive.

Wie viele andere, einschließlich des Maya-Forschers John Mayor Jenkins, versuchte ich, Theorien über periodisch wiederkehrende galaktische Ereignisse innerhalb des Präzessionszyklus und die von uns wahrnehmbare Überquerung des galaktischen Äquators alle 13 000 Jahre, in einen Zusammenhang zu bringen. Es war wie der Versuch, einen viereckigen Pfosten in ein rundes Loch zu zwingen, insbesondere, als ich anfing, den Forschungsarbeiten von Leuten wie Dmitriev und LaViolette zu begegnen. Was hat die physische Reise durch den interstellaren Raum oder haben die periodischen Ausbrüche ionisierter Teilchen im Zentrum unserer Galaxie mit der Rotationsachse unseres Planeten zu tun?

Ein anderes Rätsel war die sogenannte »Photonengürteltheorie« für mich, die in manchen Kreisen noch sehr beliebt ist. Basierend auf einem Mischmasch pseudowissenschaftlicher Annahmen, besagt sie, dass wir in einen Photonengürtel eintreten, in eine Art Bogen hochfrequenter Energie, der durch das Zentrum der Pleiaden geht. Eine damit korrespondierende Theorie meint, dass unsere Sonne tatsächlich der äußerste achte Stern des pleiadischen Systems ist und den zentralen Stern dieses Systems, namens Alcyone, in 26 000 Jahren einmal umkreist. Während sich unser Sonnensystem also auf der Umlaufbahn um Alcyone befindet, geht es zweimal durch diesen Photonengürtel hindurch, wobei es zu Anfang eine elektromagnetische Nullzone durchquert, die alle elektrischen Systeme ausfallen lässt und jegliches synthetisches Material neutralisiert. Dieser Theorie zufolge sind wir kurz davor, dort einzutreten, und werden dem Einfluss dieses Photonengürtels ca. 2000 Jahre lang ausgesetzt sein, bevor wir auf der anderen Seite wieder herauskommen.

Wieder versuchte ich verzweifelt, diese Theorie sowohl mit anderen Entdeckungen und Modellen als auch mit dem zeitlichen Ablauf des Präzessionszyklus zu vereinbaren. Es hat sich herausgestellt, dass diese Theorie wissenschaftlich nicht haltbar ist. Unsere Sonne hat keine direkte Beziehung zu den Pleiaden, genauso, wie der 26 000 Jahre währende Prozessionszyklus nichts mit tatsächlichen, physischen Bewegungen unseres Sonnensystems im Weltraum zu tun hat. Obwohl es intuitive Aspekte in dieser Theorie gibt, die Dmitrievs Beobachtungen sehr nahe kommen, betrachten LaViolette, Vogt, Sultan und andere erwähnte Wissenschaftler die Photonengürteltheorie als nicht mehr aktuell.

Ich habe auch erkannt, dass der zeitliche Ablauf des Präzessionszyklus wohl doch nicht direkt mit den verheerenden Ereignissen, die wir in den vorhergehenden

Kapiteln betrachtet haben, im Zusammenhang steht, da sie dazu tendieren, einem 12 000-Jahreszyklus anstatt einem 13 000-Jahreszyklus zu folgen. Falls irgendjemand, der dies liest, ein Modell oder sogar einen Grund vorschlagen könnte, der diese scheinbar nicht zusammenhängenden Phänomene vereinbart, wäre ich daran interessiert. Wer weiß, vielleicht war die Neigung der Polarachse einmal geringer als heute, woraus sich ein kürzerer Präzessionszyklus von 24 000 Jahren ergibt, der irgendwie mit dem galaktischen Herzschlag im Zusammenhang stand?

Wie auch immer, geologische Begebenheiten dürfen nicht in zuvor erdachte Theorien oder in ein exaktes, numerisches System gepresst werden. Doch Forschungen, die einen 12 000-Jahreszyklus unterstützen, könnten mit Leichtigkeit auch einen 13 000-Jahreszyklus unterstützen.

Interessanterweise gibt es jedoch historische Literatur, die das Wiedererscheinen eines 12 000-Jahreszyklus unterstützen, und zwar das Konzept der »Yugas« oder »kosmischen Zeitalter» von Sri Yukteswar. Er war ein absolut fähiger Yogi und Seher, der Lehrer von Paramahansa Yogananda und direkter Schüler von Lahiri Mahasaya und dem unsterblichen Yogi Babaji.

Im Gegensatz zu wesentlich längeren Yuga-Zyklen der klassischen, hinduistischen Texte, die er als falsch bezeichnete, spricht Sri Yukteswar von den Vorzügen eines 24 000-Jahreszyklus aus Yugas. In dieser Zeit gehen wir zweimal durch eine Sequenz von Ereignissen, die uns allmählich aus einem Zeitalter des Lichts in ein Zeitalter der Dunkelheit führen. Zeitalter der Dunkelheit verwandeln sich plötzlich in Zeitalter des Lichts, die wiederum allmählich an Kraft verlieren und Zeiten zunehmender Dunkelheit werden.

Die Periodizität zwischen den aufeinanderfolgenden Zeitaltern des Lichts ist nach Sri Yukteswar 12 000 Jahre, und zurzeit stehen wir auf der Scheide zwischen dem gegenwärtigen Zeitalter der Dunkelheit (Kali Yuga) und dem kommenden Zeitalter des Lichtes (Satya Yuga oder Krita-Yuga).

In meinem ersten Buch *Portal zur Ewigkeit* habe ich versucht, diesen 24 000-Jahreszyklus mit dem Präzessionszyklus in Übereinstimmung zu bringen, und geschrieben, dass Sri Yukteswar vermutlich falsch gerechnet hat. Und was die Photonengürteltheorie betrifft, so glaubte ich, dass der abrupte Wechsel zwischen dem Kali Yuga und dem Satya Yuga mit unserem Eintritt in den Photonengürtel stattfindet.

Inzwischen habe ich erkannt, dass dieser aus Yugas bestehende Zyklus womöglich weder in direktem Zusammenhang mit dem gegenwärtig existierenden Präzissionszyklus steht noch mit dem gar nicht existierenden Photonengürtel. Er ist mit den anderen zyklischen Ereignissen, einschließlich galaktischen Superwellen, magnetischen Solarinversionen, Eiszeiten, Umkehrung der magnetischen Pole und Verlagerung der Erdkrustenplatten, die ich in diesem Teil behandelt habe, jedoch durchaus vereinbar.

Ich habe eine tiefe innere Verbindung zu Sri Yukteswar und seinem unsterblichen Lehrer Babaji erfahren. Und ich habe das Gefühl, dass der aus Yugas bestehende Zyklus sowie auch der Maya-Kalender auf einem galaktischen Verständnis von Bewusstsein und Zeit basiert. Wenn dieser Zyklus mit Zeitfenstern, die aus wissenschaftlicher Forschung abgeleitet sind, verbunden wird, habe ich das Gefühl, dass es lohnenswert ist, ihm Beachtung zu schenken.

Aus der amerikanischen Übersetzung des *Ägyptischen Totenbuches* von Albert Slosman geht hervor, dass die atlantischen Priester das genaue Datum des ihnen bevorstehenden Untergangs sehr wohl kannten, und zwar Jahrhunderte, bevor Atlantis 9792 v. Chr. schließlich in den Wellen versank. Aus diesem Grund beobachtete ich, worauf der Maya-Kalender hinweist. Waren die atlantischen Priester auf dieselbe galaktische Quelle eingestimmt wie die Mayas, und wie Sri Yukteswar es zu sein schien? Waren sie alle bestimmter galaktischer Zyklen gewahr, die den Vorgang der göttlichen Evolution regieren?

Wenn das so ist, dann ist aus meiner Sicht die galaktische Superwelle, während sie sich durch die vielfältigen Dimensionen unserer Galaxie bewegt und eine Kettenreaktion auslöst, der maßgebende Initiator dieser Ereignisse. Im folgenden Teil des Buches werden wir die Auswirkungen dieses Vorgangs betrachten.

TEIL III

Die Geburt eines Planeten

»Da ist ein Strom, der jetzt sehr schnell fließt. Er ist so groß und flink, dass es Menschen gibt, die Angst haben werden. Sie werden versuchen, sich am Ufer festzuhalten. Sie werden das Gefühl haben, dass sie zerrissen werden und werden sehr leiden. Wisse, dass dieser Strom seine Bestimmung hat. Die Alten sagen: Wir müssen das Ufer loslassen und uns in die Mitte des Stroms abstoßen. Haltet Eure Augen offen und den Kopf über dem Wasser. Wir dürfen nichts persönlich nehmen, am wenigsten uns selbst. Denn in dem Moment, in dem wir das tun, kommt unsere spirituelle Reise und unser Wachstum zum Stillstand. Der Weg des einsamen Wolfes ist zu Ende. Besinnt Euch. Verbannt das Wort ›Kampf‹ aus Eurer inneren Einstellung und aus Eurem Vokabular. Alles, was wir jetzt tun, muss mit göttlicher Würde und feierlich getan werden. Wir sind diejenigen, auf die wir gewartet haben.« *Botschaft der Älteren der Hopis, 2001*

Der unmögliche Traum

Mein Vater ist Wissenschaftler und meine Mutter Künstlerin. Obwohl ich, soweit ich mich erinnern kann, immer auf der Suche nach spirituellem Erwachen war, hat ihr Einfluss auf mein Leben doch bewirkt, dass meine Suche beides sein würde, sowohl fest auf dem Boden materieller Realitäten stehend als auch offen für den Fluss unendlicher Möglichkeiten. Das war nicht immer leicht. Da ich im Zeichen der Fische geboren bin, war ich immer ein

Träumer und fühlte die Kraft der Träume. Es war oft schwierig, zwischen Träumen und Realität zu unterscheiden und auf meinen Entdeckungsreisen des Kosmos den Kontakt mit der Erde nicht zu verlieren.

Schließlich lernte ich, dass es nicht ausreicht zu träumen und dass wir unsere Träume bekommen haben, um sie zu verwirklichen. Während wir uns dazu verpflichten, sie im Spiegel des täglichen Lebens zu leben, entdecken wir, wer wir sind, entdecken unsere Grenzen, wie auch unsere Stärken, unsere Menschlichkeit, wie auch unsere Göttlichkeit. Wenn wir beides umarmen, sind wir nicht mehr mit dem einen oder anderen identifiziert. Eine Macht, die größer ist, als wir sie uns vorstellen können, übernimmt die Führung. Dann manifestiert sich der Traum, vom Selbst befreit, in der äußeren Form.

Auf dem Gymnasium war es mir wichtig, Kurse in »Sprache und Drama« zu belegen, und ich beteiligte mich an mehreren Theaterproduktionen. Eines meiner liebsten Stücke war *Der Mann aus La Mancha*, ein Musical über die bekannte Geschichte von Don Quijote und seinem treuen Begleiter, Sancho Pansa.

Don Quijote hat die Welt anders gesehen als die meisten Menschen. Er ritt auf einem müden, alten Gaul, der in seinen Augen eine großartige Kraftquelle war. Er band ein paar Blechdosen zusammen, die für ihn zur strahlenden Rüstung wurden. Er kämpfte gegen Windmühlen und glaubte, es seien Riesen. Er glaubte zu einer Zeit an Ritterlichkeit, als Freundlichkeit und Ehre nichts mehr galten. Aber mit seinen Verrücktheiten berührte er die Herzen der Menschen und zeigte ihnen eine Hoffnung, die ihr Leben veränderte. Er weigerte sich, an eine fade Welt künstlich erschaffener Realitäten zu glauben, und was er erdachte, so war es. Seine »Verrücktheit« wurde zur Tür zu mehr geistiger Gesundheit.

Die Titelmelodie des Stücks klang lange in mir nach. Ich sehe immer noch vor meinen geistigen Augen, wie er, von seinem treuen Sancho Pansa gefolgt, durch den Nebel reitet. »... um den unmöglichen Traum zu träumen, den unschlagbaren Feind zu bekämpfen, unerträgliches Leid zu tragen, um dahin zu rennen, wo selbst die Mutigen nicht wagen hinzugehen ...«

Manchmal ist unsere reale Welt nicht sehr viel anders. Es ist nicht immer leicht, in dieser realen Welt der Fakten mit Werten zu leben, die tödlich und unnatürlich zu sein scheinen. Doch irgendwann habe ich gelernt, dass es keine andere Realität gibt, als die, die wir in unserem Inneren erschaffen, und dass die äußere Welt nur eine Erweiterung unserer eigenen tiefen Erfahrung der Wahrheit ist.

Für diejenigen, die mit Astrologie vertraut sind: Mein Aszendent Schütze liegt genau in Konjunktion mit der Position des galaktischen Zentrums, was vielleicht erklärt, warum ich mich immer so auf den galaktischen Herzschlag alternativer Möglichkeiten eingestimmt fühlte. Interessanterweise war Pluto in den letzten Jahren in Konjunktion mit dem galaktischen Zentrum, was vielleicht erklärt, warum das Thema persönlicher und planetarischer Wiedergeburt in der letzten Zeit so wichtig geworden ist.

Vielleicht müssen wir alle ein bisschen von Don Quijote haben, um uns auf diesen Teil des Buches einzulassen.

Der galaktische Herzschlag

Unsere Galaxie hat einen Herzschlag. Paul LaVioletts »galaktische Superwelle« ist seine physische Manifestation, das heißt, dass der galaktische Kern mit jedem Herzschlag in einem mehr oder weniger gleichmäßigen Rhythmus von 12 000 Jahren pulsiert.

Dass dieses Herz alle 12 000 Jahre einmal schlägt, ist eine grobe Schätzung, die in meinen Bemühungen begründet liegt, verschiedene Aspekte wissenschaftlicher Forschung mit Sri Yukteshwars mystischem Verständnis in Übereinstimmung zu bringen. LaViolette sagt, das bestimmte Erscheinungen ein paar Tausend Jahre von diesem Durchschnitt abweichen können und nicht mit der Präzision eines Uhrwerks auftreten. Es ist möglich, dass genauere Eiskerndatierungen unser Wissen über diese Periodizität in Zukunft erweitern werden, insbesondere, wenn wir die Zusammenhänge von Eiszeiten, magnetischen Polumkehrungen, Erdkrustenverlagerungen, solaren Inversionen und galaktischen Superwellen besser verstehen, die wir bisher nur als nicht zusammenhängende Phänomene wahrgenommen haben.

Die Mayas haben die spirituellen Dimensionen dieses Herzschlags sehr wohl verstanden und versuchten, sich darauf einzustimmen. Ihr Kalender, als »Tzolkin« bekannt, stellt, analog zu Befindlichkeiten unserer menschlichen Seele, 260 verschiedene Facetten dieser galaktischen Energie dar.

Einige Physiker, wie zum Beispiel Douglas Vogt, Gary Sultan und Paul LaViolette kommen zu der Überzeugung, dass das Zentrum unserer Galaxie seine Energie von außerhalb des Raum-Zeit-Kontinuums, wie wir es kennen, bezieht. Wenn die Urknalltheorie wahr ist, dann sollte es einen Ort im Universum geben, von dem aus alles nach außen hin expandiert. Doch wohin auch immer Astronomen ihren Blick wenden, scheint das Universum mit gleicher Geschwindigkeit zu expandieren. Vogt und Sultan deuten es so, dass unser physisches Universum die Reflektion einer über das sichtbare Universum hinausgehenden Dimension ist, die sie als »Würfelhalter« bezeichnen. Von diesem Würfelhalter werden Materie und Energie ununterbrochen in unsere physische Dimension ausgeschüttet. In ihrem Buch *Reality Revealed* erklären sie diesen Mechanismus.

Auf ähnliche Weise besagt LaVioletts »Theorie einer fortwährenden Schöpfung«, dass das Universum nicht einfach mit einem Urknall begann noch mit einem endet, sondern dass es sich ständig neu gebiert. Schöpfung geschieht fortwährend, was wir in den Zentren der Galaxien sehr klar sehen können. Seine Theorie der »Subquantum-Kinetik« geht davon aus, dass es eine über die physische Welt hinausgehende Unterraum-Dimension gibt, aus der physische Dimensionen geboren werden, eine Dimension höherer Ordnung, die der Quantumebene unterliegt, die er als die »Dimension der Transformation« bezeichnet (siehe *Genesis of the Kosmos*). Folglich ist das Zentrum unserer Galaxie kein schwarzes Loch, wie viele Astronomen sagen, sondern eher ein Mutterstern, durch den fortwährend Schöpfung geboren wird.

Was ist das für eine Art von Geburt? Geht es um die Geburt von Sternen, Dimensionen, Formen, Bewusstsein … oder sogar all das? Ist die galaktische Superwelle nicht nur ein physisches Bersten kosmischer Strahlenaktivität, die vom Zentrum unserer Milchstraßengalaxie ausgeht, sondern eine neue Welle der Schöpfung, die unendliche Ströme evolutionärer Möglichkeiten in sich trägt?

Ich glaube, wir sind multidimensionale Wesen und erfahren auf verschiedenen Ebenen die Existenz unterschiedlicher Realitäten. Es gibt Aspekte unseres Seins, die jenseits der Grenzen von Zeit und Raum existieren, und zwar vereint mit galaktischem Bewusstsein. Von dieser Ebene der Existenz aus können wir die physische Realität innerhalb von Zeit und Raum dirigieren und beeinflussen. Wenn wir unser Bewusstsein derart erweitern können, dass wir mit galaktischem Bewusstsein verbunden sind, können wir die Natur der hereinkommenden Energien und wofür sie gebraucht werden, bestimmen. Wir sind nicht getrennt von den galaktischen Energien und können daher wählen, diese machtvollen Energien zu dirigieren, wie auch immer wir uns entscheiden.

Ich bin zu der Überzeugung gekommen, dass die galaktische Superwelle nicht einfach nur ein Strom hirnloser, kosmischer Strahlen aus dem riesigen schwarzen Loch ist, sondern vom Mutterstern her ausstrahlende Pakete von Informationen, die, wenn sie uns in Zeit und Raum erreichen, so programmiert werden können, dass sie bestimmte Auswirkungen haben.

Es ist wie in der alten indischen Metapher von Indras Netz: Das Universum ist wie ein Netz aus Perlen, das über den Himmel gespannt ist. Jede Perle wird fortwährend in den anderen reflektiert und reflektiert auch selbst. Jede verändert sich, sobald sich eine andere verändert. Wie bei Indras Netz: Unsere Einstimmung auf das galaktische Bewusstsein in der Tiefe unseres Seins bewirkt eine Reaktion aus dem galaktischen Zentrum, und zwar hinsichtlich der Natur und Intensität der nächsten galaktischen Superwelle.

So, wie Neutronen auf unsere Gedanken reagieren und in unseren Körpern eine sofortige Reaktion auslösen, so bewirken unsere kollektiven Gedanken und Einstellungen eine entsprechende Reaktion aus dem Nervensystem unserer galaktischen Körper, die die Mayas als »Hunabku« bezeichneten.

Wo hat dieser quijotische Glaube seinen Ursprung? Ich würde jetzt gern ein paar Jahre in der Zeit zurückgehen und versuchen, darauf zu antworten.

Delphine, Wale und galaktisches Bewusstsein

Über meine Erfahrungen mit Windrider zur Zeit der Sonnenfinsternis 1999 und über die Zeitlinienspalte am Silvesterabend habe ich bereits geschrieben.

Anfang 1999 lebte ich auf Big Island auf Hawaii in einer kleinen Hütte in der Nähe der Bucht von Keealakekua. Dort ist ein Schutzgebiet für Delphine. Oft kamen die wilden Spinnerdelphine in die Bucht, um sich auszuruhen und in dem flachen Wasser zu spielen. Jeden Morgen zog ich meine Schwimmflossen an, nahm meinen

Schnorchel und sprang in die wunderschöne, stille Bucht. Wenn ich Glück hatte, traf ich Delphine. Im Laufe der Monate lernte ich sie immer besser kennen, und sie lernten mich kennen.

Ich lernte über Bilder und durch die Sprache der Gefühle, mit ihnen zu kommunizieren. Wenn ich mit ihnen schwamm, löste sich jegliches Gefühl einer persönlichen Identität auf. Ich traf sie auf eine Weise, die weder menschlich noch delphinisch war, es war ein Raum voll reiner Freude, Spiel und Sein. Ich lernte dabei viel über mich selbst. Ich hatte mir zum Beispiel im Laufe der Jahre ein ganzes Set von Identitäten zugelegt. Ich war ein spiritueller Lehrer und ein Heiler. Ich war feinsinnig und mitfühlend. Ich war ein guter Mensch, der viel zu geben hatte. Ich war weise und tief.

Das Problem daran war, dass ich mich so stark mit diesem Image identifiziert hatte, dass diese Identitäten zur Maske wurden. Ich merkte, wie ich mich bemühte, dieses Image sorgfältig zu bewahren, damit mich niemand durchschauen und die Seite von mir sehen konnte, die verletzlich, unsicher, wütend, lieblos, ängstlich, depressiv oder schüchtern war.

Ich hatte mich immer mit anderen verglichen, und mein Gefühl für mich selbst war davon abhängig, wie andere mich wahrnahmen und ob ich gut genug oder liebenswert genug sei. Dafür musste ich natürlich immer eine gute Miene aufsetzen und verlor mein Gefühl für Spontanität und kindliches Wundern. Ich verlor vor allem meine Fähigkeit, aus meinem Herzen heraus zu leben.

Für die Delphine war nicht wichtig, wer ich bin. Sie wurden zu meinen Spiegeln. Wenn ich mich hinter einer Maske verloren hatte, egal ob ich mich selbst zu wichtig nahm oder mich ablehnte, dann hielten sie sich fern. Doch wenn ich die Masken meiner Identität ablegte, dann kamen sie, und wir begannen ekstatisch miteinander zu spielen. Schließlich lernte ich, dass ich mich auch ohne Maske sicher fühlen konnte, auch ohne die, ein Mensch zu sein. An dem Punkt konnten wir uns in einem Raum reiner Essenz treffen, dann hießen sie mich wirklich in ihrer Gruppe willkommen.

Ich werde nie den Tag vergessen, an dem die vier älteren der Gruppe eine Stunde lang Wange an Wange und mit ununterbrochenem, tiefem Augenkontakt mit mir schwammen. Es fühlte sich wie eine Initiation in das Gruppenbewusstsein der Delphine an. Ich fühlte tiefe Liebe zu diesen wunderschönen, wilden Tieren, tiefe Liebe für mich selbst und tiefe Liebe für die Liebe. Ich lernte, von meinem Herzen aus zu kommunizieren. Wenn ich mich in einen Zustand der Liebe begab und ihn mit einem Bild oder einer Absicht verband, reagierten sie sofort. Ich empfand Ehrfurcht und tiefe Dankbarkeit für meine neuen Freunde.

Auch über meine Abhängigkeiten lernte ich etwas von den Delphinen. Ich liebte meine Delphinfamilie und fühlte mich oft stärker mit ihrer Welt verbunden als mit meiner eigenen. Wenn sie sich mal einen Tag lang nicht sehen ließen, verfiel ich in tiefe Depression, und so blieben sie natürlich weg. Und wenn sie dann doch kamen, schienen sie mich völlig zu ignorieren, und spielten mit allen anderen. Allmählich merkte ich, dass sie mich mit meinen tiefsten Ängsten vor Trennung, Verlassenwerden, Eifersucht und Verlust konfrontierten, also mit den Dingen, die so sehr zu unserer normalen, menschlichen Neurose gehören. Ich habe niemals erlebt, dass sie mich für irgendetwas verurteilt haben, aber ich erhielt immer eine direkte Spiegelung und ein Feedback meiner Gefühle, egal welche Art Energie ich auch immer ausgesendet habe. Ich habe von diesen bedingungslos Liebenden und mitfühlenden Lehrern mehr gelernt als in irgendeinem Ashram oder Meditationszentrum.

Dann, eines Tages, traf ich eine Walmutter mit ihrem Baby, die meine Wahrnehmung des Lebens noch grundlegender verändert haben. Als ich mich der Bucht näherte, sah ich eine Fontäne im Wasser. Mein Herz bebte vor Freude. Ich hatte Wale auf ihren Wanderungen in diesen Gewässern schon öfter beobachtet, jedoch nie so nah an der Küste. Ich schwamm etwa in die Richtung, in der ich die Fontäne gesehen hatte. Dann schloss ich meine Augen und rief sie so, wie ich es bei den Delphinen gelernt hatte.

Als ich meine Augen wieder öffnete, schwamm ein riesiger, weiblicher Buckelwal direkt unter mir. Panik ergriff mich. Was ist, wenn sie jetzt an die Oberfläche will? Was ist, wenn ich herumgeschleudert oder durch ihre enorme Größe unter Wasser gezogen werde? Aber dann spürte ich, dass sie sich meiner zerbrechlichen Gegenwart sehr bewusst war; jede Bewegung des Buckelwals war sehr bedächtig, und sie würde es sicherlich niemals zulassen, dass ich in irgendeiner Weise verletzt werde. Ich entspannte mich, und wir betraten einen Raum der Kommunikation, während ihr Baby spielerisch rein und raus schwamm, zwischen uns hindurch und um uns herum.

Plötzlich stellte ich fest, dass ich nicht mehr in meinem physischen Körper eingeschlossen war. Während ich mit dem Bewusstsein des Wales verschmolz, merkte ich, wie ich mich weit in die Erde hinein ausdehnte, in ihr Bewusstsein eintrat und eins wurde mit ihrem Körper. Ich war die Erde. Ich war Gaia, die Göttin der Erde. Ich war Ra, der Sonnengott. Ich war Hunabku, die galaktische Mutter. Ich konnte die Weite ihrer Form und ihres Seins spüren. Sie war in mir und ich in ihr. Die Zellen meines Körpers waren die Sterne des Himmels.

Ich erkannte, dass es tatsächlich keine Trennung zwischen uns gab, und fühlte, dass dies das Bewusstsein ist, in dem die Wale immer leben. Sie sind die Wächter und Spiegelungen des Lebens von Mutter Erde, unseres gesamten, holographischen Universums, und zwar auf eine Art und Weise, die sich die meisten Menschen nicht vorstellen können. Ich fühlte mich enorm privilegiert, diesen kurzen Einblick in die Wahrheit erfahren zu dürfen. Mit dieser Erkenntnis wurde mein Körper von Ekstase, von Welle um Welle des Verstehens und der Freude ergriffen. Es gab immer und es wird immer nur diese Einheit hier geben. Ich verstand mit dem Häuptling Seattle, dass wir für immer verbunden waren, so wie Blut eine Familie verbindet.

Später, wieder in meiner Hütte, als ich anfing, meine Erfahrungen aufzuschreiben, wusste ich, dass ich diese Verbindung zum meiner Buckelwal-Freundin für immer behalten würde und durch sie meine Verbindung zur Seele der Erde und des Himmels. Durch das Verschmelzen unseres Bewusstseins wurde ein Tor in mir geöffnet, das – auch danach – immer offen geblieben ist. Oder vielleicht hat diese Öffnung immer existiert, nur der Wal hat mich gelehrt, den Zugang zu finden und meinen Gefühlen zu vertrauen.

Sri Aurobindo und die menschliche Evolution

Mein Zusammentreffen mit den Walen hat ein Tor in mir geöffnet, wodurch ich galaktisches Bewusstsein erfahren habe. Seitdem bin ich überzeugt, dass jeder galaktische Pulsschlag beides hat, sowohl einen physischen als auch einen spirituellen Aspekt. Obwohl wir die Geschehnisse auf der physischen Ebene nicht kontrollieren können, können wir, wenn wir uns mit dem Bewusstsein des galaktischen Pulses verbinden, alternative Realitäten sicherlich mitgestalten.

Dmitrievs Beobachtungen scheinen darauf hinzuweisen, dass bereits eine Art kosmischer Strahlung oder Gammastrahlenteile durch unser Sonnensystem gehen. Und LaViolette sagt, dass eine größere galaktische Superwelle womöglich schon auf dem Weg ist. Im ersten Teil des Buches habe ich einige der möglichen physischen Auswirkungen des galaktischen Herzschlages in Bezug auf das Phänomen galaktischer Superwellen untersucht. In den folgenden Kapiteln beschäftige ich mich mit den spirituellen Aspekte dieses galaktischen Herzschlags. Daher möchte ich nun die Arbeit von zwei Menschen vorstellen, die ich zu den größten Visionären unserer Zeit zähle.

Zu Beginn des 20. Jahrhunderts begann der große indische Freiheitskämpfer und weise Yogi Sri Aurobindo eine Wahrheit auszusprechen, die zuvor noch niemand gehört hatte. In seinem hohen Zustand göttlicher Einheit sah er, dass die Zeit für ein neues Stadium in der Evolution der Menschheit gekommen war. Es ging darum, dass das Göttliche sich hier auf Erden manifestieren werde, meinte er, und die Zeit für dieses göttliche Erscheinen auf Erden sei jetzt. Der Himmel kommt auf die Erde herab, obwohl die Erde infolge inneren Widerstands gegen diese »Herabkunft« einen Zusammenbruch erleidet.

Sri Aurobindo traf in Indien, in Pondicherry (heute Puducherry), mit der französischen Mystikerin Mirra Alfassa zusammen, die später als »die Mutter« bekannt wurde. Zusammen traten sie eine Reise intensiver zellularer und kollektiver Transformationen an, die angesichts der kolossalen Unsicherheiten, mit denen wir heute konfrontiert sind, sehr wichtig ist.

Dabei sah Sri Aurobindo, dass die göttliche Kraft die gesamte Materie durchdringt und alle Materie folglich Bewusstseinskraft hat. Der Vorgang, bei dem der göttliche Geist in die Materie herabsteigt, wird *Involution* genannt. Der Vorgang, bei dem das Göttliche aus der Materie aufsteigt, heißt *Evolution.*

Sri Aurobindo zufolge hat die Menschheit eine Etappe erreicht, bei der diese beiden Ereignisse gleichzeitig geschehen. In seiner inneren Vision sah er voraus, dass wir bald die Herabkunft des, wie er es nannte, »supramentalen Bewusstseins« erfahren würden, was alles auf Erden vollkommen verändern könnte. Das Wort »supramental« bezeichnet einen vereinigten Zustand des Seins, und zwar einer Bewusstseinsebene, die niemals zuvor auf Erden existiert hat. Hat diese supramentale Herabkunft vielleicht etwas mit den evolutionären Auswirkungen der nächsten hereinkommenden galaktischen Superwelle zu tun?

»Die Größe des Menschen besteht nicht darin, wer er ist«, sagt Sri Aurobindo, »sondern in dem, was er ermöglicht. Irgendwo steckt eine unsterbliche Seele in ihm, auch wenn sie in den meisten Menschen selten aktiv ist, während ein ewiger Geist ihn überschattet, auch wenn dieser von der harten Abschirmung einer konstruierten Persönlichkeit daran gehindert wird, herabzukommen. Es gibt einen großen, göttlichen Plan, der in Bewegung ist, auch wenn das Zeugnis der äußeren Sinne ihm zu widersprechen scheint.«

Unsere Evolution ist weit davon entfernt, vollkommen zu sein. Sri Aurobindo drückt das so aus: »Der Mensch ist ein Wesen im Übergangsstadium. Er ist nicht fertig. Der Schritt vom Menschen zum Supermenschen ist die wichtigste Errungenschaft der Evolution der Erde. Er ist unvermeidbar, weil er gleichzeitig die Absicht des innewohnenden Geistes und die Logik des Vorgangs der Natur ist.«

Die Evolution hat mit der Entstehung des Lebens einen großen Sprung gemacht und später mit dem Auftreten des Geistes. Sri Aurobindo zufolge stehen wir jetzt an der Schwelle zu einem neuen, sogar noch bedeutsameren

Sprung nach vorn, während wir uns auf das Auftauchen des Supergeistes vorbereiten. Er spricht von vier Stadien der menschlichen Evolution. Das erste Stadium ist, kurz gesagt, der »Tier-Mensch«. Dazu gehören heute die meisten Menschen, rationale Wesen, die eine individuelle Seele haben, jedoch weitgehend behindert sind, mit ihr im Kontakt zu sein und mit ihr zu verschmelzen. Unser Verhalten ist in erster Linie von unseren Instinkten bestimmt. Das biologische Überleben und die Erhaltung der Art ist oberstes Ziel.

Dann kommt der »Mensch-Mensch«, ein Wesen, das beginnt, mit dem Seelenbewusstsein zu verschmelzen und daraus zu leben anstatt aus dem Verstandesbewusstsein, oder das sich unter dem Einfluss eines sich immer weiter ausdehnenden, supramentalen Feldes spontan zu einer Geburt entschließt. Jeder, der auf der Suche nach einer tieferen Bedeutung und Ganzheit ist, einschließlich all derer, die diese Worte lesen, sind wahrscheinlich in dem zweiten Stadium der Evolution.

Das dritte Stadium ist der »Gott-Mensch«. Auf dieses Stadium bewegen wir uns in dieser Zeit der globalen Transformation kollektiv zu. Wir werden weiterhin einen materiellen Körper bewohnen, werden jedoch einen Geist des Lichts haben, der supramentales Bewusstsein ist, welches gerade begonnen hat, mit unserem Zellbewusstsein zu verschmelzen. Sind die »Kristallkinder«, die jetzt geboren werden, die Vorläufer der Gott-Menschen?

Schließlich kommt der »Supramental-Mensch«, unser letztendliches Ziel. Dann hat sich das Göttliche ganz im Reich der Materie inkarniert. Die Einheit von Geist und

Materie möchte ganz erkannt werden auf dieser Erde. Der höherdimensionale Lichtkörper würde dann mit dem physischen Körper verschmelzen. Und der Körper selbst würde in seiner Frequenz zu dem angehoben, was Sri Aurobindo als »wahre Materie« bezeichnet.

Interessanterweise ist diese feinstoffliche physische Substanz gleichzeitig »eine viel konkretere Welt, als die physische Welt«, wie die Mutter es sah, »eine physische Welt, die vollkommener zu sein scheint«.

»In dem Feld wahrer Materie«, schrieb die Mutter in ihrem Tagebuch, »würde die supramentale Kraft zunehmend in der Lage sein, Einheit in der Vielfalt anstatt Trennung und Begrenzung, Wahrheit anstatt Falschheit, Freiheit anstatt Tyrannei, Gutwilligkeit anstatt Eifersucht, Liebe anstatt Hass und Unsterblichkeit anstatt Tod auszudrücken.«

Wir würden über Grenzen der Zeit, des Raumes und der Materie hinausgehen und in allen diesen weitreichenden Möglichkeiten unserer Seelen inkarnieren. Wir könnten in jedem Moment in Zeit und Raum reisen. Wir könnten uns nach Wahl durch Formen und Dimensionen hindurchbewegen. Wir würden die Liebe, Weisheit und Macht des Schöpfers in erschaffenen Körpern ausdrücken. Sind »aufgestiegene Meister« wie Babaji und St. Germaine Vorläufer dieser menschlichen Art?

Die großartige Arbeit von Sri Aurobindo und der Mutter war es, das supramentale Bewusstsein in das Zellbewusstsein ihrer eigenen Körper zu bringen. Die Mutter sagte, dass die supramentalen Reiche erstmals am 29. Februar 1956 in ihrem zellularen Körper vereint waren. Der Traum, der in den supramentalen Welten schon vorhanden ist, wurde damals in das materielle Bewusstsein gesät. Da alle Materie durch Schwingungen verbunden ist, bedeutet das, dass das supramentale Bewusstsein gleichzeitig auch in das morphogenetische Feld der Erde gebracht wurde, und jetzt auf den Moment wartet, im kollektiven Feld der Materie in seiner vollen Manifestation zu erblühen.

Aus der Perspektive des russischen Wissenschaftlers Alexej Dmitriev kann vermutet werden, dass die Sonne, während sie von kosmischem Staub bombardiert wird, eine radikale Veränderung ihrer grundlegenden harmonischen Frequenzen erfahren wird. Aufgrund des Prinzips der Resonanz würde das sofort Wellen schlagen und eine Erhöhung der grundlegenden Frequenzen aller Materie in unserem Sonnensystem zur Folge haben. Könnte es sein, dass die »wahre Materie« von der Sri Aurobindo spricht, irgendwie mit diesem Quantensprung der Frequenzen der Materie im Zusammenhang steht und auch die Schwingung in unseren Körpern beschleunigt, sodass wir empfänglicher für die Frequenzen unserer Seele werden?

Der amerikanische Geophysiker Gregg Braden bezieht sich in seinem Buch *Awakening to Zero Point* auch auf eine »Veränderung der Zeitalter«. Er stellt zwei Trends in den Vordergrund, die zurzeit gleichzeitig erscheinen und sich in einem Punkt überschneiden, was zu der Dimensionsverschiebung beiträgt. Anfangs wird das Magnetfeld der Erde allmählich schwächer werden, was wir in Teil II schon beschrieben haben. Dann wird es eine allmähliche Zunahme der Schumann-Resonanz geben. Einige Wissenschaftler versichern, dass die Schumann-Resonanz eine Funktion des Durchmessers der Erde ist und daher nicht zunehmen kann. Er aber bezieht sich auf andere Messungen für bestimmte Harmonien, die auf schwedische und russische Forschungen zurückgehen und die Erhöhung der Frequenz der Materie betreffen. Bezieht er sich vielleicht auf dieselbe Quantenverschiebung im Feld »wahrer Materie«?

In seinem epischen Gedicht *Savitri* weist Sri Aurobindo darauf hin, was noch vor uns liegt:

Wenige werden sehen, was bisher noch niemand versteht,
Gott wird wachsen, während der weise Mensch redet und schläft,
Denn der Mensch wird den Zeitpunkt nicht kennen, bis er da ist,
Und Glaube wird es nicht geben, bis die Arbeit getan ist.
Die Welt bereitet sich auf eine große Veränderung vor,
Und die Verantwortung dafür, dass sie kommt, liegt bei uns.
Ob wir es mögen oder nicht:
Die Obergrenze der Ignoranz wird zurückgehen,
Mehr und mehr Seelen werden ins Licht gehen …
Die Natur wird leben, um die Geheimnisse Gottes zu manifestieren,
Der Geist wird das menschliche Spiel in die Hand nehmen,
Und das irdische Leben wird zu einem göttlichen Leben.

Die supramentale Katastrophe

Wann immer es einen »Abstieg« gibt, ist da auch ein entsprechender Widerstand. Sri Aurobindo hat vor Jahrzehnten schon erkannt, dass die Menschheit durch eine evolutionäre Krise gehen muss, die er die »supramentale

Katastrophe« nannte. Wir haben inzwischen ein Stadium erreicht, in dem der menschliche Verstand einerseits riesige Fortschritte gemacht hat, andererseits aber hoffnungslos unangemessen handelt, um seine eigene Vernichtung zu verhindern.

»Die Menschheit hat einen Zustand allgemeiner Anspannung erreicht – Anspannung bei Bemühungen, Anspannung bei Handlungen, Anspannung im täglichen Leben – eine extreme Überaktivität, eine weit verbreitete Rastlosigkeit, sodass die gesamte Menschheit einen Punkt erreicht zu haben scheint, an dem man entweder einen Widerstand durchbrechen und sich in ein neues Bewusstsein erheben muss oder in einen Abgrund von Dunkelheit und Trägheit zurückfällt.«

Es wird Zeit für die Menschheit, erwachsen zu werden. Die supramentale Katastrophe ist die äußere Manifestation dieses inneren Prozesses. Inzwischen wurde, wie die Mutter vor ihrem Tod 1973 bezeugte, 1956 ein Bewusstsein, das höher ist als der rationale Verstand, das vielleicht als »Supergeist« bezeichnet werden kann, im morphogenetischen Feld der Erde etabliert und ist hier aktiv. Es ist jetzt unsere Aufgabe, es in unser Zellbewusstsein zu bringen, in die täglichen Aktivitäten des menschlichen Lebens.

Mit der Herabkunft dieses neuen, schwingenden Bewusstseins würden all unsere veralteten, menschlichen Strukturen vernichtet. Wie Sri Aurobindo voraussagte, würde es eine Übergangszeit geben, die extrem chaotisch sein kann, in der die letzten Hochburgen der Gier, Angst, Illusion und Dunkelheit an die Oberfläche kommen, um dann vertrieben zu werden. Damit ist derselbe »Tag der Reinigung« gemeint, den im Laufe der Zeitalter von den Hopis, Mayas, Hindus, Christen und vielen anderen individuellen Mystikern, Propheten und Wissenschaftlern prophezeit wurde.

Sri Aurobindo betonte jedoch auch, obwohl die Veränderungen enorm sein würden, müssten sie nicht katastrophal enden. Wenn es von den Kräften der Wahrheit ausgehend einen starken Druck zur Veränderung gibt, gibt es durch die Widerstände und den Zusammenprall der Kräfte auch die Wahrscheinlichkeit von Katastrophen. Doch das Supramentale erhält, wie er behauptet, vollkommene Meisterschaft über die Situation und hat eine Kraft der Harmonisierung, die alle Widerstände überwinden kann, und zwar »mit anderen Mitteln als dramatisches Ringen und Gewalt«.

Sri Aurobindo und die Mutter glaubten, dass die Bühne der Welt für die Herabkunft des Supramentalen vorbereitet sei und dass sie kurz bevorsteht. Die Mutter sagte 1968, dass die supramentale Transformation ganz sicher kommt, und zwar mit einem Minimum an Zerstörung, »obwohl dieses Minimum noch beträchtlich sein wird«. Sie sagte, dass sich dieser Vorgang nach der Jahrtausendwende beschleunigen würde.

Angesichts der Gewalt in der heutigen Welt und der Möglichkeiten von Umweltkatastrophen sollten wir uns vielleicht auch einmal fragen, welchen Grad von Zerstörung wir noch erfahren würden, wenn diese Kraft der Harmonisierung nicht wäre! Wie viele nukleare Krisen wurden auf mysteriöse Weise entschärft? Wie oft wurde ein drohender Weltkrieg vermieden? Wie viele katastrophale Prophezeiungen haben sich nicht erfüllt? Wie viele der schlimmsten Szenarios, die wir im vorhergehenden Teil dieses Buches beschrieben haben, könnten modifiziert werden?

In diesem Zusammenhang erinnere ich mich an das Erdbeben in San Francisco 1989, als ich in Berkeley, Kalifornien, gelebt habe. Nicht lange danach begannen sowohl viele Hellseher als auch Seismologen vorauszusagen, dass ein noch viel größeres kommen würde. Ein schamanischer Freund von mir hatte sehr genaue Visionen davon und gab sogar ein bestimmtes Datum dafür an. Aufgrund dessen hielten viele Leute Rituale und Zeremonien ab, um ihre Energien mit denen des Landes zu verbinden. Am Abend vor dem vorhergesagten Datum hatten viele das Gefühl, dass sich etwas verändert habe. Dann kam, genau zu der vorausgesagten Zeit für das Erdbeben, die Nachricht, dass die Mauer zwischen der BRD und der DDR gefallen war! Irgendwie wurde durch das gemeinsame, von vielen Menschen auf der ganzen Welt geschaffene Feld der Absicht die kraftvolle, explosive Energie in der Erde für einen ganz anderen Zweck genutzt!

Es gibt viele solcher Geschichten, und ich frage mich, ob uns wirklich bewusst ist, in welchem Ausmaß verschiedene Meister, Yogis und gewöhnliche Menschen in ihren Höhlen, Häusern, auf Bergspitzen, auf der ganzen Welt in der Lage sind, die Ereignisse zum Wohle der Menschheit zu beeinflussen, die ansonsten so energisch darauf erpicht ist, sich zu vernichten.

Sri Aurobindo zählte, bevor er 1950 verstarb, fünf Indizien auf, die dem Morgen der neuen Ära vorausgehen würden. Kurz zusammengefasst, sagte er, dass das Wissen über die physische Welt exponentiell zunehmen würde, die Menschen beginnen würden, mehr übersinnliche Fähigkeiten zu entwickeln, es von Seiten der dunklen Mächte gemeinsame Anstrengungen geben würde, die Kontrolle zu behalten, die Welt durch zunehmende Technologie einheitlicher werden würde, und dass viele Menschen sich, wie Hitler, mit der Macht eine große Anzahl von Menschen zu beeinflussen, erheben würden.

Alle diese Anzeichen sowohl mit ihren dunklen als auch mit ihren hellen Aspekten, scheinen sich heute mit zunehmender Intensität zu manifestieren. Der Zusammenbruch einer alten Weltordnung scheint bevorzustehen. Wir entdecken dafür im sozialen, ökonomischen und politischen Bereich viele Indizien. Während wir die fünfte Nacht des Maya-Kalenders durchqueren und Pluto in den Steinbock übergeht, gibt es eine zunehmende Anforderung an alle Systeme, Formen und Strukturen, eine radikale Umwandlung vorzunehmen, und zwar hin zu einer größeren Übereinstimmung mit hereinkommenden, evolutionären Energien.

Wenn ich mich mit den ökologischen und politischen Realitäten unserer modernen Welt konfrontiere und dunkel darüber spekuliere, was wohl noch vor uns liegt, fühle ich mich von spirituellen Forschern wie Sri Aurobindo und der Mutter sehr getröstet. Deren Visionen und Verständnis stammt aus der direkten Erfahrung einer stark erweiterten kosmischen Wahrheit.

Wir können die ökologischen und politischen Realitäten auf unserem Planeten nicht länger verleugnen. Um aber den Weg ins Zeitalter des Lichtes zu gehen, müssen wir die neuen Realitäten, die unter uns entstehen, bejahen. Irgendwo zwischen einer schlecht geerdeten spirituellen Weltflucht, die auf Verleugnung basiert, und dem narzisstischen Vertieftsein in eine trübselige und verhängnisvolle Stimmung können wir uns entscheiden, uns absichtsvoll und zweckbestimmt eine beherzte neue Welt vorzustellen, die auf der tiefsten Wahrheit unseres Seins begründet ist. Dafür müssen wir uns bewusst mit unseren eigenen Schatten konfrontieren, eine echte Hoffnung suchen, uns einer Widergeburt verpflichten und uns für das Licht der uns führenden Wahrheit öffnen.

Wir können nur so hoch gehen, wie wir bereit sind, tief zu gehen, und oft finden wir in der tiefsten Tiefe das größte Licht. Hier finden wir die Kraft und die Hoffnung, die uns erhalten. Denn das Licht der Gnade kann nur auf uns scheinen, wenn wir bereit sind, unsere zutiefst menschliche, zerbrochene Realität zu sehen und zu umarmen.

Ich habe das Gefühl, dass wir beim Betreten einer neuen Zeitspirale die zunehmend schnelleren Ausdehnungen des Bewusstseins auf unserem Planeten beobachten können, die von entsprechend stärkerem Widerstand begleitet werden. Wenn ich mich mit meiner tiefsten Wahrheit verbinde, weiß ich, dass wir die Veränderungen vollziehen werden, obwohl es auch viel Chaos geben könnte. Das Erscheinen des neuen Bewusstseins wird vielleicht zum letzten Tanz einer polarisierten Weltanschauung auffordern, uns aber nicht nur das Trauma dieser Zeiten der Krise überleben lassen, sondern uns auch in etwas sehr viel Edleres verwandeln.

Die »große Reinigung«, sagten die Hopis, wird Krieg, Hunger, Krankheiten und Erdveränderungen mit sich bringen. Das alles hat bereits begonnen. Wir haben uns schon weitgehend verwandelt, und der Übergang wird wahrscheinlich sanfter verlaufen als früher erwartet.

Die Kraft der »Welt der Seele« hat das Potenzial, Sri Aurobindos »Kraft der Harmonisierung« zu aktivieren und unser derzeitiges Bewusstsein von Unvollkommenheit und Trennung aufzuheben. Wir leben in der Zeit einer bedeutenden Transformation des Geistes. Obwohl sich vielleicht eine Menge Menschen entscheiden zu gehen, werden viele sich dafür entscheiden, in spiritueller Meisterschaft zu erwachen und sich mit ihren Lichtkörpern zu vereinen. Fähigkeiten in Form von übersinnlicher Wahrnehmung, Heilfähigkeiten und Telepathie werden erwachen. Wir werden lernen, zwischen den Welten zu gehen.

Lasst uns unsere Augen, während wir durch diese Zeit hindurchgehen, auf das ausrichten, was über die Erscheinung des Realen hinausgeht. *Der Weg durch das Tal der Angst besteht darin, eine größere planetarische und kosmische Perspektive anzunehmen.* »Führe uns vom Nicht-Realen zum Realen«, sagten die alten weisen Hindus, »führe uns aus der Dunkelheit ins Licht. Leite uns vom Tod zur Unsterblichkeit!«

Globale Initiation und vielfältige Dimensionen

Die Natur der meisten spirituellen Initiationen ist die Erfahrung eines allmählichen Aufstiegs des Bewusstseins, gefolgt von einer plötzlichen Veränderung. Es ist wie mit dem Wasser, das sich langsam erhitzt und dann plötzlich zu Dampf wird. Wenn die richtige Zeit dafür gekommen ist, könnte diese Veränderung in einem »Augenblick« geschehen.

In der subatomaren Welt kreisen die Elektronen sehr schnell um den Atomkern. Wenn Energie hinzugefügt wird, springen sie plötzlich von einer stabilen Umlaufbahn in eine andere. Es ist wie das Verschwinden aus einer Umlaufbahn und das gleichzeitige Wiedererscheinen in der nächsten. Dieses Phänomen ist als »Quantensprung« bekannt.

Bereiten wir uns auf einen Quantensprung im planetarischen Bewusstsein vor? Ich habe bereits angedeutet, dass die galaktische Superwelle beides hat, einen physischen und einen spirituellen Aspekt. Während wir uns auf das galaktische Bewusstsein einstimmen, können wir die Rolle spielen zu bestimmen, wie wir die physischen Auswirkungen erfahren wollen. Wir haben die Wahl. *Könnte dieselbe Welle, die in der Lage ist, uns extreme Zerstörung zu bescheren, auch in der Lage sein, ein außergewöhnliches evolutionäres Erwachen zu initiieren?*

Der Maya-Kalender endet 2012. Dieser, auf linearer Zeit basierende Kalender bietet tiefe Einsichten in die Natur galaktischer Zeit. Vielleicht verstanden die Kalendermacher etwas von der Natur des galaktischen Herzschlags, obwohl sie vielleicht nichts über die Wissenschaft von den kosmischen Strahlungen und des interstellaren Staubs wussten. Vielleicht konnten sie mit einer galaktischen Intelligenz kommunizieren, die die Struktur und Zeiteinteilung ihres Kalendersystems geformt hat. Vielleicht hatten sie einen Sinn dafür zu wissen, was sie auf der Grundlage vorhergehender Pulse solch eines galaktischen Herzschlags zu erwarten hatten.

Was meinen sie, wenn sie uns sagen, dass ihr Kalender am 21. Dezember 2012 oder womöglich am 28. Oktober 2011, wie Calleman es interpretiert, endet? Bezieht sich das auf ein verheerendes Ende der Welt oder vielleicht auf das Ende der modernen Zivilisation oder sogar auf das Ende der Zeit, wie wir sie kennen?

Unsere Erfahrung mit der Zeit ist eine Reflektion unseres Bewusstseins. Unser rationaler Verstand, der sich im Rahmen unseres dreidimensionalen Universums orientiert, kann nur in einer auf linearer Zeit basierenden Wahrnehmung der Welt funktionieren, gegründet auf die Fortführung unserer Leben aus der Vergangenheit in die Zukunft.

Sri Aurobindo dagegen bezieht sich auf Ebenen des Geistes, die über den rationalen Verstand hinausgehen. Dazu gehören, wie er es nennt, das höhere Mentale, das erleuchtete Mentale, das intuitive Mentale und das Übermentale und schließlich das Supermentale. Ist es möglich, dass jede Ebene des Geistes eine andere Wahrnehmung der Zeit und des Bewusstseins anbietet und uns für die Erfahrung vieler möglicher Zeitlinien öffnet? Können diese Zeitlinien alle gleichzeitig existieren?

In schamanischen Bewusstseinszuständen zum Beispiel beginnen die Grenzen zwischen Vergangenheit, Gegenwart und Zukunft sich aufzulösen. Wenn Hellseher und Propheten in ein zukünftiges Ereignis blicken, dann können sie das nur, weil sie ihren Geist in einen höheren Bewusstseinszustand ausgedehnt haben, in dem ihre Wahrnehmung der »Gegenwart« so weit ausgedehnt ist, dass sie die Geschehnisse der Zukunft mit einschließen.

Die Qualität und Relevanz ihrer Informationen, vielleicht auch ihre Genauigkeit, haben womöglich etwas damit zu tun, zu welchen Ebenen des Geistes sie Zugang haben. Die Vorhersagen von Sri Aurobindo und der Mutter zum Beispiel stammen aus den Ebenen des übermentalen und supermentalen Geistes, das heißt, dass sie in der Lage waren, sich auf eine galaktische Bewusstseinsebene einzustimmen, so, wie auch die Hersteller des Maya-Kalenders.

Gehen wir über die linearen Dimensionen der Zeit hinaus und betreten eine multidimensionale Zeitzone, dann wird es uns vielleicht möglich sein, in vielfältige Dimensionen der Realität einzutreten, in denen unsere Erfahrung der Gegenwart zwei oder mehr Wahrscheinlichkeiten einschließen kann. Wie bei meiner Erfahrung am Silvesterabend des neuen Milleniums ist uns als Kollektiv vielleicht auch die Wahl zwischen zwei oder mehr Szenarios überlassen. Vielleicht ist es das, worum es in Windriders Botschaft ging.

Die »Stringtheorie«, die die Existenz von elf Dimensionen annimmt, die meisten von ihnen scheinbar in einem »eingerollten« Schlafzustand, könnte eine wissenschaftliche Erklärung dafür sein. Wenn die grundlegende Harmoniefrequenz der Materie einen Quantensprung erlebt, würden sich dann diese Extradimensionen irgendwie »ausrollen« und unseren Körpern erlauben, unsere gegenwärtigen Grenzen von Zeit und Raum zu überschreiten?

Um die lineare Zeit und die dreidimensionale Dichte überschreiten zu können, müssen wir lernen, die Ebene des rationalen Verstandes zu überschreiten. Das scheint mir die Verheißung des Jahres 2012 zu sein. Auch wenn LaViolette zögert, ein bestimmtes Datum vorauszusagen, stimmt er zu, dass es möglich wäre, dass die nächste große galaktische Superwelle in Synchronisation mit dem Enddatum des Maya-Kalenders käme. Wenn diese Superwellen beides haben, einen physischen und einen spirituellen Aspekt, vielleicht ist die nächste dann so beschaffen, dass sie ein Tor zwischen den Welten öffnet, eine Veränderung der grundlegenden harmonischen Frequenz der Materie bewirkt und uns in einen Schwingungszustand versetzt, in dem die Supramentalisation unseres Geistes und unserer Körper Realität werden könnte.

Was genau ist der Auslöser für diese kollektive Veränderung von der linearen zur multidimensionalen Zeit? Douglas Vogt und Gary Sultan, die Autoren von *Reality Revealed*, kommentieren: »Es ist wahr, dass die Zeitspanne vor und während der Katastrophe eine schreckliche Zeit für die Menschheit ist. Das Leiden und die Not sind enorm, doch es gibt auch noch eine andere Seite der Situation. Wenn ein Individuum sich so weit entwickelt hat zu wissen, was in Wahrheit ist, dann kann es sich auch in die nächsthöhere Dimension entwickeln, und zwar die fünfte oder sogar die sechste Dimension. Es kann das aber nur während der Zeit der Umkehr tun, wenn ihm ein großes Potenzial zur Verfügung steht. Für eine entwickelte Seele ist dies die einzige Zeit, in der es zu leben gilt.«

Sie sprechen hier von einer magnetischen Polumkehrung und ihren Auswirkungen auf die Menschheit. Ihr Buch wurde Ende der 1970er Jahre geschrieben, und obwohl ihre Voraussage einer planetarischen Veränderung vielleicht ein bisschen düster ist, habe ich doch das Gefühl, dass diese magnetische Polumkehrung tatsächlich der Mechanismus ist, der die multidimensionale Veränderung auslöst, sogar auch für die Formation vielfältiger, gleichzeitig existierender kollektiver Zeitlinien.

Wie würde das funktionieren? Unsere Körper sind elektromagnetische Einheiten, die auf das elektromagnetische Feld der Erde ausgerichtet sind. Auch unsere Erinnerungen basieren auf Magnetfeldern in unserer Aura, die mit den Erinnerungsfeldern der Erde synchronisiert sind. Das schließt sowohl unsere persönlichen Erinnerungen, unsere kollektiven Erinnerungen als auch das morphogenetische Feld der Menschheit mit ein.

Was würde passieren, wenn das magnetische Feld der Erde plötzlich zusammenbrechen würde? Stell dir die Videoaufnahme eines Ereignisses vor und lass sie durch ein starkes Magnetfeld gehen. Dann würde die gesamte Aufnahme gelöscht. Der größte Teil unserer bewussten Erinnerung wird in unserem linearen Verstand gespeichert, zusammengesetzt aus all den Eindrücken und sinnlichen Erfahrungen, die wir seit unserer Geburt erlebt haben. Die Summe ergibt unsere Persönlichkeit. Das ist unsere

Identität. Das ist, wer wir zu sein glauben. Das ist unser »kleines Selbst«, das während dieser intensiven Zeit einer magnetischen Polumkehrung sofort gelöscht würde.

Gregg Braden spricht von einem »Nullpunkt« und meint den Zusammenbruch des magnetischen Feldes, verbunden mit der Zunahme der Schumann-Resonanz der Erde. Ist es möglich, dass diese Veränderung der Schumann-Resonanz der Erde auch der Auslöser für Dmitrievs Quantenveränderung der grundlegenden harmonischen Frequenz aller Materie auf Erden ist?

Stell dir jetzt ein Szenario vor, bei dem die illusionäre Persönlichkeit, die auf dem rationalen Verstand basiert, in einem Zusammenbruch des elektromagnetischen Feldes der Erde plötzlich ausgelöscht wird. Gleichzeitig sind wir, da die grundlegende harmonische Frequenz der Materie sich plötzlich erhöht, in der Lage, einen direkten Zugang zu den Erinnerungen unserer Seele, zu unseren Seelenidentitäten zu bekommen. Während sich das Magnetfeld der Erde nach dem Zusammenbruch blitzartig umkehrt, wird das kollektive Erinnerungsfeld eingeschaltet. Es ist, als ob ein kosmischer Reset-Knopf gedrückt würde. Dann sind wir augenblicklich wieder mit den Erinnerungen unserer Seele verbunden. Während wir in menschlichen Körpern bleiben, wird ein Quantensprung des Bewusstseins aktiviert, und wir gebären uns selbst kollektiv als »Göttliche Menschen«. Hier geht es um die Möglichkeit einer Massenerleuchtung oder eines Massenaufstiegs, ein einmaliges Ereignis, das vielleicht zur Zeit einer magnetischen Polumkehrung etwa alle 12 000 Jahre möglich wird!

Es wird erzählt, dass die energetisch vorbereiteten Atlantiden die einströmende Energie der Superwellenladung nutzten und in ihren Lichtkörpern aufstiegen, während alle anderen von ihrer Angst verschlungen wurden, unter den Wellen verschwanden, um den gesamten Zyklus menschlicher Evolution noch einmal zu beginnen.

Windrider zufolge ist die Wahrscheinlichkeit, dass wir während des nächsten galaktischen Superwellenschwalls, der ähnlich großes, katastrophales Geschehen auslösen könnte, kollektiv im linearen Bewusstsein verbleiben, ausgeschlossen. Eine Ausdehnung der grundlegenden harmonischen Frequenz der Materie würde eine entsprechende Ausdehnung unserer Fähigkeit erschaffen und uns so für höhere Ebenen des Geistes öffnen. Diese wiederum ermöglicht uns, mehr von unserer Seele auszudrücken und viele der katastrophalen Aspekte der globalen Veränderung zu verwandeln.

Während wir uns zurzeit der Wende kollektiv aus der linearen Zeit herausbewegen, könnten wir die Qualität unserer Erfahrung wählen. Wenn wir den Wunsch haben, den Zustand eines polarisierten Konflikts weiterhin zu erforschen, könnten wir in der dreidimensionalen Realität bleiben und die volle Kraft eines katastrophalen Szenarios erleben. Andere könnten sich entscheiden, zunehmend feinere und lichterfülltere Realitäten der vier-, fünf- oder sechsdimensionalen Welt zu erfahren.

Übrigens, wenn es hier um Dimensionen geht, dann meine ich schwingende Frequenzen. In der dritten Dimension erleben wir, wie bekannt, die lineare Zeit und dichte physikalische Materie. Die vierte Dimension ist eine Durchgangsdimension, die beginnt, uns aus unserer Wahrnehmung eines rigiden Raums und einer linearen Zeit herauszurütteln. Die fünfte und sechste Dimension umfassen eine multidimensionale Zeit und eine zunehmend feinere physische Substanz. Vielleicht hat die fünfte Dimension in der Sprache Sri Aurobindos und der Mutter mit »übermentalem« Bewusstsein und die sechste Dimension etwas mit »supramentalem« Bewusstsein zu tun?

Der Hypnosetherapeut Chet B. Snow hat ein faszinierendes Buch geschrieben: *Zukunftsvisionen der Menschheit: Apokalypse oder spirituelles Erwachen.* Anstatt Menschen in ihre früheren Leben zurückzuführen, führt er sie in die Zukunft, über das Jahr 2012 hinaus. Dann katalogisiert er, was sie erfahren haben. Interessanterweise können ihre Erfahrungen in drei klar abgrenzbare Kategorien eingeteilt werden. Die erste Gruppe lebte als Sammler und Jäger auf einer verwüsteten Erde, ähnlich, wie es nach der atlantischen Katastrophe gewesen sein muss, als die Menschheit noch einmal ganz von vorn anfangen musste. Die zweite Gruppe lebte entweder in vom Planeten entfernten Raumstationen oder an der Oberfläche eines unwirtlichen Planeten in einer künstlichen Umgebung. Die dritte Gruppe befand sich auf einer wunderschönen, grünen, utopischen Erde, die vollkommen wiederhergestellt war, ohne Kriminalität, Kriege, Hunger, mit sehr wenig Krankheit oder sogar Tod.

Könnten dies Beispiele dafür sein, was wir drei-, vier- und fünfdimensionale Zeitlinien nennen? Es scheint so, das jeder sich, in Übereinstimmung mit der Wahl seiner

Seele, nach der »Wende« seine Welt aussuchen kann. Ich könnte mir vorstellen, dass sich irgendwann, für manche vielleicht sofort und für andere in späterer Zukunft, eine sechsdimensionale Zeitlinie öffnet, die den »supramentalen Menschen« in einem Körper wahrer Materie, repräsentiert. Der hätte dann eine »physisch-ätherische« anstatt eine »physisch-materielle« Dichte. Alles das geschähe mithilfe der supramentalen Kraft der Harmonisierung, von der Sri Aurobindo spricht.

Wenn genügend von uns in der Lage sind, schnell genug auf diese Ebene aufzusteigen, dann könnte diese Kraft der Harmonisierung vielleicht den von Windrider genannten günstigsten Fall ermöglichen. Und zwar eine sofortige und vollkommene, kollektive Transformation der Erde und der Menschheit in eine Frequenz der Materie, die in der Lage ist, die Schwingungen der Seelen zu halten. Wenn das funktioniert, obwohl ich es momentan nicht für sehr wahrscheinlich halte, könnte es vielleicht das Phänomen vom hundertsten Affen auslösen, sodass wir als planetarisches Kollektiv in einer einzigen Zeitlinie menschlichen Bewusstseins zusammen aufsteigen könnten!

Sind wir jedoch noch nicht so weit, dann, sagt mir mein Gefühl, wird die magnetische Polumkehrung eine Aufsplitterung unserer dreidimensionalen Raum-Zeit-Koordinate in mehrere gleichzeitige Zeitlinien initiieren, in der jede in einer andersdimensionalen Frequenz schwingt. Dann hat jeder Mensch die Wahl zu entscheiden, welche dieser Zeitlinien für die Fortsetzung seiner Evolution für ihn am besten geeignet ist.

Ich habe den Maya-Kalender als Basis für das Jahr 2012 herangezogen. Es gibt aber auch noch andere Hinweise auf dieses Jahr. Die Azteken-, Tolteken- und Cherokee-Kalender nennen ein ähnliches Enddatum. Unabhängig davon kommt Terrence McKenna auf der Basis psychedelischer Forschungen im I Ging auf dasselbe Enddatum für den Niedergang der Zivilisation. Und während wir diesem Datum näherkommen, haben unendlich viele Menschen und Kinder Träume, Visionen und Intuitionen über diese Wende der Zeitalter.

Die meisten bisher genannten Wissenschaftler geben keine spezifischen Daten für die Manifestation ihrer jeweiligen Szenarien an, sondern Zeitfenster, in die das Jahr 2012 gut hineinpasst. Angesichts des gegenwärtigen Zeitgeschehens sehe ich die kommende globale Wende als ein Zeichen enormer Hoffnung. Viele gut informierte Leute auf der ganzen Welt haben intuitiv das Gefühl, dass wir einfach keine zehn, zwanzig oder fünfzig Jahre so weiter machen können, ohne uns selbst zu vernichten und vielleicht auch unseren wertvollen Planeten. Viele sind allerdings hinsichtlich unserer Fähigkeit, die Entwicklung rechtzeitig umzukehren, ziemlich pessimistisch.

Bei meinen Schlussfolgerungen geht es nicht um Tod und Zerstörung, die bei unserem momentanen Kurs der Selbstzerstörung ohnehin unweigerlich passieren würden, sondern um Visionen der Hoffnung und Schönheit, die über unsere Vorstellungen hinausgehen. Umso mehr, je mehr wir entdecken, wie viel Macht wir in unseren eigenen Händen halten, wie wir unsere persönliche und kollektive Zukunft selbst mitbestimmen können.

Manchmal fühle ich eine tiefe Traurigkeit über den Zustand der Erde. Wir haben uns in einem engen Netz von Glaubenssystemen und konditioniertem Verhalten verfangen, das unsere kollektive Seele allmählich zerstört. In einigen vergrabenen Teilen meiner Zellen erinnere ich mich, wie es einmal war, unser Verhältnis zur Natur, unsere Beziehungen zueinander, die Heiligkeit des Lebens, die in jedem Moment frisch und lebendig war. In unserer Unsicherheit und Ängstlichkeit haben wir uns unserer Angst vor dem Tod und vor der Veränderung der Form überlassen. Wir haben unsere Spontanität verloren.

Die Sioux-Krieger hatten eine Redensart. Wenn sie sich abends am Feuer trafen, dort mit ihren Frauen und Kindern tanzten und die Ereignisse ihres Lebens feierten, dann sagten sie zueinander: »Dies ist ein guter Tag zu sterben.« Und wenn sie in die Schlacht zogen und nicht wussten, ob sie noch einmal einen Sonnenaufgang in der Prärie sehen würden oder ob sie leben und ihre Kinder aufwachsen sehen würden, dann erinnerten sie einander wieder: »Dies ist ein guter Tag zu sterben.« Das Leben war gut, überreich an Schönheit, und es wurde voll und ganz gelebt. Wie sie ihr Leben willkommen hießen, so war ihnen auch der Tod willkommen.

Als ich jung war, dachte ich, ich würde nicht älter als 30 Jahre werden. Also habe ich mich entschieden, mein Leben so ausgiebig zu leben, wie ich konnte, sodass, wenn meine Zeit zu sterben käme, ich nichts bereuen würde. Meine größte Angst war nicht, dass ich sterben könnte, sondern dass ich nicht in vollen Zügen gelebt hätte. Ich entschied mich, so intensiv zu leben, wie ich konnte. Ich ging bis an den Rand meiner Grenzen. Einmal bin ich an einem Wasserfall tatsächlich sieben Meter tief gestürzt und habe überlebt. Dieses Erlebnis hat mich für die geistige Welt geöffnet. Als ich 30 Jahre alt wurde und entdeckte, dass ich immer noch in meinem Körper inkarniert war, lernte ich, dass dies ein guter Tag zu leben sei!

Leben und Tod gehen Hand in Hand. Don Juan, der durch Carlos Castaneda bekannt gewordene Yaqui-Medizinmann, sprach davon, sich des Todes an der linken Schulter immer bewusst zu sein, um in jedem Moment ganz bewusst zu leben. Sind wir bereit, tief genug in unsere Angst vor dem Tod hineinzugehen, um unsere Angst vor Veränderung zu erkennen? Könnte es sein, dass unsere Angst vor Veränderung uns davon abhält, ganz zu leben?

Für viele von uns verändert sich alles rundum viel zu schnell, und es ist nicht leicht mitzuhalten. Unsere finanzielle Situation, unsere Gesundheit und unsere Beziehungen scheinen, einhergehend mit unserer Fähigkeit, uns selbst und dem Universum zu vertrauen, zunehmend zu zerfallen. Wir verbringen unser Leben damit, nach Sicherheit zu suchen. Doch in einer Welt zunehmenden Chaos wird das immer schwieriger. Es ist alles eine Frage des Vertrauens. Wie können wir vertrauen? Wem können wir vertrauen und warum?

Wenn du durch dieses Buch zum ersten Mal mit solchen Themen konfrontiert wirst, erlebst du wahrscheinlich eine Kombination aus lähmendem Schock und

Angst. Wir haben ohnehin schon so viel Unsicherheit und Angst in unserem Leben. Wir haben Angst vor finanzieller Not, Angst, unsere Kinder in einer Welt zunehmender Gewalt großzuziehen, Angst, jemanden zu verlieren, den wir lieben, Angst vor Intimität, Angst vor Einsamkeit, Angst davor, nicht zu bekommen, was wir uns wünschen, Angst davor, zu bekommen, was wir uns nicht wünschen.

Es gibt Ängste davor, von jemand anderen kontrolliert zu werden. Wir alle haben Religionen, Regierungen, Eltern, Partner oder andere Autoritäten, die uns gesagt haben, was wir können oder was wir nicht können, was wir fühlen oder nicht fühlen sollen und was wir glauben müssen. Und es gibt auch Ängste davor, dass wir für uns selbst denken, fühlen oder handeln müssen. Es gibt Ängste vor Versagen, Ängste davor, dass wir nicht gut genug sind oder nicht genug wissen oder fühlen. Und es gibt Ängste vor unserer eigenen nicht geheilten Dunkelheit.

Doch wie Marianne Williamson uns in ihrem Buch *Rückkehr zur Liebe* so wortgewandt erinnert: »Unsere tiefste Angst ist nicht, dass wir ungenügend sind. Unsere tiefste Angst ist, dass wir maßlos machtvoll sind. Es ist unser Licht, nicht unsere Dunkelheit, vor dem wir am meisten Angst haben.«

Die weltweiten Nachrichten werden zunehmend Angst einflößender. Andere Themen, wie die, über die ich hier schreibe, können sogar noch mehr Angst machen. Aber nehmen wir uns die Zeit, uns mit unserem Licht zu verbinden, unseren Geist für das Große und Ganze und unsere Seelen für neue Möglichkeiten zu öffnen, dann können diese Ereignisse ein Grund großer Freude und zum Feiern sein.

Ich habe in meinen Gruppen oft über das Abwenden der Veränderungen auf der Erde durch kollektive Absichten und Gebete gesprochen. Auch wenn ich glaube, dass das eine Möglichkeit wäre, kann ich doch nicht so tun, als verstünde ich, wie die evolutionäre Transformation auszusehen hat. Es gibt die Zyklen von Tod und Wiedergeburt, die unserem evolutionären Wachstum dienen. Und dieser nächste Zyklus der Evolution wird womöglich von einer enormen Auflösung und Neustrukturierung unserer planetarischen Realitäten begleitet werden und bis zu einem gewissen Grad auch ökonomische, politische und irdische Veränderungen bewirken.

Wir sollten uns voller Freude dafür entscheiden, den Übergang aus einer evolutionären Perspektive zu sehen, anstatt ihm in Angst und Verkrampfung zu widerstehen. Mit den offensichtlichen Realitäten von Terrorismus, Krieg, Tyrannei und Katastrophen ist es doch möglich, zunehmend mit mehr Angstfreiheit, Freude und positiver Erregung zu leben.

Meine Hoffnung für die Welt kommt aus einem ganz tiefen Punkt in mir, der Angst und Verleugnung versteht, aber nicht mehr darin lebt. Solange wir die Situation verleugnen, wollen wir weder die Dunkelheit noch das Licht sehen. Aber ich sehe, dass viele von uns auf dem Weg sind, die Angst ganz zu umarmen, sodass wir die Illusionen loslassen können.

Verstehen wir erst einmal die Natur der Illusion, erkennen wir, dass alles, was wir als von außen kommende

Bedrohung empfinden – egal, ob es Erdveränderungen, Terrorismus, politische Unterdrückung oder Krieg ist –, etwas mit unseren eigenen noch nicht angenommenen Schatten zu tun hat, die uns gespiegelt werden.

Wie Ramesh Balsekar uns erinnert: Wenn wir nicht mit dem Handelnden identifiziert sind, gibt es nichts, wovor wir uns fürchten müssten. Da gibt es keine Schuldzuweisung, keine Schuld, keine Scham. Alles entwickelt sich perfekt nach einem kosmischen Plan. Wir können immer einen Grund finden, uns schuldig, ängstlich oder reuevoll zu fühlen, wenn wir das möchten. Wir können unser Bedürfnis, die Ereignisse zu kontrollieren, aber auch einfach loslassen und uns in jedem Moment entscheiden, frei zu sein.

Wenn wir uns nicht mehr mit dem Handelnden identifizieren, passiert Schöpfung paradoxerweise ganz von selbst, und zwar hundertfach verstärkt durch eine vereinte, transzendentale Kraft, die unseren kläglichen Verstandes-Körper-Organismus überschattet. Durch das freiwillige Aufgeben unseres Egos dehnt sich das langsame Rollen unserer eigenen, begrenzten Fähigkeiten in einen tanzenden Fluss evolutionärer Möglichkeiten aus.

Wenn wir dieses Verständnis entwickeln, können wir mit der enormen Kraft der neuerlich erscheinenden »Weltenseele« eine neu vereinte Realität erschaffen! Abgesehen von irgendeiner äußeren Erscheinung, sogar auch unabhängig von irgendwelchen kosmischen oder planetarischen Zyklen, reagieren wir alle auf die supramentale Herabkunft, das Einatmen Gottes, die Rückkehr aller Dinge in die Einheit.

Sowohl alte Prophezeiungen als auch Stimmen der Naturvölker informieren uns heute darüber, dass wir am Tor einer enormen »Zeitenwende« stehen. Dabei kann es sich um Klimaveränderungen, eine geomagnetische Polumkehrung, eine geographische Polverschiebung, eine Bewusstseinsveränderung oder um alles zusammen handeln. Es könnte auch eine Verlagerung der Dimensionen sein oder das Ende der Zeit. Was hinter dem Tor ist, weiß den Mayas zufolge niemand. Es ist ein unbeschriebenes Blatt, aber wir halten den Stift in unseren Händen.

Inzwischen haben wir von Sri Aurobindo und der Mutter erfahren, dass eine supramentale Transformation bevorsteht, und sie beschreiben, wie das aussehen könnte. Wird sich die Menschheit für diese Erfahrung als Kollektiv erheben und die Erde entsprechend unseren schönsten, kollektiven Träumen neu gestalten?

… Ich sah, wie sie das Zwielicht eines Zeitalters überquerten,
Die Kinder mit Augen wie Sonnen in einer wundervollen Morgendämmerung,
Großartige Schöpfer mit Augenbrauen der Ruhe,
Die starken Grenzgänger dieser Welt,
Arbeiter in den Werkstätten Gottes,
Die Architekten der Unsterblichkeit.
In die Sphäre der gefallenden Menschheit kamen sie,
Gesichter, die noch die Glorie der Unsterblichkeit trugen …
Körper, die vom Geist des Lichtes verschönert waren …
So trugen sie den Becher der Freude des Dionysus.
Lippen, die eine unbekannte Hymne der Seele singen,
Füße, die in den Korridoren der Zeiten widerhallen.
Hohe Priester der Weisheit, von Süße, Macht und Segen;

Entdecker von sonnenbeschienenen Wegen der Schönheit …
Ihre Schritte werden eines Tages die leidende Erde verwandeln
Und das Licht auf dem Antlitz der Natur rechtfertigen.

Sri Aurobindo »Savitri«, S. 343–344

Die Noosphäre, Kornkreise und die neuen Kinder

Sri Aurobindo spricht von vier Stadien der menschlichen Entwicklung, die in dem supramentalen Menschen gipfelt. Diese Vision spiegelte sich in den letzten Jahrzehnten in den Erkenntnissen vieler Menschen.

Pierre Teilhard de Chardin war Geologe, Paläontologe und Jesuitenpriester. Mitte des letzten Jahrhunderts vermutete er, dass die Menschheit sich zu einem Omegapunkt hin entwickeln würde, an dem ein neues Bewusstsein manifestiert würde, das bis zur äußeren Region der Erdatmosphäre, auch bekannt als »Noosphäre«, durchgesickert war. Dadurch würde eine neue menschliche Spezies entstehen, die fähig ist, Christus-Bewusstsein zu manifestieren.

Dieses Konzept von der Noosphäre kommt Rupert Sheldrakes »morphogenetischem Feld« sehr nahe. Dabei handelt es sich um ein intelligentes Feld mit der Fähigkeit, sich selbst zu reproduzieren. Diese formgebenden Felder leiten die Evolution aller Spezies, auch die der Erde. In der allmählichen Entwicklung einer Art gibt es einen Zeitpunkt, an dem sie zu einem Quantensprung bereit ist. Das ist ein ähnlicher Vorgang wie das Bereitwerden einer Nervenzelle, Informationen über eine dazwischen liegende Synapse an eine Nachbarzelle weiterzugeben.

An einer Synapse sammeln sich Impulse, bis sie ganz plötzlich über einen »kritischen Punkt« hinausschießen, an dem die Nervenzelle feuert und die Information über die Synapse hinausgetragen wird, wo auch immer ihr Ziel ist. Das Phänomen vom hundertsten Affen, bekannt geworden durch den Biologen Lyall Watson, ist ein Beispiel dafür, was in einer biologischen Art passiert, wenn diese kritische Masse aktiviert ist.

Die Information für die kollektive Evolution der Menschheit wird in dem morphogenetischen Feld von Teilhard de Chardins Noosphäre bewahrt. Sie steht uns, in dem Maß, in dem wir dafür bereit sind, zunehmend schrittweise zur Verfügung. Chardin zufolge befindet sich die Noosphäre im physischen Raum innerhalb der »Ionosphäre«, die die Biosphäre unseres Planeten umgibt. Das heißt, dass sie extrem stark auf kosmische Strahlung und Gammastrahlenausbrüche reagiert, sobald diese sich der Erde nähern.

Es gibt seit einigen Jahrzehnten ein rätselhaftes Phänomen, das womöglich mit Aktivitäten in der Noosphäre im Zusammenhang steht. Ich rede hier von den Kornkreisen, die auf der ganzen Welt erschienen sind, besonders ausgeprägt jedoch in Wiltshire im Süden von England. Es gab viele Vermutungen darüber, von wem die Kornkreise stammen. Wenn man offensichtliche Fälschungen, wie die von »Doug n Dave« außer Acht lässt, gibt es verschiedene Erklärungen, zum Beispiel außerirdischen Wesen, Feen oder eine Art kollektiver Erdintelligenz.

Eine Theorie über den Ursprung von Kornkreisen, von der Geoff Stray in *Beyond 2012: Catastrophe or Ecstasy* berichtet, steht mit Plasmaröhren in der Ionosphäre im Zusammenhang. Diese Theorie besagt, dass die Kornkreise durch eine Interaktion magnetisierter Plasmabänder innerhalb der Ionosphäre und der Noosphäre eingeprägter Informationen entstehen.

Sowohl unsere kollektive, menschliche Erinnerung als auch neues, evolutionäres Potenzial sind der Noosphäre als »Akasha Chronik« eingeprägt. Diese könnten wir uns als dreidimensionale photographische Platte vorstellen, auf der alle Informationen, die jemals existiert haben, sowohl der Vergangenheit als auch »genetische Codes« für unsere zukünftige Entwicklung, aufgenommen sind. Durch Aktivität der Plasmaröhren kann diese Information, bildlich dargestellt, sich als Kornkreise niederschlagen, damit diese Codes im menschlichen und planetarischen Bewusstsein aktiviert werden.

Wiltshire in England, wo die meisten komplexen Kreise gesehen wurden, besteht hauptsächlich aus Kreidelandschaften, und Kreide ist in der Lage, sehr viel unterirdisches Wasser zu halten. Dadurch entsteht eine negative Ladung, die dieses Form schaffende Plasma anzieht, ähnlich wie ein Blitzableiter. Wenn bestimmte Bedingungen erfüllt sind, erschafft das noosphärische Plasma ein starkes magnetisches Feld, das sich sofort in den Geometrien eines Kornkreises manifestiert. Interessanterweise gibt es die Kornkreise genauso lange wie, Dmitrievs Beobachtungen zufolge, die Zunahme kosmischen Staubs.

In diesem Zusammenhang möchte ich gern eine persönliche Geschichte erzählen. Ich beschloss im Juli 2007 nach England zu reisen, um mir die Kornkreise selbst anzusehen und sie zu erfahren. Ich hatte viele Geschichten gehört über Leuten, die zusammenkamen und ein bestimmtes Thema visualisierten, das sich bald darauf als Kornkreis zeigte.

Ich kam am 16. Juli 2007 in England an und fuhr mit dem Zug in die Nähe von Stonehenge, wo Freunde von mir wohnten. Es war ein freudvolles Wiedersehen, und während wir uns erzählten, was in unseren Leben inzwischen so passiert war, entschieden wir uns, ein Experiment zu machen. Wir baten die Schöpfer der Kornkreise, eine Schmetterlingsform zu kreieren. Ein Thema, mit dem ich mich im Zusammenhang mit unserem kollektiven Prozess des Erwachens schon länger beschäftigte.

Wir gingen für einige Minuten in eine stille Meditation und erzählten dann weiter aus unserem Leben. Ich blieb noch ca. zwei Wochen in England, beschäftigte mich aber mit anderen Dingen und vergaß bald unser Experiment, das anscheinend fehlgeschlagen war.

Zwei Monate später waren Grace und ich in Südfrankreich, wo wir ein viertägiges Seminar anboten. Ein Teilnehmer hatte ein Exemplar des Magazins *Nexus* dabei, in dem auf einem achtseitigen Faltblatt Kornkreise abgebildet waren. Stellt euch meine Überraschung vor, als ich es öffnete und eine wunderschöne Schmetterlingsformation sah, die genau am 16. Juli 2007 in Hailey Wodds in Oxfordshire erschienen war.

Menschliche Körper bestehen, wie die Kreideformationen Wiltshires, aus einem bedeutenden Anteil Wasser und sind daher fähig, dieselben Plasmaprägungen aus der Ionosphäre anzuziehen. Daher kann jegliches morphogenetische Feld evolutionärer Möglichkeiten durch die subtilen Energiefelder menschlicher Körper wahrgenommen werden. Ist das der Grund dafür, dass heute so viele Leute auf der ganzen Welt spontan erwachen? Könnte es sein, dass unsere feinstofflichen Energiekörper darauf vorbereitet werden, die genetischen Codes aus der sich entwickelnden Noosphäre leichter zu empfangen, sodass das morphogenetische Feld supramentalen Bewusstseins schließlich in die menschliche Form herabkommen kann?

Auf der ganzen Welt manifestieren sich neue Möglichkeiten, durch viele verschiedene Formen und Traditionen. Sie manifestieren sich auch ganz spontan außerhalb jeglicher Tradition. Viele Leute fangen an, Durchbrüche der »Kundalini«, spirituelle Öffnungen, luzide Träume, Visionen und Veränderungen der Zellen in ihren Körpern zu erfahren. Alles das sind die ersten Zeichen einer kollektiven, supramentalen Herabkunft.

Die neue Generation ist für diese Möglichkeiten besonders offen. Moderne mythologische Helden, wie zum Beispiel Luke Skywalker, Harry Potter und die X-Männer öffnen ihnen Türen, ihren eigenen auftauchenden Geschenken zu vertrauen. Viele Teenager und kleinere Kinder fangen an, ungewöhnliche Sichtweisen und Fähigkeiten zu entwickeln, auch wenn das nicht immer einfach ist. Oft höre ich von den sogenannten »Kristallkindern«, die manche Dinge mit Leichtigkeit machen, die für die meisten Leute wie Wunder erscheinen, Dinge, wie zum Beispiel das Wetter zu beeinflussen, die Zukunft vorauszusagen, die Gedanken von Menschen zu lesen, Menschen und Tiere zu heilen und mit interdimensionalen Wesen zu sprechen. Meistens fühlen sich diese Kinder, trotz dieser Geschenke, in einer Welt, die von den begrenzten Wahrnehmungen des rationalen Verstandes dominiert wird, ziemlich machtlos und isoliert. Und doch sind sie die Vorhut einer neuen Spezies.

Das Erscheinen des Schmetterlings

Ich habe einen Freund in Colorado namens Chuck. An einem bestimmten Punkt seines Lebens widmete er sich der intensiven Erforschung von Eckankar, einem System, das »Seelenreisen« ermöglicht. Wir haben uns oft getroffen, um Geschichten und Sichtweisen des Lebens auszutauschen. Eines Tages erzählte er mir von einer merkwürdigen Begebenheit in einer Zeit grundlegender spiritueller Öffnung.

Er ging eine Straße in Colorado entlang und dachte daran, dass er gern eine Freundin in New York besuchen würde. Während er ging, bemerkte er, dass er in einen fundamental anderen Bewusstseinszustand kam. Plötzlich entdeckte er, dass er auf einer Straße in New York war. Es dauerte eine Weile, bis er sich in der neuen Umgebung akklimatisiert hatte. Und als er sich gerade an die Tatsache gewöhnt hatte, dass er sich irgendwie in seinem physischen Körper hierher katapultiert hatte, dachte er daran, dass er weder Geld noch eine Kreditkarte dabei hatte. Dann war er genauso plötzlich wieder zurück in Colorado. Während der nächsten zwei Wochen blieb er in einem Bewusstseinszustand, in dem er nur daran zu denken brauchte, dass er irgendwo hinwollte, und er fing an zu gehen. An einem bestimmten Punkt öffnete sich dann ein dimensionales Tor, und er war dorthin transportiert.

Eines Tages versuchte er, jemanden mitzunehmen. Er fragte einen Freund, ob dieser bereit sei, sich einem Experiment zu unterziehen. Sein Freund stimmte zu, aber in dem Moment, als der »Transportträger« anfing zu arbeiten, kriegte er Angst und zog sich zurück. Er war so erschüttert von dieser Erfahrung, dass er sich gegen Chuck wandte und ihn in eine Psychiatrie einliefern ließ, wo Chuck unter antipsychotische Drogen gestellt wurde, bis er wieder »normal« war.

Julian, ein anderer Freund, wurde auf der Autobahn von der Polizei angehalten. Sie fanden ein kleines bisschen Marihuana bei ihm und brachten ihn ins Gefängnis, wo er drei Monate einsitzen sollte. Er hatte vorher gerade die »Merkaba«-Meditation zur Aktivierung des »Lichtkörpers« geübt, wie sie von Drunvalo Melchizedek gelehrt wird.

Eines Tages, als er das Üben der Merkaba in seiner Zelle fortsetzte, befand er sich plötzlich in der Nähe seines Wohnsitzes im Wald. Starr vor Angst, dass die Polizei ihm als einem ausgebrochenen Gefangenen folgen könnte, versteckte er sich. Unmittelbar bevor seine Strafzeit zu Ende war, fand er sich jedoch im Gefängnis wieder. Die Wärter waren genauso schockiert wie er selbst und fragten ihn, wo er gewesen sei. Doch weitere Nachforschungen hätte sie in ein unbekanntes und unbequemes Territorium geführt. So ließen sie ihn gehen.

Wenn ich reise, höre ich viele solcher Geschichten, auch unglaubliche Heilungsgeschichten. Eine gute Freundin von mir aus Mt. Shasta namens Patricia besuchte ein 40-tägiges Heilungscamp in Stewart Springs in der Nähe. Als sie mit ein paar Freunden den Berg herunterkam, verlor sie in einer scharfen Kurve die Kontrolle über das Auto. Es fuhr gegen einen Baum, und alle wurden herausgeschleudert. Patricia schwebte immer wieder aus ihrem Körper heraus und hinein. Ihre Wirbelsäule war an sechs verschiedenen Stellen gebrochen. Sie sah, wie ein Polizist auf sie zukam und sie fragte: »Möchtest du leben oder sterben?« Später glaubte sie, dass es möglicherweise St. Germaine war. Sie sagte zu ihm, es sei ihr ziemlich egal. Sie war einverstanden zu gehen. Doch wenn es noch etwas gäbe, das sie auf Erden zu erledigen hätte, würde sie bleiben. »So sei es«, sagte er und verschwand.

Eine halbe Stunde später tauchte die richtige Polizei auf. Sie wurde nach Sacramento geflogen, wo die Ärzte ihre Verletzungen untersuchten und ihr sagten, dass sie nie mehr würde gehen können. Als die Schwestern dabei waren, sie von der Bahre in das Bett zu heben, rief sie, dass sie womöglich schreien und kratzen würde, weil sie solche Schmerzen hatte. In dem Moment flog die Tür auf. Ein Afroamerikaner mit einer wilden Afromähne kam im Kittel herein und forderte die Schwestern auf zurückzutreten.

Er stellte sich den Schwestern vor und erklärte, dass er in dieser Schicht neu auf der Etage sei. Zu Patricia sagte er, dass sie keine Angst zu haben brauche. Er arbeite an einer neuen Technik, Patienten ohne Schmerzen zu heben, und schreibe ein Buch darüber. Sanft hob er sie hoch wie ein Baby und legte sie auf das Bett. Sie fühlte keine Schmerzen. Er besuchte sie jeden Tag. Nie hat er den Blutdruck und die Temperatur gemessen oder irgendeine andere routinemäßige Aufgabe einer Krankenschwester erfüllt. Er redete nur über Gott, und dass der Sinn des Lebens auf dieser Erde darin lag zu lieben. Er sagte, dass die Natur unserer Existenz Liebe ist.

Obwohl erwartet wurde, dass sie bis zu sechs Monate im Krankenhaus bleiben müsse, war sie nach zwei Wochen wieder draußen. Als sie zum Krankenhaus zurückging, um sich bei dem Pfleger zu bedanken, den sie ihren Engel nannte, sagte man ihr, dass er am selben Tag gegangen war wie sie. Niemand konnte sich an seinen Namen erinnern und niemand wusste, wohin er gegangen war.

Ein paar Jahre später, als Sai Baba in ihr Leben trat, hatte sie das Gefühl, dass er es war, der sie als Pfleger im Krankenhaus besucht hatte. Seine Gegenwart hatte einen enormen Heilungswirbel geschaffen. Unglaublicherweise hatte ihr Körper so viel heilendes Licht aufgenommen, dass sie leicht braun davon geworden war! Als ich sie ein Jahr später traf, konnte sie gehen, laufen und Skifahren ohne die geringste Spur von Verletzung oder Schmerz.

Ich glaube, dass diese Art von Phänomenen sehr viel verbreiteter ist, als wir glauben. Viele Leute hatten solche Erlebnisse, wissen aber nicht, wie sie sie interpretieren können. Daher löschen sie sie wieder aus der bewussten Erinnerung oder wagen, aus Angst, für verrückt gehalten zu werden, nicht, anderen davon zu erzählen.

Wie auch immer, das morphogenetische Feld der Möglichkeiten wächst. Carl Callemans Interpretation des Maya-Kalenders besagt, dass wir im Januar 1999 in einen Zyklus galaktischen Bewusstseins eingetreten sind und dass wir im Februar 2011 in einen Zyklus universalen Bewusstseins eintreten werden.

Unsere Erfahrung der Zeit verändert sich und unsere Fähigkeiten, höhere Bewusstseinszustände zu erfahren, nehmen zu. Während wir zunehmend empfänglicher für höhere Energiefrequenzen werden, fühlt sich das jedoch manchmal so an, als ob wir sowohl unseren Verstand verlieren als auch unser Erinnerungsvermögen. Das hat etwas mit dem schwächer werdenden geomagnetischen Feld zu tun.

Oft frage ich in meinen Seminaren nach, wie viele Leute solche Gefühle haben. Meistens gehen alle Hände hoch. Dieses Gefühl, den Verstand zu verlieren, ist ein integraler Bestandteil im Prozess der Verwandlung. Wir verlieren tatsächlich unseren Verstand, um zu Sinnen zu kommen. Wir fangen an, uns aus dem linearen Bewusstsein heraus in ein multidimensionales Bewusstsein zu bewegen. Dazwischen gibt es jedoch eine Grauzone, in der wir manchmal recht orientierungslos sein können.

Ein schönes Beispiel dafür ist die Reise einer Raupe, bis sie ein Schmetterling wird. Die Raupe frisst Blätter glücklich vor sich hin, bis sich plötzlich neue Zellen bilden, die »imaginäre Zellen« genannt werden. Das Immunsystem der Raupe versucht, sich vor diesen besitzergreifenden Zellen zu schützen. Doch schließlich sind es einfach zu viele. Der Raupe wird es alles zu viel und sie verpuppt sich. Die DNA beginnt sich zu verändern, während die imaginären Zellen die Oberhand gewinnen. Sie fangen an, den gesamten Körper umzustrukturieren, bis schließlich die Schmetterlings-Blaupause geschaffen ist. Eines Tages entscheidet er sich, aus seiner Puppe herauszukommen und fliegt dahin, wo eine Raupe nie zuvor gewesen ist.

Unsere Körper gehen als Reaktion auf die galaktisch-supramentalen Energien, die anfangen, unseren Planeten zu bombardieren, durch einen ähnlichen Prozess. Der Zeitpunkt ist bei jedem Menschen anders. Doch wir alle beginnen diese Verwandlung in eine Puppe irgendwie zu erfahren. Es werden neue DNA-Codes aktiviert, und wir alle sind aufgerufen, uns in dem Geburtstunnel in eine neue Welt zu verwandeln.

Unsere DNA verändert sich. Viele medial erhaltene Botschaften sprechen von einer Umstellung auf 12 DNA. Auch ohne wissenschaftliche Beweise habe ich doch das Gefühl, dass es wahr ist, dass genetische »Condons« aktiviert werden, die vorher im Ruhezustand waren.

Wissenschaftler sagen, dass nur etwa drei bis fünf Prozent unserer DNA genutzt werden. Der Rest wird als »Abfall-DNA« betrachtet. Was wäre, wenn es sich dabei nicht um genetischen Abfall, sondern um das Rohmaterial zur Erschaffung des supramentalen Menschen handelte? Einige Biologen ziehen in Betracht, dass es sich hier nicht wirklich um Abfall handelt, sondern um Programme, die noch nicht aktiviert worden sind. Sri Aurobindo bezeichnete uns als eine »Übergangsspezies«. Könnte es sein, dass wir uns individuell und kollektiv darauf vorbereiten, durch ein Kokon-Stadium zu gehen und uns dann als menschliche Schmetterlinge entpuppen?

Die Reise einer Raupe durch das Kokon-Stadium ist nicht leicht. Es bedeutet die völlige Auslöschung eines alten Bewusstseins, sogar des alten physischen Körpers. Entsprechend können wir Zusammenbrüche unseres Immunsystems und verschiedene Arten von körperlichem und emotionalem Stress erwarten, während unsere DNA sich verwandelt.

Obwohl das spontan vielen Menschen passiert, gilt das vielleicht besonders für jemanden, der aktiv einen spirituellen Weg beschreitet und mit Übungen arbeitet, die die Kundalini-Energie erwecken. Dieser Yoga-Begriff bezieht sich auf feinstoffliche Ströme von Lebensenergie, die schlafend in den meisten von uns ruhen; die, wenn sie erst einmal aktiviert sind, beginnen, das Bewusstsein der Seele mit dem Bewusstsein des Körpers zu vereinen.

Dieser Erweckungsvorgang kann viele Arten von Symptomen haben, einschließlich Kopfschmerzen, Gelenkschmerzen, Herzklopfen, Schwindel, häufiges Fieber, Hitze- und Kältewellen, Zusammenbrüche des Immunsystems, Zustände extremer Müdigkeit oder extremer Ruhelosigkeit, übersinnliche Erfahrungen und luzide Träume. Manchmal ist das von Gefühlen kosmischer Einheit, manchmal von intensiven Trennungs- und Leidensgefühlen begleitet.

All das ist ein wichtiger Teil des Zerfalls unseres Identitätsgefühls, das auf den rationalen Verstand oder Ego gegründet ist. Vielleicht ist das eine Vorbereitung für unsere Reise in ein Stadium der Evolution, das von Sri Aurobindo als der »göttliche Mensch« bezeichnet wird. Und vielleicht mündet das viele Generationen später in das Stadium des »supramentalen Menschen«.

Diese körperliche und emotionale Reinigung ist auch als die »dunkle Nacht der Seele« bekannt und dient dazu, uns von unseren äußeren Abhängigkeiten zu befreien. Sie bringt uns mit einem tiefen, inneren Vorgang in Berührung, bei dem der Verstand beginnt, seine begrenzten Wahrnehmungen, falschen Konditionierungen und illusionären Sicherheiten loszulassen. Wenn wir unseren Seelen erlauben, die Führung zu übernehmen, beginnt ein tiefer Transformationsprozess.

Für diejenigen, die mit Astrologie vertraut sind: Pluto ist im späten Dezember 2007 in den Steinbock eingetreten und wird dort noch viele Jahre bleiben. Das deutet auf den Zusammenbruch und die Transformation aller Formen und Strukturen, einschließlich physischer Körper, planetarischer Ökosysteme, politischer Systeme und der globalen Ökonomie hin. Es wäre spannend zu notieren, wie wir diesen Übergang auf unserer Reise in das Jahr 2012 und darüber hinaus erfahren. Interessanterweise fällt der Beginn des Eingangs Plutos in den Steinbock zufällig mit unserem Eintritt in die fünfte Nacht, nach Calleman, zusammen.

Ich habe bereits die Theorie erwähnt, dass Kornkreise durch die Aktivität von magnetisiertem Plasma geschaffen werden, während es von intelligenten Informationen aus der Noosphäre geprägt wird. Was aber passiert mit dem Getreide, das in den Kornkreisen wächst? Geoff Stray bezieht sich im Anhang seines Buches *Beyond 2012: Catastrophe or Ecstasy* auf langfristige Auswirkungen des magnetisierten Plasmas auf Getreide in der Umgebung eines Kornkreises. Bei unreifem Getreide entwickelt sich die Pflanze normal weiter, es bilden sich aber keine Körner. In einer jungen Pflanze, in der sich die Körner schon formen, werden sie kleiner bleiben, und zwar durch verminderte Keimung. Aber in reifen Pflanzen mit voll entwickelten Körnern bewirkt das magnetisierte Plasma eine enorme Zunahme der Wachstumsrate und Energie.

Wenn wir diese Erkenntnis auf die Dimensionsverwandlung anwenden, der wir unterzogen sind, dann ist das vielleicht ein Beispiel dafür, wie die Zunahme von magnetisiertem Plasma am Rande unseres Sonnensystems uns in unseren unterschiedlichen Stadien spiritueller Vorbereitung beeinflussen kann. Vielleicht ist es ein Hinweis auf einen Mechanismus, durch den unterschiedliche dimensionale Realitäten geschaffen werden. Die spirituell Unreifen, eingeschlossen in ein auf Ego-Dominanz gründendem Weltbild, würden sich dann wahrscheinlich in eine entsprechende Dimension mit Konflikten und katastrophalen Ergebnissen bewegen.

Diejenigen, die den spirituellen Geist zulassen, würden von einer Dimension dazwischen angezogen werden. Das größte Wachstum wäre dann denen möglich, deren Herzen, Geist und Körper diese Energie am effektivsten nutzen können, um den Übergang in eine höhere Ebene des Bewusstseins zu vollziehen.

Die neue menschliche Spezies wurde von verschiedenen Leuten unterschiedlich benannt. Teilhard de Chardin nannte sie Christus-Menschen, während Sri Aurobindo sie als göttliche Menschen bezeichnete. Barbara Marx Hubbard sprach von einem Homo universalis, während peruanische Schamanen sagen, dass wir den Homo luminous gebären. Andere beziehen sich auf galaktische Menschen, Quantum-Menschen oder die Sonnen-Augen-Kinder einer neuen Morgendämmerung.

Wir sind der neuen Spezies womöglich näher, als uns bewusst ist. Im Geburtstunnel ist es dunkel, schmerzlich und chaotisch. Doch da ist eine Kraft, die größer ist, als wir verstehen können, die uns aber trotzdem weiterschiebt.

Dies ist nicht das Ende unserer menschlichen Evolution. Nach dem göttlichen Menschen kommt der supramentale Mensch. Wenn wir den Übergang in die »wahre Materie« erst einmal vollzogen haben, kann das nächste Stadium kommen. Der supramentale Mensch, wie Georges van Vrekhem die Mutter in *Beyond Man* zitiert, ist »ein wahres Wesen, mit perfekten Proportionen, sehr, sehr schön und stark, hell, erleuchtet oder anders ausgedrückt, transparent. Es wird einen geschmeidigen und dehnbaren Körper haben, der mit außergewöhnlichen

Fähigkeiten ausgestattet und in der Lage ist, alles zu tun; einen Körper ohne Alter … einen transformierten Körper, wie sich das noch nie jemand vorgestellt hat.«

Die Vision mit der Erde verbinden

Unsere Reise von der Raupe zum Schmetterling führt durch die »Puppe«, ein Zwischenstadium, in dem wir weder hier noch da sind. Für diesen Gang durch den Geburtskanal ist das erweiterte Bild der kosmischen Evolution hilfreich. Aber wir sind noch nicht da und müssen im Hier und Jetzt klare und unmittelbare Schritte zur Vorbereitung unternehmen. Wie können wir in der gegenwärtigen Welt eine Grundlage für diese kosmische Vision schaffen, sie erden?

Um Agenten der Verwandlung zu werden, brauchen wir beides, ein solides Verhältnis zu den gegenwärtigen Realitäten und eine klare Vision zukünftiger Möglichkeiten. Die meisten schlagen sich allerdings schwerpunktmäßig auf die eine oder andere Seite dieses kreativen Vorgangs, sie minimieren damit aber die Wirksamkeit. Wenn wir in der gegenwärtigen Realität so wie sie ist, klar verankert sind und eine grundlegende Vision höchster Möglichkeiten haben, dann entsteht dadurch eine starke, dynamische Spannung, die den kreativen Prozess fördert.

Eine Vision der Möglichkeiten ohne starke Verankerung in der gegenwärtigen Realität führt zu bodenlosem Träumen ohne Handeln. Umgekehrt führt eine zu starke Verankerung in der gegenwärtigen Realität ohne klare Vision zur Stagnation. Da gibt es keine Hoffnung, nichts, worauf man sich zubewegen könnte, dabei dreht man sich nur endlos im Kreis desselben Problems.

Einstein hat uns einmal daran erinnert, dass es nicht funktioniert, wenn wir ein Problem auf derselben Bewusstseinsebene versuchen zu lösen, auf der es entstanden ist. Können wir uns nicht statt dessen das große Geschehen planetarischer Evolution anschauen und es nutzen, um für unsere gegenwärtige Reaktion auf die globale Krise neue Möglichkeiten zu erschließen?

Zum Beispiel: Wenn wir die Natur der Energien, die auf uns zukommen, verstehen, könnten wir dann nicht unsere größten Visionäre mit unseren besten Wissenschaftlern und unseren engagiertesten Politikern zusammenbringen, um die Energie in unserem Sinne zu nutzen, anstatt davon überrannt zu werden? Auf der persönlichen Ebene: Wenn wir die Mechanismen der anstehenden Transformation kennen, könnten wir uns dann nicht effektiver darauf vorbereiten, auf der Welle zu reiten?

Mit Ausnahme einer kleinen Gruppe einflussreicher Personen, die die Kontrolle noch nicht aufgeben wollen, glaube ich, dass der größte Teil der Menschheit einer Welt, die von Gier und Krieg bestimmt ist, sehr schnell überdrüssig wird. Täglich reagieren mehr Leute auf den Ruf ihrer Seele und beginnen, das große Bild zu entdecken. Jeder von uns hält einen Faden des großen Webstuhls, singt eine Note in dem wohlklingenden Lied des Erwachens. Wie weben wir es zusammen? Wir bereiten uns auf einen Quantensprung in unserer Evolution vor, der eine vereinigte Weltenseele hervorbringt, ein globales

Gehirn im Körper Gaias. Wie können wir dieses Erscheinen erleichtern?

Vor vielen Jahren, als ich noch in Mt. Shasta lebte, konzipierten mein Freund Barry Martin und ich das »Chrysalis-Netzwerk«, um das Erscheinen dieser neuen Welt zu fördern (siehe www.luminousself.com). Wir arbeiten immer noch zusammen an dieser Vision. In einer zunehmend verbundenen Welt scheint es offensichtlich, dass wir nicht isoliert bleiben und uns gleichzeitig weiterentwickeln können. Quantenphysiker müssen über ihr tiefes Verständnis der Naturgesetze innerhalb der Struktur globaler Politik sprechen. Politiker müssen sich über die Auswirkungen, das Formen einer neuen globalen Wirtschaftsordnung, der Revolution durch »freie Energie« voll und ganz im Klaren sein. Erfinder müssen die Auswirkungen solcher Technologien zur Heilung unserer Umwelt wertschätzen. Umweltschützer müssen aktiver mit Politikern zusammenarbeiten. Heiler müssen die Auswirkungen neuester medizinischer Forschungen verstehen. Während wir all diese Systeme mit Wertschätzung annehmen, ist es für die Herausforderungen und Möglichkeiten unserer Zeit wichtig, eine weise Spiritualität unter uns entstehen zu lassen, die uns über die Grenzen religiöser Dogmen hinaus in ein Zeitalter des Lichts führt, dessen Morgendämmerung gerade beginnt.

Gleichzeitig müssen die neuen Paradigmen auf den Gebieten von Erziehung, Elternschaft, Geburt, Architektur, Landwirtschaft, Geschäftsleben, Gemeinschaft, Heilung, Psychologie, Naturwissenschaft, Technologie und Politik intensiver erforscht werden. Inspirierte Visionäre müssen von Menschenfreunden, die die Güte unseres Planeten in ihren Herzen tragen, unterstützt werden. Inspirierte Ideen müssen durch Musik, Kunst, Zusammenkünfte, Bücher und Medien so verbreitet werden, dass sie die Massen erreichen. Millionen von Menschen auf der ganzen Welt, jeder mit seinen einzigartigen Talenten, seinen einzigartigen Fähigkeiten, wachen auf und fangen an, unter der Führung einer einzigen, jetzt erscheinenden Erdenseele, die unser kollektives Potenzial zu inspirieren sucht, als ein Herz und ein Geist zusammenzukommen.

Wir haben die Möglichkeit eines enormen Dimensionenwechsels erwogen. Es ist überhaupt nicht klar, wie das aussehen wird und wie wir uns am besten darauf vorbereiten können. Aber eine wichtige Rolle dieser globalen Experten, einschließlich Geologen, Astrophysikern, Mystikern, Politikern, Futuristen, Propheten, Schamanen und Historikern, wäre sicherlich, uns mit Güte, Leichtigkeit und Verständnis durch diese Zeiten des Übergangs zu geleiten.

Ich habe in diesem Buch den Ansatz gewagt, einen Zusammenhang zwischen spirituellen Aspekten der galaktischen Superwelle nach LaViolette und dem von Sri Aurobindo erwähnten supramentalem Licht aufzuzeigen. Da wir bewusste Wesen sind, sind unsere eigenen Entscheidungen und Perspektiven von entscheidender Bedeutung. Ich glaube, dass dieser Vorgang mit Rückkopplungsmechanismen zwischen der Menschheit als Kollektiv und einer galaktischen Intelligenz verbunden ist, die unsere physischen Erlebnisse mit diesem galaktischen

Phänomen wiederum formt. Der Grad unserer Dichte als Kollektiv wird bestimmen, wie wir die von der galaktischen Superwelle ausgelösten Kettenreaktionen erfahren werden.

Es geht vielleicht zu weit zu hoffen, dass die Menschheit als Ganzes rechtzeitig auf die Superwelle vorbereitet ist, um ein gewisses Ausmaß einer Katastrophe zu verhindern. Wie auch immer, ich schöpfe auch Hoffnung aus den Entdeckungen von David Hawkins, einem Psychologen, der eine Methode ersonnen hat, mit der man die Frequenzen des menschlichen Bewusstseins messen kann, und zwar die angewandte Kinesiologie.

Hawkins Bewusstseinsskala reicht von 0 bis 1000 mit einem Wendepunkt bei etwa 200, an dem wir uns von selbstzerstörerischen Tendenzen abwenden und Leben unterstützende Wesenszüge entwickeln. Am unteren Ende der Skala befinden sich Schuldgefühle, Scham bis hin zur Apathie, Gier, Angst, bis hin zur Wut, Stolz, und schließlich erreichen wir bei 200 die Stufe des Mutes. Über dieser Linie, die mit Mut beginnt, kommen wir zu Neutralität, Annahme, Vernunft, dann hoch zur Liebe, zu Freude, Frieden und schließlich oberhalb von 700 auf der Skala zu unterschiedlichen Stufen der Erleuchtung. Das Aufsteigen auf dieser Skala zeigt, worum es bei unserer spirituellen Entwicklung geht.

Mich verblüfft aber an dieser Skala, dass das kollektive menschliche Bewusstsein über die 200 hinüberreicht, obwohl sich das durchschnittliche menschliche Bewusstsein auf Erden heute noch unter dieser Linie befindet. Vielleicht liegt das daran, dass jeder Mensch, der im höheren Bewusstseinsbereich der Skala schwingt, die Schwere vieler anderer im niedrigeren Bewusstseinsbereich ausgleicht. Die Skala schreitet logarithmisch fort. Ein Mensch, der auf Höhe der Liebe schwingt, gleich 500 auf der Skala, gleicht 750 000 Menschen unter der 200er Linie aus. Ein Erleuchteter, der bei 700 ist, kann 70 Millionen unterhalb der Linie ausgleichen.

Während wir uns mit dem galaktischen Bewusstsein in unserem eigenen Wesen verbinden, egal ob allein oder in Expertenkommissionen und kleinen Gruppen, beginnen wir, den Rückkopplungsmechanismus zu aktivieren. Ich glaube, dass wir uns jetzt sehr schnell dem entscheidenden Punkt auf der Bewusstseinsskala annähern. Wenn es erst einmal so weit ist, können wir die enorme Macht der galaktischen Superwelle nutzen, uns in einem riesigen Quantensprung kollektiv selbst zu gebären.

TEIL IV

Ilahinoor – ein »göttliches Licht«

»An diesem Abend war die göttliche Gegenwart, konkret und materiell, gegenwärtig unter Euch. Ich hatte eine Form lebendigen Goldes, größer als das Universum, und ich war einer riesigen und massiven goldenen Tür zugewandt, die die Welt vom Göttlichen trennte.
Als ich die Tür anschaute, wusste und wollte ich, in einer einzigen Bewusstseinsbewegung, dass ›die Zeit gekommen ist‹. Ich hob mit beiden Händen einen gewaltigen, goldenen Hammer, versetzte der Tür einen einzigen Schlag, und die Tür war in Stücke zerschmettert. Dann stürzten das supramentale Licht, Kraft und Bewusstsein in einem ununterbrochenen Fluss auf die Erde herab.«

Die Mutter (29. Februar 1956)

Der Ruf in die Türkei

So wie die Wellen an der Küste einander folgen, wenn die Flut kommt, fühle ich eine Reihe von Wellen, die sich auf unserer evolutionären Reise durch das kollektive menschliche Bewusstsein bewegen.

In meinem vorhergehenden Buch, *Deeksha: Energie des Erwachens,* schrieb ich über die kosmische Energie, die als Deeksha bekannt geworden ist. Ich glaube, dass sie eine solche Welle war. Die Deeksha-Bewegung beruht auf der Arbeit von Bhagavan und Amma (nicht die »umarmende Mutter« aus Kerala), zwei visionäre Mystiker, die in Südindien leben und die sich selbst als »Avatare der Erleuchtung« bezeichnen.

Zusammen mit Grace erlebte ich diese Energie zuerst im Sommer 2003. Wir waren gerade in Bhagavans Ashram, auch Oneness University (Einheits-Universität) genannt, als Deeksha zum ersten Mal öffentlich gegeben wurde. Danach verbrachten wir mehrere Monate dort, arbeiteten mit dieser göttlichen Energie des Erwachens und lernten, sie auch an andere weiterzugeben.

Ich schrieb das Buch *Deeksha: Energie des Erwachens* über dieses Phänomen. Während der kommenden drei oder vier Jahre reisten wir beide ununterbrochen um die Welt, davon inspiriert, die Vision des globalen Erwachens durch Deeksha bekannt zu machen. Wichtig war uns dabei der Zusammenhang des »supramentalen Erwachens« von Sri Aurobindo mit einer Zeit, in der das vereinte göttliche Bewusstsein in der Welt der Materie ganz erwacht.

Ganz allmählich hatten wir das Gefühl, dass die Welle sich zurückzieht. Es hatte sich für uns etwas verändert. Obwohl die Deeksha-Energie immer noch genauso kraftvoll aus ihrer kosmischen, evolutionären Quelle floss, fühlten wir uns doch nicht mehr so in Resonanz mit ihrem Ausdruck durch die Oneness Universität. Anscheinend wünschte das Universum, dass wir beide uns in eine andere Richtung bewegten, auch wenn wir das Potenzial für ein globales Erwachen genauso stark empfanden wie zuvor. Vielleicht passiert das zwangsläufig in jeder menschlichen Organisation. Wir fühlten die aufrichtige Absicht der Gründer, viel für die Erhöhung und

Erleuchtung der Menschheit zu tun. Aber es gab in der Art und Weise, wie dies geschehen sollte, und in finanzieller und organisatorischer Hinsicht Ungereimtheiten, mit denen wir uns nicht wohlfühlten.

Ich nehme die Evolution als ein Fortschreiten in Wellen wahr. Eine Welle kommt herein, zieht sich wieder zurück und macht Platz für eine neue Welle. Die zurückflutende Welle schenkt eine Zeit des Infragestellens, eine Wartezeit, in der wir die Fundamente unseres Seins noch einmal überprüfen und die nötigen Reinigungsarbeiten vornehmen können, eine Zeit der Integration und Reparatur, bevor die nächste Welle aus demselben kosmischen Ozean hereinkommt. Wir erlauben uns, zwischen den Wellen einen Raum zu betreten, in dem wir auf Führung warten.

Ich war Ende März 2006 in Bangalore, als mein südafrikanischer Freund Vivek mich anrief. Er war nur ein paar Stunden entfernt von mir und fragte freudig erregt: »Wann kann ich dich sehen?« Ich sagte ihm, dass ich gerade nicht viel Zeit hätte, da ich in ein paar Tagen in die Türkei fliegen wollte, wohin Grace und ich eingeladen waren, um ein paar Deeksha-Seminare zu geben.

Er bestand darauf, dass er dennoch mit mir reden müsse und platzte am Telefon aufgeregt mit seiner Geschichte heraus. Er hatte gerade mit seinem Freund Rajendra gesprochen, einem Seher. Vivek hatte mein Deeksha-Buch dabei und es ihm gezeigt. Als Rajendra das Buch in Händen hielt, verfiel er in Hellsichtigkeit und erzählte Vivek einige Einzelheiten aus meinem Leben, die Vivek mir jetzt weitererzählte. Ich war fasziniert. Ich gehe nicht oft zu Channels oder Hellsichtigen, um um Führung oder Information zu bitten. Aber wenn mir so jemand über den Weg lief, wusste ich, dass er mir eine wichtige Botschaft zu überbringen hatte. Daher rief ich Rajendra an. Es ergab sich, dass er am folgenden Tag nach Bangalore kam, und wir verabredeten uns daher zum Mittagessen. Sofort war zwischen uns eine Seelenerkenntnis, und er begann, über planetarische Ereignisse und die Reise zum Erwachen zu sprechen. Er gab mir viel von denselben Informationen, die ich von Vivek schon am Telefon gehört hatte, fügte dann aber etwas hinzu, was mich noch mehr faszinierte. »Du hast bisher die meiste Arbeit in der westlichen Welt getan«, sagte er. »Doch jetzt wird es ein paar große Veränderungen in deinem Leben geben.«

Er fuhr fort und sagte, dass ich als Nächstes in der muslimischen Welt leben würde und dass ich dort eine wichtige Botschaft mitzuteilen hätte, die helfen würde, Frieden in die Welt zu bringen. Ich wäre zur Zeit des Propheten Mohammed in Arabien inkarniert gewesen und hätte irgendwie dazu beigetragen, dass der heilige Koran geschrieben werden konnte. Es würde Zeit für mich, mich wieder mit dieser Abstammung zu verbinden, damit ich den Menschen helfen könne, mit einer lang vergessenen, tieferen Botschaft in Berührung zu kommen. Er wiederholte, dass dies helfen würde, die großen Weltreligionen zu harmonisieren.

Ich hatte einen großen Teil meines Lebens damit verbracht, die hinduistische, buddhistische, christliche, heidnische, indianische und andere schamanische Tradition zu erforschen. Jetzt war ich also aufgerufen, tiefer in die mystischen Aspekte der muslimischen Tradition einzutauchen, die allgemein als Sufismus bekannt ist.

Als Grace und ich ein paar Tage später in Istanbul ankamen, sann ich noch über alles nach. Wir hatten vor einigen Monaten in Sizilien, wo wir ein einwöchiges Seminar gaben, einen spirituellen Lehrer namens Isik aus Istanbul getroffen. Isik nahm an unserem Seminar teil, und wir wurden Freunde. Anschließend lud er uns in die Türkei ein, um Zeit miteinander zu verbringen und dort ein paar Deeksha-Veranstaltungen abzuhalten.

Damals im Frühling 2006 hatten wir wirklich nur die Absicht, hier in Istanbul ein paar Seminare durchzuführen und dann nach Hause, nach Indien, zurückzukehren. Aber das Universum hatte einen anderen Plan mit uns. Es dauerte nicht lange, bis wir erkannten, dass wir hierher gerufen wurden, um hier zu leben. Wir entdeckten, dass die Türkei die Heimat eines der größten Sufi-Meister war, und zwar des feurigen, mystischen Poeten Jeladdin Rumi, der hier einfach Mevlana genannt wird. Und bald begannen wir, uns für sein Leben und seine Lehre zu öffnen.

Wir trafen noch andere Seher, die mir einiges bestätigten, was Rajendra mir mitgeteilt hatte. Ständig öffneten sich weitere Türen für uns. Es dauerte nicht lange, bis wir inmitten warmer, offenherziger und extrem gastfreundlicher Menschen an der Küste dieses altertümlichen, wunderschönen Landes ein neues Zuhause gefunden hatten.

Ein paar Monate nachdem wir uns häuslich eingerichtet hatten, fühlte ich, wie sich eine neue Welle evolutionärer Energie kraftvoll durch mein Leben bewegte. Grace war gerade in Kanada und besuchte ihre Kinder. Ich war mit einer kleinen Gruppe in Dalyan, einem hübschen Dorf an der ägäischen Küste der Türkei. Zwei aus der Gruppe waren gerade von einem zweimonatigen Aufenthalt in Ägypten zurückgekehrt, wo sie aus ihrem Inneren Informationen über Pharao Echnaton und seine Rolle bei der Wiederbelebung der alten, traditionellen, ägyptischen Mysterienschulen erhalten hatten.

Während sie uns davon erzählten, gingen wir alle in der Zeit zurück. Jeder von uns hatte Erinnerungen an eine Inkarnation zu damaliger Zeit. Die Geschichten passten zusammen. Während wir uns mit unserem Leben dort verbanden, wurden wir einer mächtigen Energie gewahr, die anfing, sich im Raum auszubreiten. Sie identifizierte sich als Ra, dem Gott der Sonne, der zu jener Zeit durch Echnaton inkarniert war. Er sprach von einem uralten morphogenetischen Feld, dessen Sinn und Zweck es war, den »Aufstiegsvorgang« ausgewählter Eingeweihter zu beschleunigen. Hunderte vom Menschen wurden zu verschiedenen Zeiten der ägyptischen Geschichte in die Lage versetzt, den »Aufstieg« oder »körperliche Unsterblichkeit« zu erreichen.

Dieses morphogenetische Feld wird jetzt wieder aktiviert, sagte Ra. Es ist Zeit für die Menschheit, ihr göttliches Potenzial anzunehmen. Diesmal sollte es jedoch nicht nur für ein paar Eingeweihte sein. Durch eine neue Phase galaktischer Aktivität, eingeleitet durch das bevorstehende Kommen der galaktischen Superwelle, stehen diese Möglichkeiten jetzt der ganzen Menschheit zur Verfügung.

In den nächsten Tagen erhielten wir weitere Informationen. Während wir mit der Energie arbeiteten, wurden wir zu ihrer Nutzung geführt. Es wurde uns gesagt, dass es wichtig ist, keine festen Regeln dafür zu schaffen, wie sie genutzt werden sollte. Jeder Einzelne war eingeladen, das morphogenetische Feld durch sein eigenes höheres Selbst direkt anzuzapfen, sodass seine eigene Führung ihn im Gebrauch dieses göttlichen Potenzials unterweisen konnte. Der Name, der uns für dieses morphogenetische Feld gegeben wurde, war »Ilahinoor«. Das heißt auf türkisch »Göttliches Licht«.

Ich fand diese Energie in vielerlei Hinsicht ähnlich der, die ich erlebte, als ich auf Hawaii mit den Buckelwalen geschwommen bin. Da hatte ich auch das Gefühl, dass mein Körper sein Gespür für seine physischen Grenzen verlor und mit der Erde, der Sonne und was darüber hinausgeht, verschmolz. Die Energie war kraftvoll und drang tief in den physischen Körper ein. Sie war warm, fließend und sehr nährend.

Die Ausdehnung, die ich während meiner Begegnung mit der Buckelwalmutter empfand, war von Lichtwellen stimuliert, die ich an zwei Stellen meines Hinterkopfes einstrahlen fühlte. Ich hatte gelernt, dass dieser Teil des Gehirns eine Verbindung zum »sphärischem Bewusstsein« darstellt, zu einem multidimensionalen Bewusstsein, das jetzt in der menschlichen Spezies auftaucht. Die Wale waren physiologisch so geschaffen, dass sie dieses Bewusstsein immer aufrechterhielten. Jetzt ist auch für die Menschen die Zeit gekommen, das zu versuchen.

Als wir die Ilahinoor-Energien in Dalyan erlebten, wurden wir angewiesen, jetzt mit denselben Punkten am Hinterkopf zu arbeiten. Es wurde uns gesagt, dass sie in Beziehung zu einem Teil unseres alten Gehirns stehen, der unsere genetischen Codes neu schreiben könne und dass dies das Potenzial der Arbeit mit Ilahinoor ist.

Wir experimentierten damit, diese Punkte zu halten, während wir die Ilahinoor-Energie einluden durchzukommen, und wir luden auch die Wale ein, sich interdimensional mit uns zu verbinden. Wir begannen, erstaunliche Ausdehnungen des Bewusstseins zu erfahren, genau so, wie ich es damals mit den Walen auf Hawaii erlebte.

Während der nächsten Wochen setzte ich die Ilahinoor-Arbeit mit anderen Gruppen fort. Als die Gruppenteilnehmer ihre Erfahrungen mitteilten, tauchten bestimmte, allgemeine Muster auf. Ich bemerkte, dass hier irgendwie ein Brücke zwischen den unterbewussten, bewussten und überbewussten Aspekten unseres Selbst geschaffen wurde.

In der alten Tradition der Huna auf Hawaii glaubte man, dass uns die überbewussten Ebenen der Existenz nicht direkt zugänglich sind. Demnach war das Unterbewusstsein oder das »niedrige Selbst« mit dem Überbewusstsein oder dem »höherem Selbst« verbunden. Durch die Entwicklung einer Beziehung zum niederen Selbst bekam man einen Zugang zum höheren Selbst.

Die Punkte am Hinterkopf sind Zugangspunkte zum limbischen System, vor allem zur Amygdala. Dieser Teil des Gehirns ist mit dem Unterbewusstsein verbunden und dient dazu, die Eindrücke der Angst, die wir in diesem primitiven Aspekt unseres Seins in uns tragen, zu deaktivieren. Über die Stirn haben wir einen Zugang zum Dritten Auge und zum Kronenchakra, die mit dem Überbewusstsein verbunden sind. Wenn diese beiden Bereiche des Gehirns mit einer bestimmten Absicht verbunden werden, wird es möglich, die Trennung zwischen Überbewusstsein und Unterbewusstsein bewusst zu überbrücken. Das erlaubt uns, unser Potenzial als Schöpfer innerhalb der Schöpfung zu manifestieren.

Meine Erfahrungen mit diesem Feld waren denen mit Deeksha sehr ähnlich. Während wir experimentierten, stellten wir fest, dass diese beiden Ströme evolutionärer Energie in Bezug auf ihren Sinn und Zweck komplementär waren, aber auch recht unterschiedlich. So wie Deeksha ist Ilahinoor eine kosmische, evolutionäre Energie, die die Aufgabe hat, ruhende DNA zu aktivieren und die Menschheit zu ihrem höchsten Potenzial zu erwecken. Im Gegensatz zu Deeksha ist Ilahinoor direkt aus der kosmischen Quelle zugänglich, ohne die Notwendigkeit eines Mittlers.

Wir begannen, in den folgenden Monaten ein System zu entwickeln, wie wir diese neue Energie weitergeben könnten. Daraufhin bekamen wir von den Teilnehmern begeisterte Feedbacks über die Wirksamkeit von Ilahinoor in ihrem Leben. Sie kamen in tiefe Zustände kosmischer Einheit, in denen sie sowohl Ausdehnung als auch Verkörperung erfuhren. Viele berichteten von einer Befreiung von tiefsitzenden Abhängigkeiten und emotionalen Schmerzen. Andere berichteten sogar von körperlichen Heilungen, wenn die göttliche Energie im unterbewussten Bereich karmische Blockierungen und Kindheitsmuster aufgelöst hatte.

Wieder andere fühlten die Ilahinoor-Energie nicht nur in den oberen Chakren, sondern auch im Solarplexus, dem Zentrum für persönlichen Willen und Kraft. Als wir damit experimentierten, eine bestimmte Absicht zu halten, während wir diese Energien empfingen, entstand eine Verschmelzung unseres persönlichen Willens mit dem göttlichen Willen, sodass eine tiefere Offenlegung des Göttlichen in dem Bereich des Lebens, dem wir unsere Aufmerksamkeit schenkten, entstehen konnte.

Bei den meisten blockieren Ängste und Konditionierungen in unserem Unterbewusstsein die bewussten Verbindungen unseres göttlichen Potenzials. Während wir die Kraft des göttlichen Lichts für diesen Bereich unseres alten Gehirns nutzten, lernten wir, überbewusste Absichten mit unterbewusstem Potenzial zu harmonisieren, um erwünschte Realitäten bewusst zu erschaffen. Das alles befindet sich noch im Anfangsstadium des Experimentierens. Es gibt so viele unterschiedliche Ausdrücke göttlicher Energie, von denen jede bestimmte Funktionen haben mag. Aber ich sehe sie in einem einzigen evolutionären Fokus ineinandergewebt.

Da ich viele Jahre lang als transpersonaler Psychotherapeut gearbeitet habe, bin ich hocherfreut über das Potenzial von Ilahinnoor, weil dadurch sowohl grundlegende emotionale Heilungen als auch eine tiefere Integration des göttlichen Lichts in den physischen Körper erreicht werden. Viele Therapeuten beginnen, das in ihre Behandlungen von Klienten zu integrieren, ebenso Heiler, Ärzte und jeder, der nach einer tieferen Bedeutung seines Lebens sucht. Es scheint mir, dass dies, im Sinne der Tradition von Sri Aurobindo und der Mutter, eine Möglichkeit ist, die supramentale Manifestation des vereinten Bewusstseins im Zellkörper zu beschleunigen.

Es war keine Überraschung für mich, die Verbindung zwischen beiden Traditionen zu entdecken. Die Mutter hatte gesagt, dass sie Königin Teje, die Mutter von Pharao Echnaton, gewesen ist. Grace hat das starke Gefühl, dass Sri Aurobindo eine Inkarnation von Echnaton selbst war.

Das morphogenetische Feld von Ilahinoor ist uralt und stark. Wie auch Deeksha schließt es das Potenzial, den Körper, den Geist, das Herz und die Seele in einem nie zuvor dagewesenen Ausmaß zu heilen ein, indem die DNA entsprechend einer göttlichen Blaupause neu strukturiert wird. Unsere Körper sind multidimensionale Tempel Gottes, die einfach nur darauf warten, durch das göttliche Licht supramentalen Bewusstseins Schritt für Schritt erleuchtet zu werden.

Ich habe unsere Teilnehmer, die in das Ilahinoor-Licht eingeführt wurden, ermutigt, damit zu experimentieren, andere einzuführen. Die Kraft dieses Lichts wächst mit seiner Weitergabe. Es wird Zeit, über Hierarchien und menschliche Strukturen hinauszugehen. Jede Kerze mit Licht aus der kosmischen Flamme kann eine andere direkt anzünden.

Es ist meine Hoffnung, dass wir das weise und gut tun werden, dass wir frei aus unserem Herzen geben und nehmen und einander zu der Bestimmung, die kollektiv auf uns wartet, erwecken. Sri Aurobindo sprach davon, dass eine neue Art von Menschen geboren wird, und bezeichnete das als das »supramentale Erwachen«. Bis zum vollständigen Erwachen wird es noch einige Zeit dauern. Vielleicht ist Ilahinoor eine weitere kosmische Lichtwelle, die jetzt durch die Menschheit schwingt, um diesem Erwachen zu dienen.

Die Rückkehr nach Ägypten

Im Februar 2008 trafen sich Grace und ich mit 20 anderen aus der ganzen Welt in Ägypten. Obwohl ich zum ersten Mal hier war, fühlte es sich in vielerlei Hinsicht so an, als ob wir in unsere alte Heimat zurückgekehrt seien. Wir waren gekommen, um uns wieder mit den spirituellen Energien dieser uralten Welt zu verbinden, und um die mysteriöse Verbindung zu Echnaton zu erforschen, die wir alle so stark empfunden hatten. Wir wünschten uns auch, mit den mystischen Ursprüngen von Ilahinoor in Berührung zu kommen und die Möglichkeiten einer Initiation durch dieses morphogenetische Feld zu erforschen.

Wir begannen unsere Reise im Gouda Fayed's Sphinx Hotel, direkt gegenüber der Sphinx, von wo aus man das großartige Gizeh-Plateau überblicken kann. Da standen die drei Pyramiden von Chufu (Cheops), Chafre (Chephren) und Menkaure (Mykerinus), majestätisch in ihrer Größe und Schönheit, kraftvoll in ihrer uralten Gegenwärtigkeit.

Dann begannen wir eine lange Reise den Nil hinunter zu dem Tempel von Philae in Assuan, durch Kom Ombo, Edfu, Luxor, Karnak, Hatschepsut-Tempel, Dendera, Abydos und schließlich nach Tell el Amarna, der Stadt des Horizontes, die von Echnaton erbaut wurde, bevor wir nach Gizeh zurückkehrten.

Unser Führer, Mohammed Fayed, war Professor für Archäologie an der Universität Kairo. Er hatte die einzigartige Gabe, uns sowohl die archäologische als auch die spirituelle Bedeutung der Orte, die wir besuchten, nahezubringen. Er erklärte uns, dass die Tempel, die wir besuchten, ein Netzwerk von Chakren darstellten. Unsere Reise am Nil entlang symbolisierte das Erwachen der Kundalini, sowohl in unseren eigenen Körpern als auch am Nil, angefangen mit dem Wurzelchakra in Philae und kulminierend am Kronenchakra in der großen Pyramide, wohin wir zu unserer Abschlusszeremonie zurückkehrten.

Vor etwa 12 000 Jahren fand eine große Katastrophe statt. Mit dem Erwachen einer galaktischen Superwelle und einer daraus resultierenden Reihe von Ereignissen: die Magnetpole der Erde wechselten, vielleicht gleichzeitig mit einer Erdkrustenverlagerung. Die sich daraus ergebende Erschütterung verschob Kontinente und ließ den größten Teil von Atlantis auf den Meeresgrund sinken.

Der Zusammenbruch und die Neuausrichtung der Magnetfelder wirkte sich für die Evolution der Erde wie ein Neustart-Knopf aus und brachte eine enorme Bewusstseinsverschiebung mit sich. Bei denen, die vorbereitet waren, schoss die Kundalinienergie mächtig durch ihre Körper und löste das Gefühl der getrennten Ego-Identität in der körperlichen Persönlichkeit auf. Gleichzeitig war eine neue Ebene von Seelengewahrsein in die Verkörperung gebracht worden, die ihren Höhepunkt in der Transformation des physischen Körpers in einen Lichtkörper hatte. Ein paar Auserwählte waren in der Lage, durch diese Tore des Aufstiegs in die höherdimensionalen Welten zu gelangen. Die nicht Vorbereiteten gingen in den Wellen unter oder segelten zu weit entfernten Orten der Erde, um dort ein neues Leben zu beginnen. Der Evolutionsvorgang begann durch langsame Inkarnationszyklen hindurch noch einmal, und wir, als Spezies, sind wieder an der Schwelle zum göttlichen Menschen angekommen. Diejenigen von uns, die in dem vorhergehenden Zyklus zurückgeblieben sind, bereiten sich jetzt auf einen erneuten Versuch vor, ihre Körper mit dem Licht zu verschmelzen.

Ägypten war einer der Ankunftsorte überlebender Atlanter. Die Pharaonen und die Priester des alten Ägyptens erinnerten sich sehr klar an die Ereignisse von vor 12 000 Jahren. Durch ihre Initiationswege und Mumifikationsriten versuchten sie, die Möglichkeit eines Aufstiegs für eine Elite wieder zu erschaffen. Das Tor zu höheren Dimensionen stand ihnen noch offen. Sie nannten sie die Hallen von Amenti. Ihre gesamte Religion basierte auf ihrem Wissen vom Zugang zu den Hallen von Amenti, zur Akasha Chronik, in der das tiefere Verständnis der göttlichen Evolution und Zeitzyklen für immer erhalten sind.

Die spirituelle Psychologie der alten Ägypter reflektierte ein tiefes Verständnis der kosmischen Kräfte. Den physischen Körper nannten sie *khat.* Die physische Persönlichkeit einschließlich der ätherischen, mentalen und emotionalen Eindrücke einer gegebenen Inkarnation nannten sie *ka.* Der erleuchtete Astralkörper, der, wenn er durch ein langes, spirituelles Training verfeinert war, einen Initianten in die Lage versetzte, bewusst zwischen den Dimensionen zu reisen und damit zu den Hallen von Amenti, war *ach. Ba* war die Seele, ewig und unsterblich. Und schließlich gab es noch die *Neter.*

Die Neter sind die Götter und Göttinnen des ägyptischen Pantheons, göttliche Persönlichkeiten, die uns als Thot, Ra, Osiris, Isis, Horus, Seth, Maat, Nut, Geb, Hathor, Seschmet, Anubis usw. bekannt sind. Es gibt 22 maßgebliche Götter, von denen jeder einen Aspekt göttlicher Ganzheit darstellte.

Eine der Hauptmythen des alten Ägypten hängt mit der Geschichte von Osiris und Isis und dem Verrat von Seth, der Osiris tötet, zerstückelt und seinen Körper den vier Winden entgegenwirft, zusammen. Isis nutzt ihre magischen Künste, geht auf die Suche nach den verlorenen Stücken, setzt schließlich die meisten wieder zusammen und haucht Osiris für einen kurzen Moment wieder Leben ein. Es gibt eine göttliche Empfängnis, und Horus wird geboren, der den Tod seines Vaters rächt, indem er Seth tötet.

Hieroglyphen aus dem ägyptischen Totenbuch, die im Tal der Könige hieroglyphisch an einigen Gräbern eingraviert wurden, weisen darauf hin, das dieses Drama während der letzten Tage von Atlantis tatsächlich stattgefunden hat. Es ist auch möglich, dass alle Neter ursprünglich auf Wesen zurückgehen, die tatsächlich gelebt haben, die in den frühen Jahren der Migration oder später zu Göttern erhoben wurden. Wie auch die griechischen und hinduistischen Götter verkörpern die 22 Götter des alten Ägypten einen weiten, archetypischen Bereich.

Als wir durch die heiligen Tempel reisten, die einzelnen Göttern gewidmet sind, und uns mit ihren Energien verbanden, stellten wir bald fest, dass diese Kräfte an sich nicht gut oder schlecht sind. Jeder dieser Götter existiert in jedem von uns, und jeder Neter kann in uns ein dunkles oder ein lichtes Gesicht annehmen. Sie sind einfach nur Spiegelungen archetypischer Qualitäten in unserer eigenen Psyche. Unsere Aufgabe als Menschen ist es, an Liebe, Weisheit und Kraft zu wachsen, während wir diese Qualitäten in unsere Psyche integrieren.

Ein berührendes Beispiel war die Geschichte, die Mohammed uns erzählte, als wir Seschmets Heilraum in Karnak aufsuchten. Wie auch die hinduistische Göttin Kali, hatte sie zwei unterschiedliche Gesichter. Es gab eine Zeit, zu der die Menschheit zu großem Übel degeneriert war, und die Schöpfergötter wählten die Göttin Seschmet mit dem Löwenkopf für die Aufgabe aus, die menschliche Rasse auszulöschen.

Als sie ihre Aufgabe ausgeführt hatte, war sie in einem Zustand grimmigen Wahnsinns, und Osiris wurde für die Aufgabe ausersehen, sie zu geistiger Gesundheit zurückzuführen. Indem er sich in einen spielerischen Affen verwandelte, gewann er langsam ihr Vertrauen und offenbarte schließlich seine wahre Form. Er begleitete sie in das Reich der Götter zurück, wo sie letztlich lernte, in der Kunst zu heilen, Außergewöhnliches zu leisten. So ist es gekommen, dass sowohl Zerstörung als auch Heilung zwei Aspekte von Seschmet sind. Es könnte sein, dass jeder Gott zwei entsprechende duale Aspekte hat.

Wir fingen auf unserer Reise auch an, den umstrittenen Pharao Echnaton etwas besser zu verstehen. Während er sich für den göttlichen Archetyp Ra öffnete, erlebte er die Einheit allen Seins, was durch das Symbol der Sonnenscheibe reflektiert wird. Daraufhin ließ er die lang vergessene, traditionelle Mysterienschule wieder zu neuem Leben erblühen, wodurch Eingeweihte einen direkten Zugang zu ihrer göttlichen Meisterschaft erhielten.

So machtvoll seine Erfahrung kosmischen Bewusstseins und so aufrichtig sein Wunsch, diese Erfahrung, erlangt durch die Anbetung der Sonnenscheibe Aton, mit seinen Leuten zu teilen, auch gewesen sein mag, so machte er doch den Fehler, die Realität der anderen Götter zu verleugnen und die alte Religion zu verbieten. Ob es Echnaton selbst war, der das zu verantworten hat, oder seine Nachfolger, bleibt dahingestellt. Jedenfalls wurde die schöne Einsicht, dass das Eine in der Vielfalt existiert, zu einem Kampf des Einen *gegen* die Vielzahl, verzerrt. Das war ein schwerwiegender Fehler, der innerhalb der Priesterschaft eine massive Glaubensspaltung schuf und schließlich zum Untergang des alten Ägyptens führte.

Viele Historiker glauben, dass Moses ein Zeitgenosse von Echnaton war, vielleicht sogar sein Bruder Ahmoses.

Es ist sehr wahrscheinlich, dass der monotheistische Glaube der Hebräer, aus dem später das Christentum und auch der Islam hervorgegangen sind, seine Wurzeln in der Anbetung Atons hat, die von Echnaton oder seinen Nachfolgern institutionalisiert wurde.

Obwohl dieses Konzept einer alles vereinigenden Realität damals womöglich ein wichtiges, neues Gewahrsein war, hat der Abbau der alten Götter zur Zeit Echnatons unglücklicherweise zu einer Unterdrückung des weiblichen Aspekts des Göttlichen geführt. Im ägyptischen Pantheon war das Schwergewicht von weiblich und männlich sehr ausgeglichen. Göttinen wie Isis, Seschmet, Hathor, Maat und Nephthys hatten genauso viel Macht wie die Götter Osiris, Horus, Thot, Ra und Ptah.

Dass Aton zum Höchsten über den Rest des ägyptischen Pantheons erhoben wurde, hat die Anfänge einer patriarchalischen Hierarchie etabliert, in der ein maskuliner Gott als Oberster regierte. Diese patriarchalische Hierarchie hat schließlich zu der Weltanschauung geführt, in der Gott nicht mehr in der Schöpfung existierte, sondern als entfernt und getrennt von den natürlichen Kräften der Schöpfung wahrgenommen wurde. Damit wurde im kollektiven Bewusstsein der Menschheit ein dualistisches Verständnis von Religion und Realität etabliert.

Viele Menschen erfahren Ilahinoor als weibliche Energie, im Körper verankert und mit den Leben spendenden Wurzeln von Mutter Erde verbunden. Es ist eine Rückkehr zum mystischen Herzen des Lebens, in dem alles Sein in Einheit verbunden ist. Wenn das morphogenetische Feld von Ilahinoor weiterhin stärker wird, könnte das vielleicht helfen, die Spaltung des Maskulinen und des Femininen, die so tief in die menschliche Psyche eingedrungen ist, zu heilen?

Wenn das geschieht und das weibliche Gesicht Gottes gleichermaßen geehrt wird, könnte das auch dabei helfen, die Spaltungen zwischen den monotheistischen Religionen der Welt zu heilen? Und wenn Gott als in der gesamten Schöpfung lebendig angesehen wird, könnte uns das helfen, die Spaltungen zwischen Herz und Verstand, Körper und Geist, Himmel und Erde, die uns bisher davon abgehalten haben, die göttliche Gegenwart direkt in unserm eigenen Leben zu erfahren, zu heilen?

Als unsere Gruppe die von Echnaton erbaute Stadt Tell el Amarna besuchte, spürte ich sofort seine Gegenwart meinen Körper durchfluten. Als wir auf der Anhöhe von Echnatons Regierungssitz über der schönen Tempelstadt standen und weit in die Wüste schauten, wo nichts mehr übrig geblieben ist, kam mir die Erkenntnis, dass es Zeit wird, dass alle Wahrheiten ans Tageslicht kommen. Die vielen kehren zu dem einen zurück, nicht weniger, als dass der eine in den vielen reflektiert wird. Da war eine Wahrnehmung, dass alles so war, wie es sein sollte, und dass die Vision, die durch ihn erwacht war und später von Sri Aurobindo verkörpert wurde, bald erkannt wird.

Was während der kommenden Polumkehrung auf der Erde geschieht, wird unsere zukünftige Evolution bestimmen.

Während unserer Ägyptenreise überlegte ich, ob es vielleicht einen Zusammenhang zwischen den 22 ägyptischen Göttern und den 22 Sätzen von Chromosomen gibt, die wir alle in unserer DNA tragen. Und vielleicht war es auch kein Zufall, dass unsere kleine Reisegruppe aus 22 Mitgliedern bestand!

Wenn wir die Neter in unsere Psyche integrieren, aktivieren wir dadurch irgendwie eine neue Ebene des DNA-Potenzials? Bisher konnten lediglich drei Prozent der DNA-Proteine wissenschaftlich decodiert werden. Der Rest wird oft als »überflüssig« betrachtet. Könnte diese überflüssige DNA irgendwie das Potenzial für unsere Evolution zu einem göttlichen Menschen in sich tragen? Könnte das rechte Verständnis der Neter, deren Code womöglich im morphogenetischen Feld von Ilahinoor zu finden ist, ein Weg sein, diesen Prozess zu aktivieren?

Wenn dem so ist, dann, erkannte ich, gab es noch etwas, was ich zu Ende führen musste, bevor meine Arbeit in Ägypten vollendet war. Das war die göttliche Qualität, mit der sich die meisten von uns etwas unwohl fühlen, den Bereich, der von dem »bösen« Gott Seth dargestellt wird, in Liebe anzunehmen.

Ich erkannte, dass er als Gott der Macht und Magie eine notwendige Rolle in unserem Leben spielt und dass er ein riesiges konstruktives Potenzial in sich trägt. Nur wenn er von Liebe und Weisheit getrennt ist, wird seine Macht gefährlich, gewalttätig, manipulativ, hasserfüllt, aggressiv und gierig. Als ich direkt gegenüber des Gizeh-Plateaus in meinem Zimmer saß, bat ich die Sphinx, meine Führerin durch die Hallen von Amenti zu sein, wo ich vor Seth hintreten und hören wollte, was er zu sagen hat. Ich fühlte, wie ein Energiestoß durch meinen Körper schoss, und bald fühlte ich die Resonanz von Seths Worten in mir.

Nicht viele wagen es, in diese heiligen Hallen zu kommen, wo du jetzt stehst. Ich werde mit dir sprechen, wie du es wünschst. Sei jedoch wachsam, vielleicht bist du nicht bereit zu hören, was ich zu sagen habe, und vielleicht brichst du unter dem Gewicht meiner Worte zusammen. Doch du bist gekommen, und ich sehe, dass du furchtlos in deinem kha stehst, und ich werde fortfahren zu sprechen, bis wir fertig sind.

Es gibt eine Kraft, die bei dem größten Teil der Menschheit brachgelegen hat. Es ist die Macht der Schöpfung. Es ist die Macht der Magie. Ich bin auch ein Wächter dieser Magie. Es ist die Magie der Macht, der Macht zu erschaffen und der Macht zu zerstören.

Diese Macht ist weder gut noch schlecht. Betrachte mich nicht mit von menschlichen Konzepten ermatteten Augen. Ich bin ein Bruder von Osiris. Ich stelle eine elementare Macht der Erde dar, so wie er eine elementare Macht der Sterne darstellt.

Die Geschichte, die du gehört hast, stellt die Auferstehung der Seele aus ihrem langen Schlaf in irdischen Dimensionen dar. Isis ist die Mutter des Lichts und Priesterin der göttlichen Magie. Ich verehre sie wie keinen anderen. Doch das große Drama musste durchgespielt werden, damit die Ketten der Materie gebrochen werden konnten. Diese Zeit kommt wieder.

Betrachte mich in deinem Inneren, so wie du auch Isis betrachtest, Ra und die anderen aus Amenti. Du spielst nicht mehr in den Pfützen menschlicher Existenz. Der Bann des Todes hängt über dir, und du weißt das. Du webst deine Leben in mickeriger Trübseligkeit und du nennst das »Lebendigkeit«. Ist es das, was du mit deiner Gott gegebenen Macht wählst zu manifestieren?

Der Tod, mit dem ich umgehe, ist das Vorspiel zur Auferstehung. Die Macht, die ich gebe, musst du dir durch deine Hingabe und deine Verpflichtung der Menschheit gegenüber verdienen. Viele gab es, die in sich selbst versagt haben, diese elementaren Kräfte zu integrieren, und immer mir die Schuld zugewiesen haben.

Die Menschen haben gelernt, mich als das Böse zu fürchten. Doch »böse« ist nur ein Urteil, das gefällt wird, wenn der Spiegel seine Ganzheit nicht mehr erkennen kann und in kleine Stücke zerbricht. Außerdem wisse, dass die Götter sich auch weiterentwickeln, und ihr seid die Spiegel, durch die auch wir uns entwickeln müssen.

Es gibt ein »letztes Tor« auf deinem Weg, eine Abschlussprüfung des Mutes und der Hingabe. Sie besteht darin, dich mit deinen eigenen Ängsten vor der dunklen Macht zu konfrontieren, die nichts mit mir zu tun hat. Das heißt, dich mit der Zerstückelung deiner Seele zu konfrontieren, mit der du in das Duat (Unterwelt, Jenseitsland der alten Ägypter, Amenthes) herabgestiegen bist.

Die dunkle Macht ist die Magie der Erde, so wie die lichte Macht die Magie der Sterne ist. Durch Isis Hände, angefeuert durch ihre leidenschaftliche Liebe zu Osiris, wurde ein Tor zu neuen Welten der Schöpfung geöffnet. Du gehst jetzt, während du dich auf die planetarischen Veränderungen vorbereitest, über die du schreibst, durch dieselbe Passage. Doch das heißt, dass du jetzt zwischen falscher Macht, die missbraucht, und wahrer Macht, die kreativ ist, zu unterscheiden lernst. Das heißt, dass du dir selbst erlaubst, die ganze Macht der Schöpfung, die durch die dunklen, vergessenen Räume in dir selbst fließt, eine Macht, die in den Zellen der Materie liegt, eine Macht in der Tiefe deiner DNA deiner göttlichen Beschaffenheit, zu fühlen.

Wenn sie alleine handelt, erschafft jede der göttlichen Mächte letztendlich Chaos. Doch wenn die 22 Mächte der Schöpfung zusammenkommen und ein Ganzes bilden, öffnet sich das Tor zwischen den Welten.

Im Namen von uns allen in Amenti teile ich dir unser Verständnis mit. Diese 22 Mächte der Schöpfung bilden zusammen das morphogenetische Feld einer neuen Schöpfung. Wisse, dass die Ilahinoor-Arbeit, die du in der heutigen Zeit wiederbelebst, die 22 Kräfte in deiner Psyche und in deiner DNA harmonisieren und integrieren kann. Denn sie kommt nicht allein von Ra, sondern von allen Göttern aus Amenti. Denke daran, während du mit diesem sich ständig entwickelnden morphogenetischen Feld arbeitest.

Gehe jetzt in Frieden.

Dieses Gespräch mit Seth war für mich eine kraftvolle Erinnerung daran, dass Schöpfung und Zerstörung nicht voneinander getrennt sind. Es ist gut möglich, dass alles sehr chaotisch wird, während wir in die Periode der Reinigung eintreten, die der großen Veränderung vorausgeht. Wenn die Zeit dieses Geschehens irgendetwas mit dem Maya-Kalender zu tun hat, dann sind wir schon dabei, in diese Zeit des Chaos einzutreten, die Seth das »letzte Tor« und Sri Aurobindo die »supramentale Katastrophe« genannt hat.

Sri Aurobindo und die Mutter hatten aufgrund ihrer eigenen Erfahrungen das Gefühl, dass die supramentale Erde jetzt schon in einer anderen Dimension als unserer eigenen existiert. Vielleicht mögen wir sie die fünfte oder sechste Dimension nennen. Vielleicht existieren darin auch die Hallen von Amenti. Sie hatten das Gefühl, dass alles, was nötig ist, diese Dimension in das planetarische Bewusstsein zu bringen, war, sich mit dem galaktischen Bewusstsein zu verbinden und es auszudrücken.

Führe uns, großer Geist, vom Irrealen zum Realen, aus der Dunkelheit zum Licht, vom Tod in die Unsterblichkeit. Führe uns weiter durch die Tore galaktischen Bewusstseins in den Himmel auf Erden.

Experimente mit dem göttlichen Licht

Ilahinoor ist eine kosmische evolutionäre Energie. Wie viele andere solcher Energien, die heute über den Planeten fegen, einschließlich Deeksha, Reconnection, ist ihr Sinn und Zweck, die Menschheit zu ihrem unendlichen Potenzial zu erwecken. Der Astrophysiker Paul LaViolette spricht von einer galaktischen Superwelle, die aus dem stark aufgeladenen Zentrum unserer Milchstraßengalaxie entspringt, deren Puls etwa alle 10 000 bis 15 000 Jahre schlägt.

Obwohl diese Superwelle, die mit annähernd Lichtgeschwindigkeit unterwegs ist, uns hier in unserem Sonnensystem noch nicht erreicht hat, scheint es, dass wir uns in einer vorbereitenden Phase dafür befinden. Unsere Körper, Herzen und unser Geist werden in Erwartung ziemlich plötzlich auftretender evolutionärer Energien, die vielleicht schon bald auf uns zukommen, allmählich wieder miteinander verkabelt.

Diese kosmischen Pulsschläge, oder wie auch immer wir sie nennen mögen, sollen die molekularen Frequenzen aller Materie in unserem Sonnensystem anheben, ein Vorgang, der auch »Aufstieg« genannt wird. Das geht mit einer Bewusstseinsveränderung auf allen Planeten in unserem Sonnensystem einher, natürlich einschließlich der Erde.

Eine Aufgabe dieser neuen Frequenzen ist es, in den Menschen die ruhenden Funktionen in unserem Nervensystem und in unserem Gehirn zu aktivieren, mit dem Ergebnis der Erfahrung multidimensionalen Bewusstseins. Gleichzeitig werden Codes in unserer DNA aktiviert, wodurch ein Transformationsprozess der menschlichen Spezies beginnt.

Ilahinoor dient dazu, diese kosmischen evolutionären Energien zum Erwachen zu integrieren. Evolution findet statt, indem sie lange Zeit ganz allmählich fortschreitet und dann plötzlich einen Quantensprung macht. Wir entwickeln uns jetzt von einem Menschen, der auf körperliches Überleben, Wettbewerb und Aggression konzentriert ist, zu einer Art Mensch, dem es möglich ist, die Frequenzen der Seele direkt im Gehirn und im Nervensystem zu integrieren.

Barbara Marx Hubbard nennt diesen neuerdings erscheinenden Mensch Homo universalis, den universellen Menschen. Anstatt in einer linearen Dimension des Raum-Zeit-Kontinuums gefangen zu sein, werden wir uns schließlich als multidimensionale Wesen erfahren, die in der Lage sind, sich frei und unbegrenzt von Krankheit, Alter und Tod in Zeit und Raum zu bewegen. Bei unserer spirituellen Arbeit ging es mir seit vielen Jahren darum, unser göttliches Bewusstsein durch diesen unseren materiellen Körper auszudrücken. Als ich Ilahinoor mit Gruppen in der Türkei, Europa und Indien anwendete, berichteten mir anschließend Hunderte von Teilnehmern, dass sie, oft zum ersten Mal in ihrem Leben, fähig waren, erweiterte Bewusstseinszustände zu erfahren, während sie gleichzeitig sehr bewusst in ihren physischen Körpern präsent waren.

Als ich anfing, mit der Ilahinoor-Energie zu arbeiten, war ich ziemlich vorsichtig. Es widerstrebte mir, sie zu vielen bekannt zu machen. So habe ich meinen Teilnehmern auch davon abgeraten, diese Energie einem größeren Publikum zugänglich zu machen. Doch als sie von ihren Erfahrungen berichteten, waren wir alle erstaunt über die Kraft und das Potenzial dieser Energie. Interessanterweise erzielten diejenigen, die die Energie erst seit kurzem erfuhren, dieselben Ergebnisse wie die, die sie zuerst erhalten hatten. In uns wuchs die Erkenntnis, dass wir auf ein weites, kraftvolles morphogenetisches Feld gestoßen waren, das vielleicht auch mit J. J. Hurtak's »Axiatonallinien« im Zusammenhang steht. Wir haben auch entdeckt, dass jeder sowohl den Zugang zu dieser Energie bekommen als sie auch an andere weitergeben konnte.

Bei unseren Experimenten mit dieser Energie arbeiteten wir paarweise. Wir zeigten den Seminarteilnehmern, wo die entscheidenden Punkte sind. Oberhalb des Hinterhauptbeins ist eine empfindsame Stelle, die als Tor zum alten Gehirn dient, hierdurch erhalten wir anscheinend einen Zugang zu unterbewussten und überbewussten Energien. Wir baten die Teilnehmer zuerst, die beiden Akupunkturpunkte des Gallenblasen-Meridians, Nr. 20, auf beiden Seiten der Wirbelsäule, direkt unterhalb der Schädelknochenbasis aufzusuchen. Wenn man von hier aus etwa zwei oder drei Zentimeter mit den Fingern nach oben geht, findet man eine leichte »Vertiefung« bei den meisten Menschen, ein empfindlicher oder wunder Punkt.

Nachdem wir uns zuerst für ein paar Minuten in die Augen geschaut hatten, um einen Seelenkontakt herzustellen, hielt der »Geber« diese Ilahinoor-Punkte mit einer Hand bei dem »Empfänger« und legte die andere Hand über die Stirn und Krone des Empfängers. Beide verbanden sich mit ihrem höheren Selbst, stimmten sich auf das Ilahinoor-Feld ein und luden die Energien ein durchzukommen. Gleichzeitig hielten sie in Übereinstimmung mit ihrem höchsten Wohl, eine Absicht, welche auch immer sie zu manifestieren wünschten, im Bewusstsein. Falls jemand seinen eigenen Meister, Engel, Geistführer oder irgendeinen anderen Aspekt des einen, mit dem er sich in Resonanz fühlte, dazu einladen wollte, konnte er das auch tun.

Der Geber drückte sanft die Punkte ein paar Minuten lang oder so lange er sich intuitiv dazu geführt fühlte, und der Empfänger blieb für ein paar Minuten in dieser empfänglichen Stille. Danach tauschten sie ihre Rollen, und der Empfänger wurde zum Geber. Interessanterweise sagten viele, dass sie die Energie intensiver empfanden, während sie durch sie hindurchflutete und Ilhahinoor »gaben«, als während sie sie »empfingen«.

Während sich die Arbeit weiterentwickelte, wurden wir dazu geführt, dieser Ilahinoor-Brücke noch eine weitere Handposition hinzuzufügen. Nachdem wir den Kontakt zwischen dem alten und dem neuen Gehirn ein paar Minuten lang gehalten und den physischen Kontakt dann ganz langsam losgelassen hatten, hielten wir die Hände zu einer segnenden Geste über das Kronenchakra. Anstatt den Kopf körperlich zu berühren, fühlte es sich wirkungsvoller an, mit dem Lichtstrom über dem Kopf zu arbeiten und ihn nach Bedarf anzupassen, sodass dieses göttliche Licht voll im physischen und in den subtileren Körpern verankert werden konnte.

Später kam ein weiteres Element hinzu. In der ayurvedischen Tradition gibt es drei Arten von Energieströmen, die beim Heilen durch Handauflegen genutzt werden können. Sie fließen vertikal, horizontal und diagonal. Die diagonalen Ströme, die den Fluss der Kundalini, die

die Wirbelsäule hinauffließt, spiegeln, sind die kraftvollsten. Um die Integration dieser kosmischen Energie zu vertiefen, begannen wir, in diagonalen Sequenzen mit den 13 größten Gelenken zu arbeiten. Zum Schluss haben wir beide Füße geerdet und sind dann erst zur Anpassung zum Kronenchakra gegangen.

Wir experimentierten auch mit Kreisheilungen, wobei mehrere Leute zusammen an einer Person arbeiteten, die im Zentrum des Kreises lag. Wir experimentierten mit Fern-Ilahinoor, sowohl zur Heilung als auch als Initiation, die sich für viele gleich kraftvoll anfühlte! Wir experimentierten auch mit einigen, die die Energie bei sitzender oder liegender Meditation selbst hereinriefen, während sie sanft und voll atmeten und die Punkte an ihrem eigenen Kopf hielten, wenn sie das Gefühl hatten, dass es nötig war. Sie ließen die Energie als fließendes, goldenes Licht direkt aus ihrem höheren Selbst herabströmen. Sie konnten, wenn sie wollten, eine bestimmte Absicht dabei haben oder sich einfach ihrem höheren Selbst hingeben, um den Vorgang von dort führen zu lassen.

Durch unsere Reise nach Ägypten konnte ich mein Verständnis von Ilahinoor noch vertiefen. Ich erkannte, dass dieses uralte morphogenetische Feld durch die gemeinsame Absicht der Neter, des göttlichen Pantheon des alten Ägypten, geschaffen wurde. Diese göttlichen Persönlichkeiten werden in unserer eigenen menschlichen Psyche gespiegelt. Wenn wir uns für das vereinte Licht von Ilahinoor öffnen, empfangen wir die Qualität, die wir im Moment am meisten brauchen, sodass wir sie als Ausdruck göttlicher Manifestation durch uns schließlich zusammenweben können.

Unser Besuch im Tempel von Abydos bestätigte uns erfreulicherweise in dem was wir taten. Als wir in dem Heilraum waren, der Isis gewidmet ist, bemerkten wir auf den Bildern an den Tempelwänden bestimmte Handpositionen, die genau mit den Ilahinoor-Handpositionen übereinstimmten. Während wir die Anlage von Abydos durchforschten, fielen uns immer wieder dieselben drei Handpositionen auf: die Ilahinoor-Brücke und die Kronenchakra-Anpassung, mit denen wir bereits gearbeitet hatten. Die dritte Handposition, die uns bei mehreren Gelegenheiten auffiel, war folgende: Die Spitze des kleinen Fingers einer Hand wurde vor das Zentrum der Stirn gehalten, während die andere Hand eine Art von Heilinstrument hielt.

Ein paar Tage später experimentierten wir während meines nächsten Seminars in der Schweiz in einer Gruppe von 50 Leuten mit dieser Handposition. Am Ende einer Ilahinoor-Sequenz hielt der Gebende den kleinen Finger einer Hand vor das dritte Auge des Empfangenden, während die andere Hand entweder nach oben geöffnet dem Himmel zugewandt war oder geradewegs nach unten auf Mutter Erde zeigte. Die Teilnehmer fühlten dabei, wie sich ihr Herzchakra weit öffnete. Ebenso hatten sie das Gefühl, dass auf einer tiefen zellularen Ebene Licht verankert wurde. Die Intensität dieses Lichts war oft so stark, dass manche es hinterher noch eine Zeit lang schwierig fanden, ihre Körper zu bewegen.

Das scheint nun der Schlussstein der gegenwärtigen Entwicklung dieser Arbeit zu sein. Ein Teilnehmer wies darauf hin, dass der Herzmeridian über den kleinen Finger läuft. Das mag erklären, wie diese »Pinkie-Aktivierung« entstanden ist. Eine Teilnehmerin erlebte, wie ihr Herzchakra sich vom Zentrum der Brust etwas zur rechten Seite verschob. Interessanterweise sah der Erleuchtete Ramana Maharishi das spirituelle Herz an dieser Stelle.

Übungsleitlinien

Während wir tiefer in die Schwingungen des goldenen Zeitalters eintauchen, beginnen wir, uns von selbst auferlegten Begrenzungen zu göttlicher Meisterschaft zu entwickeln. Es gibt keine Regeln oder Grenzen, die uns vorschreiben wie weit wir dabei gehen können. Falls irgendjemand von euch sich aufgerufen fühlt, mit Ilahinoor als System für Heilung oder zur Erweckung zu experimentieren oder es mit einem Heilsystem zu kombinieren, das ihr schon anwendet, dann fühlt euch frei, das zu tun.

Ilahinoor präsentiert eher ein morphogenetisches Feld als eine Reihe von Techniken. Dennoch, für Übende, die gerade erst anfangen, biete ich hier ein paar Empfehlungen an. Das sind eher sich entwickelnde Leitlinien als feste Regeln. Bitte ersuche für eine genauere Führung auf jeden Fall dein höheres Selbst.

Ich möchte noch einmal betonen, dass die Energie bei Ilahinoor-Einweihungen direkt aus dem morphogenetischen Lichtfeld kommt, und nicht aus irgendeiner menschlichen Quelle. Ilahinoor ist ein Geschenk der Götter. Ich würde es nicht gern sehen, dass sich irgendwelche hierarchische Organisationen um diese kosmische Energie herum bilden, noch dass sie für übertriebene finanzielle Gewinne missbraucht wird.

Eins zu eins – Basis-Behandlung

Rufe dein höheres Selbst und deine Geistführer, während du dich auf das morphogenetische Feld von Ilahinoor einstimmst.

Stellt eine Seelenverbindung her, indem ihr einander in die Augen schaut.

Schaffe die Ilahinoor-Brücke, indem du eine Hand über die Punkte am Hinterkopf legst und die andere Hand über die Stirn bis zum höchsten Punkt auf dem Kopf.

Löse deine Hände langsam vom physischen Körper und bewege sie durch das feinstoffliche Energiefeld nach außen.

Arbeite mit deinen Händen in einer segnenden Position auf oder über dem Kronenchakra, wobei du das herabströmende Licht nach Bedarf anpasst.

Ende mit dem »Pinkie« bzw. mit dem ausgestreckten kleinen Finger, der das Dritte Auge berührt, während die andere Hand entweder wie eine Schale dem Himmel zugewandt geöffnet ist oder gerade herunter zur Erde zeigt.

Alternativ kannst du auch den Mittelfinger einer Hand auf das Kronenchakra legen und die andere Hand etwas entfernt vom Steißbein des Empfängers halten. Dadurch wird die Energie durch den zentralen Kanal in die Erde geleitet.

Eins zu eins – Gleichzeitige Behandlung
Bei dieser Behandlung arbeiten beide Partner gleichzeitig aneinander. Sie sitzen eng voreinander und lehnen sich vor, bis sie sich mit der Stirn am Dritten Auge berühren. Gleichzeitig legen beide einen Finger jeder Hand auf die Ilahinoor-Punkte der anderen Person. Das kann eine sehr starke Verbindung zwischen zwei Partnern herstellen und ist besonders schön, wenn zwischen beiden schon eine gewisse Nähe besteht. Interessanterweise kann dies auch für ein streitendes Paar sehr heilsam sein, egal, ob sie mitten in einem verbalen oder emotionalen Konflikt stecken.

Eins zu eins – Erweiterte Behandlung
Nachdem du die Ilahinoor-Brücke abgeschlossen hast, arbeite deinen Weg diagonal durch den Körper, indem du jeweils eine Hand auf die hier angegebenen Körperteile legst:

1. in den Nacken und auf den linken Ellenbogen,
2. auf den linken Ellenbogen und das rechte Handgelenk,
3. in den Nacken und auf den rechten Ellenbogen,
4. auf den rechten Ellenbogen und das linke Handgelenk,
5. halte beide Handgelenke gleichzeitig.
6. Rechte Schulter und linke Hüfte,
7. linke Hüfte und rechtes Knie,
8. rechtes Knie und linkes Fußgelenk,
9. linke Schulter und rechte Hüfte,
10. rechte Hüfte und linkes Knie,

11. linkes Knie und rechtes Fußgelenk,
12. linkes Handgelenk und rechtes Fußgelenk,
13. rechtes Handgelenk und linkes Fußgelenk.
14. Halte beide Fußgelenke gleichzeitig, um die Energie zu erden.

Fahre dann mit der »energetischen Anpassung« und der »Pinkie-Aktivierung« fort.

Eins zu eins – Fußbehandlung

Für jemanden, dessen Kundalinienergie schon aktiviert ist, ist dies eine gute Möglichkeit, sich zu erden und die Energie zu integrieren. Dabei hält der Gebende die Fußsohlen des Empfangenden und lädt das kosmische Licht ein, durch das Kronenchakra des Empfangenden hereinzukommen; dann zieht er es magnetisch an, sodass es durch den ganzen Körper bis zu den Sohlen ihrer Füße fließt. Bleibt etwa 20 bis 30 Minuten in dieser Position, oder bis es sich so anfühlt, dass die Energie ganz geerdet und ausgeglichen ist. Das kann eine kraftvolle Behandlung für jemanden sein, dessen Kanäle schon geöffnet sind, oder für jemanden, der ein Übermaß an Kundalinienergie erfahren hat.

Eins zu eins – Körperferne Behandlung

Mit etwas Übung wird es leicht, die einzelnen Schichten des Energiefeldes des Empfangenden zu unterscheiden. Zum Beispiel dehnt sich der ätherische Körper ein paar Zentimeter über den physischen Körper hinaus aus und der Emotionalkörper etwa einen Meter über die Haut. Der Mentalkörper mag sich womöglich zwei oder drei

Meter weit ausdehnen, und verschiedene Schichten des Seelenkörpers dehnen sich vielleicht noch viel weiter aus.

Bei dieser Behandlung bleibt der Praktizierende neben dem Empfangenden stehen, der bequem auf dem Boden liegt. Arbeite so mit diesen Energiefeldern, wie du intuitiv geführt wirst. Benutze die Hände, um dich mit den feinstofflichen Feldern zu verbinden und sie zu harmonisieren. Vielleicht bewegst du dich immer weiter vom physischen Körper weg, während du immer feinere Schichten des Feldes harmonisierst.

Ich empfehle dir, die Basis-Behandlung ein paar Mal zu üben, bevor du diese fortgeschrittenere Behandlung angehst.

Proxy-Behandlung

Wenn der Empfänger physisch nicht anwesend ist, kann ein Anwesender als Ersatz für diese Person dienen. Während der Praktizierende mit dem Anwesenden arbeitet, hilft es nicht nur dieser Ersatzperson, dem Proxy, sondern das göttliche Licht wird sehr wirksam über weite Entfernungen zu der Person, für die es bestimmt ist, übermittelt. Diese Behandlung ist dann besonders hilfreich, wenn es eine starke positive Verbindung zwischen dem Empfänger und dem Proxy gibt.

Gruppen-Behandlung

Das ist eine meiner liebsten Möglichkeiten, mit Ilahinoor zu arbeiten. Eine Person liegt auf einem Massagetisch oder bequem auf dem Boden, während mehrere andere einen Kreis um den Empfangenden bilden und die diagonalen Positionen über den Gelenken halten. Es ist hilfreich, wenn eine Person den Kopf wiegt und eine andere die Füße erdet. Schließt die Chakren oder irgendeine Problemzone mit ein, wenn ihr möchtet.

Wenn es zu schwierig ist, sich diagonal über den Körper des Empfangenden zu strecken, experimentiert abhängig von der Anzahl der Leute im Kreis damit, die Schultern und Hüften und die Handgelenke und Knie gleichzeitig auf beiden Seiten des Körpers zu verbinden. Wenn zum Beispiel acht Leute zusammen sind, könnte sich eine Person hinlegen, um zu empfangen, eine geht zum Kopf und eine zu den Füßen. Eine Person könnte auf der rechten Seite sitzen und Schulter und Hüfte verbinden, während eine andere eine Verbindung vom Handgelenk zu den Knien herstellt. Das könnte von zwei Leuten auf der linken Seite gespiegelt werden. Die achte Person könnte einfach das Herz- und das Solarplexus-Chakra verbinden.

Der Empfänger spricht seine Absicht für die Heilung aus, und der Kreis reagiert, indem er das Ilahinoor-Licht leitet, um diese Absicht zu unterstützen. Nach ein paar Minuten nehmen die Gebenden langsam ihre Hände vom physischen Körper und geben dem Liegenden ein paar Minuten Zeit zur Integration. Die Gruppenmitglieder könnten die Positionen dann so tauschen, dass jeder einmal in jeder Position gewesen ist.

Blick-Kontakt-Kreis

Hier ist es die Absicht, einfach mit ein paar Leuten im Kreis zu sitzen und das Ilahinoor-Licht zu rufen, dabei hält jeder Teilnehmer mit einem anderen Teilnehmer, so lange es sich gut anfühlt, Augenkontakt. Jeder Teilnehmer kann den Augenkontakt mit seinem Partner, wann immer er es wünscht, abbrechen, nach innen gehen, um die Energie zu integrieren, und sich dann einem anderen Teilnehmer im Kreis zuzuwenden. Das ist eine kraftvolle Übung, durch die man schnell in einen tiefen Zustand von vereintem Bewusstsein kommen kann.

Gruppenseelen-Behandlung
Hierbei handelt es sich um eine erstaunlich kraftvolle Übertragung von Licht, die einfach geschieht, wenn eine große Gruppe sich auf ihre »Gruppenseele« einstimmt und eine bestimmte, gemeinsame Absicht im Bewusstsein hat. Dasselbe Chakrasystem, das vom Ilahinoor-Feld bei einem Individuum aktiviert wird, kann auch auf der Ebene einer Gruppenseele aktiviert werden. Wenn das Kronen-, Herz- und Wurzelchakra einer Gruppe auf diese Weise aktiviert ist, dann können die Energien sehr gründlich durch die ganze Gruppe fließen, sodass es keine Notwendigkeit für eine individuelle Übertragung mehr gibt. Dies ist eine fortgeschrittenere Behandlung, die voraussetzt, dass die Praktizierenden einen bestimmten Grad der Harmonisierung ihrer feinstofflichen Körper erreicht haben und ein großes Maß durch ihren Körper fließenden göttlichen Lichts aushalten können.

Selbst-Behandlung
Verbinde dich mit deinem höheren Selbst und deinen Geistführern, während du dich auf das morphogenetische Feld göttlichen Lichts einstimmst. Fühle, wie dieses

Licht wie ein sanfter, goldener Regen durch dein Kronenchakra herabkommt.

Führe die Ilahinoor-Brücke bei dir selbst aus, indem du mit einer Hand die Ilahinoor-Punkte am Hinterkopf berührst und die andere Hand auf die Stirn und die Schädeldecke legst. Nach den ersten Malen mag es leichter sein, einfach nur deine ganze Hand auf den Hinterkopf zu legen. Wenn du mit der Energie erst einmal vertraut bist, stellst du vielleicht auch fest, dass du die Handpositionen gar nicht mehr brauchst.

Halte die diagonalen Positionen bei dir selbst, wenn du möchtest.

Lege dich, vielleicht mit entspannender Musik, bequem hin, und gib dir selbst Zeit, die Energie zu integrieren. Atme tief und rhythmisch.

Eine gute Zeit, Ilahinoor bei dir selbst anzuwenden, ist unmittelbar nach dem Aufwachen, während du noch halb in den Traumwelten deines Unterbewusstseins bist. Vielleicht findest du auch heraus, dass die Erfahrung stärker ist, wenn du die Position beibehältst, in der du aufgewacht bist. Du kannst Ilahinoor auch benutzen, um deinen Traumzustand zu programmieren, während du einschläfst.

Fern-Behandlung

Wenn du mit dem Ilahinoor-Feld erst einmal vertraut bist, kannst du dir einfach eine Person vorstellen oder dich auf ihr Bild konzentrieren, um ihr eine Übertragung des göttlichen Lichtes zu schicken. Halte deine Hände in einer segnenden Position, falls sich das gut anfühlt. Wenn die betreffende Person die Fern-Behandlung zu einer vorher festgelegten Zeit bekommt, kann sie sich, nachdem die Behandlung zu Ende ist, noch ein bisschen entspannen, um die Energie zu integrieren. Ilahinoor kann auch sehr wirkungsvoll über das Telefon ausgeführt werden.

Viele von uns auf der ganzen Welt haben damit experimentiert, das Ilahinoor-Feld samstags Morgen, wann auch immer wir wach und bereit für eine Übertragung sind, zu energetisieren. Wir laden euch ein, dabei zu sein, wenn ihr möchtet und, falls nötig, auch eine Ilahinoor-Einweihung zu bekommen, egal ob für eine physische Heilung, emotionales Wohlbefinden, spirituelles Erwachen oder um in Übereinstimmung mit dem göttlichen Plan Hilfe bei der Manifestation materieller Notwendigkeiten zu bekommen.

Meine englischen Websites (www.ilahinoor-4you.com www.ilahinoor.com und www.deekshafire.com) enthalten sowohl eine Sammlung von Erfahrungsberichten mit dieser Energie als auch zusätzliche Leitlinien für die Praxis. Bitte achte von Zeit zu Zeit auf Neuigkeiten und sei so frei, auch deine eigenen Erfahrungen zu schicken.

TEIL V

Weitere Übungen zum Erwachen

»Meine Freude ist so warm wie der Frühling, sie lässt Blumen blühen – überall auf der Erde. Mein Schmerz ist wie ein Fluss voller Tränen – so breit, dass er vier Ozeane füllt.
Bitte rufe mich mit meinen wahren Namen, sodass ich alle meine Schreie und mein Lachen gleichzeitig hören kann, damit ich wahrnehmen kann, dass meine Freude und mein Schmerz eins sind.
Bitte rufe mich mit meinen wahren Namen, sodass ich erwachen kann und die Tür meines Herzens offen bleiben kann, die Tür des Mitgefühls.« *Thich Nhat Hanh, buddhistischer Mönch*

Vipassana-Meditation und der Klangstrom

Das Üben des »Klangstroms«, auch als »heiliger Klang« bekannt, ist eine grundlegende Übung, durch die wir uns direkt mit unserer Seele verbinden können. Sie wurde uns von den Meistern des Himalayas überliefert und bildet die Grundlage für viele Meditationsübungen der Hindus, Sikhs und Moslems.

Wenn wir Strom durch eine Starkstromleitung schicken, gibt er ein summendes Geräusch von sich. Wenn höhere, spirituelle Energien durch das Leitsystem des menschlichen Körpers fließen, ergibt sich eine Schnittstelle zwischen zwei Energiefeldern, die wir in unseren Köpfen als das Strömen eines Klangs hören können. Die gesamte Schöpfung ist eine Manifestation des Klangs, des ewigen OM. Denselben Klang können wir in unserem Körper hören und fühlen. Vielleicht erfährst du ihn am Anfang als einen sehr subtilen Ton, so subtil, dass er fast unterbewusst ist. Später, oder in einem tieferen Meditationszustand, könnte er so laut werden, dass er alles andere mit seiner Schwingung übertönt.

Der Klangstrom kann, abhängig vom Grad der inneren Einstimmung, unterschiedlich erfahren werden. Vielleicht hörst du ihn als Summen, Klingeln oder den Klang von Wellen am Strand. Es kann ein klares Klingeln sein oder wie das Donnern eines Gewitters. Wie auch immer er am Anfang erfahren wird, richtest du deine Aufmerksamkeit auf den Klang, wird er stärker und zusammenhängender, bis er schließlich zu »Sphärenmusik«, dem ursprünglichen Klang, verschmilzt. Der Klangstrom ist die süße Sinnesempfindung eines sehr feinen Klangs. Am Anfang hilft es vielleicht, Ohrenschützer zu tragen oder irgendwo hinzugehen, wo es absolut still ist. Wenn du mit dieser Übung erst einmal vertraut bist, hörst du den Ton kontinuierlich, und er dient als ständige Verbindung zur Seele.

Nach einiger Übung merkst du vielleicht, dass die Tonlage sich entsprechend der Rhythmen der Gehirnwellen verändert. Sie verändert sich auch in Gegenwart höher schwingender Wesen. Irgendwann bist du in der Lage, die Energien verschiedener interdimensionaler Wesen allein durch die Andersartigkeit des Tons zu unterscheiden. Genauso ist es, wenn du dich in der Natur aufhältst und dir die Zeit nimmst, dich in die Schwingung der Klänge und Farben um dich herum einzufühlen. Dann kannst du, während du dich mit verschiedenen Elementarwesen und Naturgeistern verbindest, diese durch Veränderungen des Klangstroms erkennen. Wenn du die Frequenz durch den Klangstrom mit einem anderen Wesen in Einklang bringst, entdeckst du vielleicht, wie eine tiefere Ebene der Kommunikation beginnt.

Dasselbe Prinzip ist auch auf Teile unseres eigenen Körpers anwendbar. Die Gesundheit unserer Zellen steht mit der Frequenz, in der sie schwingen, im Zusammenhang. Während wir auf den Klangstrom achten, hebt er die Frequenz jeder Zelle auf eine höhere Oktave der Schwingung und Gesundheit. Du beginnst mit deinen Zellen zu kommunizieren, und sie beginnen mit dir zu kommunizieren. Dabei wird die Frequenz der Zelle verändert, wodurch Emotionen freigesetzt werden und der Körper geheilt wird.

Die meisten Menschen nehmen den Ton zuerst im Kopf wahr, in der Nähe eines Ohres. Im Shabd Yoga wird gesagt, dass der Klangstrom gewöhnlich durch das rechte Ohr eintritt. Achte darauf, wo du den Klangsstrom hörst. Mit der Zeit spürst du vielleicht, dass du anfängst, ihn in jeder Zelle des Körpers zu hören. Du beginnst zu beobachten, wie er mit deinen verschiedenen Sinneswahrnehmungen korrespondiert, bis die dichteren Gefühlsregungen schließlich den feineren Strömen segnenden Lichts Platz machen.

Es gibt eine alte buddhistische Meditationstechnik, Vipassana, die durch Beobachtung der Sinneswahrnehmungen dazu führen kann, Erleuchtung zu erfahren. Vipassana heißt »Innenschau«, das innere Sehen der Wahrheit, der Vergänglichkeit und des Leidens und die Befreiung vom Leiden durch die Erfahrung des »Nicht-Selbst«. Buddha lehrte, dass Sinneswahrnehmungen ein Tor zu den tiefsten Ebenen des Geistes sind und daher auch zu den tiefsten Ebenen der Erleuchtung. Energie folgt der Aufmerksamkeit, und während wir unser Gewahrsein auf den Körper lenken, beginnt seine schwingungsmäßige Resonanz sich zu verändern. Mit der Zeit stellen wir fest, dass das, was wir als grobe Materie erfahren haben, als subatomare Ströme des Lichts vibriert. Schließlich treten wir in diese Ströme des Lichts ein und erfahren uns selbst als Körper aus Licht. Das kann ein Vorspiel zu der Erfahrung »wahrer Materie« sein, mit der Sri Aurobindo und die Mutter sich beschäftigt haben.

Wir beginnen damit zu lernen, die Dinge einfach so zu erleben, wie sie sind, ohne zu versuchen, irgendetwas zu verändern, unangenehme Sinneswahrnehmungen zu unterdrücken oder nach angenehmen zu streben. Während wir Sinneswahrnehmungen einfach nur so erfahren, wie sie sind, lösen sich karmische Knoten, die viele Leben lang in unserem Bewusstsein verankert waren. Dazu leiten wir unsere Aufmerksamkeit durch den Körper, und zwar vom Kopf zu den Füßen, von den Füßen zum Kopf und immer so weiter, während wir uns im Gleichmut üben. So wie auch der Klangstrom ist die Vipassana-Meditation eine sehr einfache Übung, die uns doch in die höchsten Reiche spiritueller Erfahrung führen kann.

Vielleicht kommen Emotionen hoch, die geklärt werden möchten. Wenn das geschieht, schauen wir, wo genau wir diese Emotionen erleben, und übersetzen sie in Sinneswahrnehmungen des Körpers. Es kommt nicht darauf an, sie mit dem Verstand zu erfassen. Der Körper birgt karmische Eindrücke, die »Sankaras« oder »Miasms« genannt werden. Wenn diese als das gesehen werden, was sie sind, ohne Widerstand oder Anhaftung, lösen sie sich einfach auf. Auf diese Art und Weise sind tiefe körperliche und emotionale Heilung ebenso wie tiefe Ebenen der Seelen- oder Gotteserkenntnis möglich.

Bitte sei dir bewusst, dass alle Meditationstechniken, die ich hier beschreibe, dich in tiefe veränderte Bewusstseinszustände bringen können, in denen auch das Einheitsbewusstsein erlebt werden kann. Wenn du anfangs dabei einschläfst, wisse, dass dein Unterbewusstsein die Energie dennoch empfängt. Schließlich wirst du – während die »Brücke« etabliert wird – auch bewussten Zugang zu deinem multidimensionalen Selbst finden können.

Die folgende Meditationsübung schließt beides ein, den Klangstrom und die Vipassana-Meditation. Weitere Anleitungen zum Üben der Vipassana-Meditation findest du unter www.dharma.org. Setze dich irgendwo ruhig und gelassen hin und konzentriere dich auf die Worte.

Lausche jetzt auf die Geräusche um dich herum. Strecke alle Fühler deiner Sinne aus, während du hörst. Höre auf jeden Klang und auf die Zeiträume dazwischen. Erlaube den äußeren Geräuschen, dich tiefer und tiefer in die Stille in dir zu führen. Dann richte deine Aufmerksamkeit ganz nach innen. Lausche in die Stille. Höre, während du deine Atmung langsam und fein werden lässt, auf den Klangstrom in der Stille. Der Klangstrom ist ein feiner, voller Ton oder ein Summen, flüchtig oder deutlich hörbar im Zentrum des Kopfes. Er ist die immer noch leise Stimme Gottes im Inneren. Er ist die Verbindung deiner Seele mit deinem Nervensystem. Fühle Dankbarkeit und Freude am Sein, während du dich in der Stille öffnest, weil du in jedem Moment ein Teil des großen göttlichen Schöpfungsplans bist.

Lass dich jetzt noch tiefer in die Erfahrung des Klangstroms ein …

Jetzt wollen wir die Übung des Hörens auf den Klangstrom mit der Aufmerksamkeit auf die Sinneswahrnehmungen im Körper als Teil der Vipassana-Meditation kombinieren.

Bringe deine Aufmerksamkeit zum höchsten Punkt auf deinem Kopf und achte auf alle Sinneswahrnehmungen in deinem Körper. Du kannst alles Mögliche fühlen: ein Schwingen, Pulsieren oder Kribbeln, Pochen, ein Gefühl von Druck oder sogar Schmerz. Du spürst vielleicht Hitze, Kälte oder subtile elektrische Energien. Vielleicht erfährst du auch Taubheit oder die Abwesenheit jeglicher Gefühle. Es ist nicht einmal nötig, einen Namen für das zu finden, was du spürst. Erfahre einfach, was auch immer es ist, das du wahrnimmst, ohne zu versuchen, irgendetwas zu verändern. Bewege deine Aufmerksamkeit langsam durch alle Teile deines Körpers: vom höchsten Punkt deines Kopfes zur Stirn, die Schläfen hinunter über jeden Teil der Kopfhaut, dann zu den Augen und tief in die Augen hinein. Nimm alle Sinneswahrnehmungen wahr, und dann höre hinter diesen Wahrnehmungen gleichzeitig auf den Ton, auf den Klangstrom. Er ist wie die Frequenz einer Zelle, die Schwingung einer Zelle.

Bewege die Aufmerksamkeit jetzt allmählich weiter zu deiner Nase, den Wangen, aus den Ohren heraus, hinunter zum Mund, zu den Lippen, dem Kinn und Unterkiefer. Spüre weiter den Nacken und Hals hinunter. Gehe dann mit der Aufmerksamkeit von einer Seite des Kopfes durch sein Zentrum langsam zur anderen Seite und zurück, dann von der Stirn langsam durch die Mitte zum Hinterkopf und wieder nach vorn. Während du achtsam im Bewusstsein zu jeder Zelle des Körpers gehst, an der Oberfläche wie auch in der Tiefe, folgt die Energie deiner Aufmerksamkeit. Dein Körper wacht auf, regeneriert und erinnert sich. Vergewissere dich, dass du wirklich körperliche Sinneswahrnehmungen hast, anstatt sie nur im Geiste zu visualisieren.

Und jetzt gehe vom Hals zu den Schultern, erst eine Schulter und einen Arm, und dann die andere Seite. Spüre jegliche Spannung, Schmerz, Kribbeln, Schwingen oder Pulsieren, die groben Sinneswahrnehmungen genauso wie die subtileren. Sei einfach dessen gewahr, was auch immer du spürst, ohne es in irgendeiner Weise verändern oder beurteilen zu wollen. Gehe den Arm hinunter zum Ellenbogen, spüre die Oberfläche genauso wie das tiefere Muskelgewebe und die Knochen. Achte auf die unterschiedlichen Wahrnehmungen in unterschiedlicher Dichte.

Lass deine Atmung kreisen: die Einatmung folgt der Ausatmung, die wiederum der Einatmung folgt – ohne Pausen dazwischen. Während du fortfährst, kreisförmig zu atmen, achte darauf, ob es Stellen gibt, an denen du den Atem anhältst. Das sind Stellen, an denen Energiemuster im Körper feststecken. Erlaube dir genau in diese Stellen hinein zu atmen. Gehe weiter zum Handgelenk, zum Handteller und Handrücken, dann zu jedem Finger, zu jeder Fingerkuppe, fühle alle Sinneswahrnehmungen an der Oberfläche und der Tiefe, ohne irgendeinen Teil des Körpers auszulassen.

Beginne jetzt die andere Schulter, den anderen Arm hinunterzugehen, bewege deine Aufmerksamkeit langsam Stück für Stück den Arm hinunter, fühle alle Sinneswahrnehmungen, die du fühlen kannst, ohne sie zu benennen, ohne sie zu definieren oder zu beurteilen. Nimm die Sinneseindrücke als reine Empfindungen nur wahr. Jetzt weiter zum Ellenbogen, zum Unterarm und Handgelenk, wenn du Schmerz empfindest, achte auf die einzelnen Komponenten des Schmerzes. Wo beginnt er? Wie weit geht er? Worin besteht er? Achte auf feinere Empfindungen innerhalb des Schmerzes. Gehe weiter zur Hand, zu den Fingern, vorne und hinten, zu den Fingerkuppen. Bemerke feine Variationen in den unterschiedlichen Tiefen und Ebenen, beim Schwingen, Pulsieren, Druck oder der Temperatur.

Bewege deine Aufmerksamkeit jetzt vorne den Körper hinunter, vom Hals zur Brust, zum Brustkorb, zu den Rippen, zum Brustbein, hinunter durch das Herz und die inneren Organe. Gehe langsam weiter zum Solarplexus, zum Bauch, zu den inneren Organen der Bauchhöhle, runter zum Becken und zu den Genitalien. Achte auf die Sinneswahrnehmungen, was auch immer sie sein mögen, sei einfach aufmerksam und bleibe absolut gleichmütig. Gehe jetzt den Rücken hinunter, beginne mit den Schultern und den Schulterblättern, nimm die Sinnesempfindungen in der Wirbelsäule wahr, die Muskeln des Rückens, das Gewebe und die Knochen. Gehe langsam zum mittleren Rücken und dann zum unteren Rücken weiter.

Jetzt erlaube deiner Aufmerksamkeit, den Körper zu durchdringen, von vorne durch die Mitte und hinten hinaus und dann von hinten wieder durch die Mitte nach vorne. Fahre auf diese Weise fort, während du langsam den Rumpf hinuntergehst. Beginne am Hals und gehe durch die Schichten hindurch nach unten zur Taille und zum Becken. Lass deine Aufmerksamkeit dann von der rechten Seite deines Körpers durch die Mitte hindurch zur linken wandern und zurück durch die Mitte zur rechten. Gehe dabei durch all die tiefer liegenden Organe, Gewebe und Knochen. Erlaube deiner Atmung weiterhin kreisförmig zu fließen – ohne sie anzuhalten oder zu unterbrechen. Lass deine Atmung sehr fein werden. Je feiner deine Atmung ist, desto eher kannst du die subtilen Sinnesempfindungen wahrnehmen.

Und wir kommen zum Gesäß. Gehe mit deiner Aufmerksamkeit ein Bein hinunter, zum Oberschenkel, vorne, hinten und an den Seiten, zur Oberfläche und tiefer. Achte einfach auf alle Gefühle und Sinnesempfindungen, und zwar wieder ohne zu versuchen, sie irgendwie zu verändern. Sei damit, erlaube ihnen zu sein, beobachte sie nur, sei Zeuge. Fühle Dankbarkeit für deinen Körper, diesen wundervollen, erstaunlichen Körper, dieses komplizierte Netzwerk von Zellen und Organen, der auf so wunderbare Art und Weise zusammen und in Funktion gehalten wird.

Gehe hinunter zu den Knien und zu den Unterschenkeln. Sei jetzt ganz mit deinem Körper, achte auf seinen Energiefluss, spüre, wie jeder Energiefluss steigt und fällt, steigt und fällt, in ständiger Veränderung ist. Gehe weiter zum unteren Bein, zum Fußgelenk, auf den Fuß und unter den Fuß und weiter zu den Zehen. Erlaube dir selbst, all die pulsierenden Rhythmen, jede Sinnesempfindung zu fühlen. Erlaube deiner Atmung, natürlich zu sein. Vielleicht verändert sie sich von Zeit zu Zeit, während dein Körper sich öffnet.

Und jetzt ändern wir die Richtung und fangen an, uns durch den Körper wieder hinaufzubewegen. Lass uns diesmal gleichzeitig beide Beine hinaufgehen und dann gleichzeitig beide Arme hinauf, etwas schneller als zuvor. Wenn du dir deines Körpers erst einmal Stück für Stück bewusster geworden bist, kannst du auch durch den Körper hindurch»fegen« und die Energieflüsse in ihren elektrischen Kanälen spüren. Wir beginnen also wieder mit den Zehen, gehen durch die Füße zu den Fußgelenken, den Unterschenkeln und Schienenbeinen, den Knien, Oberschenkeln und durch das ganze Becken.

Gehe die Vorderseite des Körpers hinauf, fege durch den Hals, dann die Rückseite des Körpers und fege durch den Nacken. Und jetzt beginnen wir mit den Fingerspitzen – diesmal beide Seiten gleichzeitig –, gehen zu den Händen, Handgelenken, Unterarmen, Ellenbogen und zu den Oberarmen, dann über die Schultern wieder zum Hals, vorn und hinten, und zum Gesicht: Kinn, Mund, Nase, Wangen, Augen, Schläfen, Ohren, Stirn. Spüre hier allen Sinnesempfindungen nach. Gehe zum Nacken, den Hinterkopf hinauf und wieder zum höchsten Punkt auf deinem Kopf zurück.

Je nachdem, wie viel Zeit du dir für diese Übung nehmen möchtest, kannst du auch öfter zwischen Kopf und Füßen hin- und hergehen.

Spüre deinen Körper jetzt als ein Ganzes, als eine Einheit und höre wieder auf den Klangstrom. Achte darauf, ob er sich verändert oder vertieft hat, höre wieder auf alle Geräusche in deinem Inneren und Außen. Fühle, wie du ein Teil jedes Geräusches geworden bist. Ein feiner Klangstrom beginnt, durch deinen ganzen Körper zu schwingen und führt dich in eine sehr tiefe Stille. Bleibe jetzt in dieser tiefen Stille und lass alle Gedanken, Bemühungen oder Aktivitäten los.

Und wenn du so weit bist, komme sanft wieder in die Außenwelt zurück.

Mein zukünftiges Selbst zu treffen, war eine machtvolle Erfahrung für mich. Ich erkannte, dass – so wie Windrider mir viel zu sagen hatte –, ich ebenso in der Zeit zurückgehen und Aspekte meiner Vergangenheit treffen könnte, denen es gut täte zu wissen, wohin sie sich entwickeln. Aus solcherlei Bemühungen hat sich die folgende Meditationsübung entwickelt.

Gehe jetzt in der Zeit zurück und achte auf die verschiedenen Gesichter, die auftauchen. Erlaube dir, Dankbarkeit zu spüren und lass sie zu all den Menschen strömen, denen du bis zu diesem Moment begegnet bist – egal wie sie sich anfühlen, was sie taten, dachten oder wie sie aussahen, wie fremd oder verbunden sie sind. Gehe den ganzen Weg deines Lebensstroms zurück: in die Kindheit, Kleinkindzeit, zu deiner Geburt, in den Mutterleib bis zur Empfängnis. Spüre, dass alle diese Aspekte deines Selbst auf einigen Ebenen immer noch in dir sind. Sie verschieben sich, ändern sich, doch erschaffen irgendwie ein Samenkorn und die Wurzeln, die dich in diesen Moment gebracht haben. Segne alle vergangenen Erscheinungsformen deines Selbst und segne alle Menschen und Umstände deines verflossenen Lebens.

Vielleicht erinnerst du dich an Zeiten, in denen du dich besonders einsam oder verloren fühltest. Erinnerst du dich auch, dass damals ein Aspekt deines Selbst aus der Zukunft zu dir kam, um dich wissen zu lassen, dass du okay bist, dich wissen zu lassen, dass du wächst und dich weiterentwickelst, dass dein Leben noch nicht zu Ende ist? Während du mit Liebe, Mitgefühl und Dankbarkeit in die Hallen deiner Vergangenheit hinein atmest, lass deine Kraft sich in die Vergangenheit ausdehnen. Damit bringst du den Atem des Lebens und der Hoffnung zu diesen Aspekten deiner Vergangenheit. Rede mit ihnen, lass sie wissen, wer du bist und dass sie nicht allein sind. Spüre, wie dich das in der Gegenwart verändert.

Bring dich jetzt ganz in den gegenwärtigen Moment zurück, fühle dich voll anwesend in deinem Körper. Sei dir deiner Atmung und der Liebe, die jetzt für dich da ist, bewusst. Lass alle Masken fallen, sei mit der ganzen Fülle deines Wesens, wer du wirklich bist. Fühle, wie sich dein Herz mit Dankbarkeit für diesen Moment öffnet.

Und jetzt visualisiere, wie aus dem Dunst eines Nebels ein unglaublich schönes Wesen, ein Wesen voller Liebe, unverständlicher Weisheit und strahlender Kraft auf dich zukommt. Das Strahlen ist so stark, so real und so schön, dass du von tiefer Ehrfurcht erfüllt bist. Während das Wesen näher kommt, bemerkst du eine gewisse Ähnlichkeit mit dir selbst. Dann kommt es geradewegs auf dich zu, grüßt dich und sagt: »Ich bin dein zukünftiges Selbst. Ich bin von einem Punkt in der Zukunft hierher gekommen, um dich daran zu erinnern, wie du einmal sein wirst und dass das, was du einmal werden wirst, ein Teil von dem ist, wer du wirklich bist. Ich liebe dich!«

Während dein Herz sich öffnet, um das Wesen in deinem Inneren zu empfangen, fühlst du, wie sein Strahlen dein ganzes Sein erfüllt und all deine Vorstellungen davon, wer du bist oder wer du nicht bist, lösen sich in der

Gegenwart dieses Strahlens auf. Erlaube deinem Körper, sich dieser Schwingung anzupassen. Fühle, wie sich deine Frequenz auf zellularer Ebene verändert. Fühle, wie sich die Energie bewegt. Fühle die Ausdehnung jeder Zelle und in deiner Aura. Dieses Wesen, das jetzt vor dir steht, ist nicht mehr von dir getrennt. Ganz allmählich verschmelzt ihr zu einem Wesen.

Verschmelze jetzt mit den vergangenen Aspekten deines Selbst und heiße den zukünftigen, vollkommenen Aspekt deines Selbst willkommen. Es gibt nur *einen* Moment, und das ist *dieser* Moment. All diese Aspekte deines Selbst aus Raum und Zeit fangen jetzt an, miteinander zu verschmelzen und werden in diesen einzigen Moment integriert. Heiße diese Ganzheit willkommen. Der zukünftige Aspekt deines Selbst kann ein geistiger Führer sein, der Worte der Weisheit und der Innenschau spricht, die dir, wenn du in Anbetracht der Zukunft einmal desorientiert bist, die Richtung weisen könnte. Dieser zukünftige Aspekt deines Selbst kann dich daran erinnern, wer du wirklich bist, wenn du es einmal nicht zu wissen glaubst. Lass das tiefe, große Verschmelzen einfach zu. Es ist ein tiefes und reiches Wissen und die Erinnerung daran, dass alles, wonach du dich sehnst, schon da ist.

Während du mit dem zukünftigen Aspekt deines Selbst verbunden bleibst, gehe in der Zeit wieder zurück, und zwar an einen Punkt, an dem besondere Traumata und Ängste vergraben sind. Erlaube diesem neuen Wesen, dich bei der Neugestaltung dieser Ereignisse zu führen. Erschaffe die Vergangenheit wieder neu. Gehe zurück durch die Jahre des Erwachsenseins, des Kindheits- und Kleinkindalters, zurück in die Gebärmutter bis zur Empfängnis. Und dann schau, wie du als freier Geist weitergehst, über die Empfängnis hinaus. Schau, wie du in andere Inkarnationen eintrittst, wie du durch Zyklen von Trauer, Betrug, Schmerz und Terror gehst, während dein zukünftiges Selbst an deiner Seite ist, um all diese Ereignisse neu zu gestalten, ein Leben nach dem anderen, und wisse, dass du niemals allein bist.

Schau jetzt, wie du noch weiter zurückgehst, bis zu dem Moment der ursprünglichen Trennung von der Quelle. Beobachte, was hochkommt. Dieser erste Moment der Trennung trägt den Samen all dessen in sich, was du später erlebt hast. Vielleicht hast du in diesem ersten Moment der Trennung von der Quelle Verlust, Trauer, Einsamkeit, Angst, Terror, Isolation, Betrug oder Schmerz erfahren? Gehe jetzt noch weiter zurück, über diesen Moment hinaus, in den Zustand der ursprünglichen Einheit und erlebe die Ekstase und die Einheit des reinen Seins im bewussten Segen. Dann kommst du in ein tieferes Verständnis des größeren Sinnzusammenhangs deiner Inkarnationszyklen. Dein zukünftiges Selbst, das bei dir ist, trifft jetzt dein ursprüngliches Selbst, und der Kreis ist geschlossen.

Gehe in der Zeit wieder nach vorn, gehe durch alle folgenden Inkarnationszyklen, behalte aber die Erinnerung und das Gefühl der ursprünglichen Einheit bei, während du durch alle Leben bis zu dem jetzigen kommst. Gehe durch alle Jahre dieses Lebens in den gegenwärtigen Moment und in den ewigen Moment. Dann lass dieses vollkommenere Verständnis deines Lebens und seines Sinns dich heilen.

Dein zukünftiges Selbst hat Christusbewusstsein. Spüre, wenn du diesen Bezugspunkt in dein zellulares Wissen aufnimmst, wie es dein Gewahrsein für dich selbst ändert. Kannst du jetzt immer noch so tun als ob du klein und unbedeutend, wertlos oder schwach wärst? Wer bist du wirklich? Erlaube dir die Fülle dieses Christus, der du selbst bist, zu erfahren.

Und während du jetzt allmählich in die äußere Welt zurückkommst, bleibe mit diesem ewigen Moment jenseits von Zeit und Raum verbunden, in dem dein göttliches Wesen zu Hause ist. Atme tief ein und bring deine Aufmerksamkeit ganz langsam in deinen Körper zurück an diesen Ort, in diesen Freundeskreis und in diesen Moment.

Aufbau des persönlichen Energiefeldes

Wir verlieren Vitalität durch Verbrauch. Unsere Körper altern und irgendwann sterben wir. Wie können wir die Vitalität unseres Körpers erhalten oder die Wirkung des Alterns sogar aufheben? Zellulare Vitalität hängt mit dem Flüssigkeitshaushalt zusammen, der den Energieaustausch der Zellen – hinein und heraus – ermöglicht. Derselbe Vorgang findet sowohl auf Mikro- als auch auf der Makroebene statt. Wenn wir ein geschlossenes System bleiben, altern wir und sterben. Doch wie können wir ein offenes System werden? Das können wir erreichen, indem wir einen Energieaustausch in unseren Körper zulassen, und zwar so: Wir nehmen die Energie der Erde aus der Tiefe auf und die der Sonne aus der Höhe, lassen beide im Herzen verschmelzen und dehnen sie durch die Aura, das Energiefeld, das den Körper umgibt, aus. Die folgende Meditationsübung ist eine Anleitung zum Aufbau deines persönlichen Energiefeldes.

Werde dir deiner Atmung bewusst. Atme langsam und zentriert, ohne Pause in einem gleichmäßigem Rhythmus ein und aus. Lass die Atmung tiefer werden. Achte darauf, dass nach jedem Ein- oder Ausatmen, in dem Moment, in dem der Atemfluss die Richtung wechselt, Energie einströmt. Verbinde dich jetzt mit der Erde, fühle die tiefe, reiche Verbindung mit dem Herz von Mutter Erde durch den Lichtkanal, der dich vertikal bis tief in die Erde hinein durchfließt.

Mit jedem Einatmen fühlst du die starke, nährende Qualität bedingungsloser Liebe und Schönheit aus dem Zentrum der Erde kommen, durch alle Schichten der Erde hindurch, in deine Füße hinein und weiter nach oben, Stück für Stück durch deinen Körper. Die feine Schwingung der Erdenergie steigt auf und durchfließt dich. Mit jedem Ausatmen lässt du jegliche Spannung, Ängste und Stress los – alles, was dich vom gegenwärtigen Moment entfernt. Mit jedem Atemzug kommst du tiefer und tiefer in den gegenwärtigen Moment und in die Stille.

Während du mit der Erde in Resonanz gehst, entsteht eine unbewusste Resonanz aller Zellen mit dem Rhythmus oder dem Herzschlag der Erde. Fühle, wie deine Zellen und die DNA in den Zellen reagieren. Spüre das fast unterbewusste Gefühl, erhoben zu werden. Es ist, als ob du eine Stimmgabel bist, die mit einer anderen Stimmgabel in Resonanz geht, und deine Atmung bildet dabei die Brücke. Fühle, wie die lebendige Gegenwart der Erde durch diese neue Frequenz mit dir verschmilzt. Fühle, wie du dies in Dankbarkeit, Liebe und in mit allem verbundener Einheit willkommen heißt.

Fühle jetzt die strahlende Verbindung des Lichtkanals nach oben, zur Sonne und darüber hinaus zu dem leuchtenden Zentrum unserer Galaxie. Fühle, wie du diese strahlende Energie mit jedem Einatmen empfängst. Sie ist wie ein flüssiges, goldenes Licht, eine Energiefontäne, die sich durch die Chakren nach unten ergießt und die Sonne in jedem Chakra und in jeder Zelle zu neuem Leben erweckt. Erlaube deinem Körper, dieses flüssige Lebenselexier zu trinken, fühle, wie er verwandelt wird, fühle das Verschmelzen der Dimensionen. Diese dritte Dimension beginnt mit der vierten, fünften, sechsten und allen weiteren Dimensionen in die absolute Einheit mit »Allem-was-ist« zu verschmelzen. Höre auf den Klangstrom, der die Brücke zwischen den Realitäten, zwischen den Dimensionen bildet.

Verbinde jetzt den Strom von oben mit dem Strom von unten. Empfange ihn mit dem Einatmen von der galaktischen Sonne und atme ihn in die Erde hinein aus, empfange ihn dann aus der Erde und atme ihn zur galaktischen Sonne hin aus usw. Fühle dieselbe Resonanz mit dem galaktischen Zentrum in jeder Zelle, während du in sie hinein einatmest. Lass die Zellen deines Körpers zu Sternen aus Licht werden.

Die Energien, die uns aus dem galaktischen Zentrum zufließen, haben neue Frequenzen, die die Erde jetzt, während sie sich auf ihre »supramentale« Form vorbereitet, empfängt. Während du diese Frequenzen jetzt von der Sonne und aus der Erde empfängst, lass sie mit dem nächsten Einatmen verschmelzen, indem du sie gleichzeitig in das Zentrum deines Herzens einatmest. Lass die Energie beim Ausatmen durch den Körper nach außen strahlen. Fühle, wie sie durch jede Zelle bis zu etwa 60 Zentimeter in alle Richtungen um den Körper herum in die Aura fließt. Es ist wie das Aufblasen eines Ballons mit fließendem, goldenem Licht, bis seine Haut ganz gespannt ist, hell, strahlend und kraftvoll. Wenn du irgendwelche Stellen in deiner Aura entdeckst, die sich schwach anfühlen, lenke das goldene Licht dahin. Fühle, wie deine Aura voll und stark wird, und fühle ebenso, wie jede Zelle deines Körpers zu strahlendem Licht wird.

Während dein Energiefeld an Empfindsamkeit zunimmt, rufe deine Meister, Geistführer, Naturgeister, Engel, rufe die Meister aller Zeiten, Räume, Dimensionen und Realitäten. Rufe dein höheres Selbst, das überdimensional ist und jetzt danach strebt, sich voll und ganz zu inkarnieren. Erlaube dem Klangstrom, dich tiefer in die Fülle der Gegenwart zu tragen, in die Gegenwart der Fülle, in tiefe Stille …

Und jetzt nimm langsam ein paar tiefe, gleichmäßige Atemzüge, komm mit deiner Aufmerksamkeit in diesen Raum zurück, während du dein erweitertes Bewusstsein aber beibehältst. Werde dir deines Körpers im Hier und Jetzt wieder ganz bewusst und öffne deine Augen.

Der heilende Strudel der Delphine

Es gibt zurzeit einen Schleier, geformt aus Gedanken der Angst und Begrenzungen der Massen, der die Erde umgibt. Wenn eine Seele aus dem geistigen Reich zu uns kommt, um hier geboren zu werden, geht sie durch den Schleier hindurch und absorbiert diese Gedanken, die sich dann als Schleier der Trennung in das Nervensystem einprägen.

In der letzten Zeit habe ich oft Geschichten über Geburten in der Gegenwart von Delphinen gehört, die diesen Schleier kaum berührten. Delphine schaffen durch ihre Fähigkeit, interdimensional zu agieren, und durch den Gebrauch ihrer Sonarfrequenzen ein Eintrittsportal in die physische Dimension, in dem die hereinkommende Seele leicht mit der von ihr gewählten Inkarnation verschmelzen kann, ohne sich zu sehr zu verbiegen. Obendrein wissen Delphine, wie man diesen Schleier umgehen kann. Bei der folgenden Meditationsübung geht es darum, sie einzuladen, einen heilenden Wirbel zu schaffen, während wir in die Zeit zu unserem eigenen Moment des Eintritts in die Geburt zurückgehen.

Geh jetzt in der Zeit zurück, durch all die Jahre hindurch, zurück in deine Kindheit, in die Gebärmutter, zurück durch all die Monate als Fötus, bis zu dem Moment, in dem deine Seele den Körper erstmalig belebt hat. Geh noch weiter zurück auf der Reise des Eintritts in diesen Körper. Sieh dich selbst, als ob du einen Film rückwärts drehen würdest. Du drehst dich spiralförmig, dem Uhrzeigersinn entgegen durch einen sich drehenden Wirbel und kehrst in das Reich des Lichtes zurück. Du siehst, wie du dich durch den Schleier der Trennung bewegst. Hier im Reich des Lichtes siehst du dich von einem klaren, goldenen Licht umhüllt und hast vollen Zugang zu deinem höherdimensionalen Selbst. Hier verstehst du klar, wer du bist, was du bist, den Sinn und die Bestimmung der Inkarnation, die du im Begriff bist zu nehmen. Stimme dich jetzt auf dieses Wissen ein, auf die Tiefe der Gegenwart deiner Seele.

Halte den Film jetzt an und entdecke die Gruppe von Delphinen unter dir im Meer. Sie wissen, dass du kommst, und sie möchten dich begeistert willkommen heißen im Reich der Erde. Sie wünschen sich für dich, dass du dich daran erinnerst, wer du bist, wenn du eintrittst, und möchten dein freudvolles Schöpfungslied mit dir tanzen. Sie fangen an, schneller und schneller im Uhrzeigersinn im Kreis zu schwimmen, mehr und mehr ekstatisch. So erschaffen sie einen großen Lichtwirbel, der sich durch die Dimensionen nach oben streckt, um dich zu suchen. Du bemerkst, dass er sich durch den Schleier der Trennung, die die Erde umgibt, hindurchbewegt und ein Loch offen hält, das so groß ist, dass du auf deinem Abstieg zur Geburt ganz bequem hindurchrutschen kannst.

Jetzt beginnst du mit deinem Abstieg. Die Delphine sind jetzt alle bei dir, und sie begleiten dich im ersten Moment der Empfängnis durch die Ebenen der Dichte hindurch in deinen physischen Körper. Du lebst jetzt in den Frequenzen des Lichts und der Erinnerung daran, wer du bist, wie du es auch in der Welt des Geistes wusstest.

Gehe jetzt in der Zeit wieder nach vorn. Schau zu, wie sich die Muster deines physischen Körpers und deiner Lebenserfahrung neu gestalten. Schau, wie du in diesen Frequenzen des Lichts den ganzen Weg über in der Gebärmutter, in der Geburt und darüber hinaus schwingst. Schau dir dein Nervensystem und die DNA im Kern deiner Zellen an, sieh, wie sie auf diese Lichtfrequenzen reagieren und einen Lichtkörper für dich erschaffen, in dem es sehr leicht ist, dich selbst zu verkörpern und auszudrücken. Sieh deine Organe und Drüsen, deine Knochen und Muskeln, deine Chakren und Meridiane, Nadis und Ka-Kanäle, alle mit diesen Frequenzen des Lichts codiert. Schau, wie du dich vorwärts bewegst, durch all die Jahre deiner Kindheit hindurch, deine Jugend und Erwachsenenzeit und schau, wie du diese neuen Frequenzen des Lichts hereinbringst, um die Dichte und Verklebtheit der Gedankenformen der Angst, der Begrenzung, des Unwertseins und des Mangels des Massenbewusstseins zu ersetzen.

Die Delphine sind immer noch da. Nachdem sie nun die Hebamme bei deiner Geburt waren, bist du jetzt ein Mitglied ihrer Gruppe und weißt, dass du ihre Gegenwart immer fühlen wirst. Sie sind jetzt mit dir verbunden, und du kannst sie rufen, wann immer du es brauchst, erinnert zu werden, wer du bist. Sie bringen einen vergnügten Geist des Spiels und der Freude, der Freiheit und der Leichtigkeit in dein Leben. In jedem Moment deines Lebens drückst du Liebe aus und empfängst Liebe. Denn alles ist Liebe!

Jeder Mensch verkörpert eine elektromagnetische Polarität, wobei der negative Pol von einem Chakra ca. 60 Zentimeter unter den Füßen und der positive Pol von einem Chakra ca. 60 Zentimeter über dem Kopf gebildet wird. Wenn wir mit der Erde verbunden sind und ebenso mit dem Kosmos, bilden unsere Körper einen offenen Kreislauf, durch den kosmische Energie fließen kann. Wir können uns dann über unser »von der Haut eingeschlossenem Ego« hinaus ausdehnen und mit größeren Bewusstseinsfeldern oder »Dimensionen«, die uns umgeben, verbinden.

Das Erden bzw. sich mit der Erde zu verbinden, bezeichnet den Vorgang, Energien höherer Frequenzen sicher im Körper zu verankern, ähnlich wie beim Herabtransformieren elektrischer Hochfrequenz-Energie in eine Form, die gefahrlos durch die Elektroleitungen eines Hauses geschickt werden können. Je tiefer und stärker unsere Verbindung zur Erde ist, desto kraftvoller kann unsere Verbindung zum Kosmos sein.

Bei dieser Meditation visualisieren wir eine feurige Sonne im Zentrum der Erde, die ich die »Inner-Erden-Sonne« nenne. Es gibt eine energetische Öffnung zwischen der Inner-Erden-Sonne und der Sonne unseres Sonnensystems. Wenn wir uns mit einer von beiden verbinden, verbinden wir uns auch mit der anderen, wodurch wir dic strahlende Sonne in unserem Herzen erwecken und schließlich auch im Herzen jeder Zelle des Körpers. Die Öffnungen zu höheren Dimensionen sind subatomar. Wir können einen Zugang zu ihnen bekommen, indem wir uns direkter mit den Lichtzentren unten, oben und in unserem eigenen Körper verbinden. Die folgende Visualisation unterstützt die Öffnung und den Zusammenschluss dieser Lichtzentren.

Wenn du mit der Meditation beginnst, könntest du anfangs eine liegende Acht oder die Unendlichkeitsspirale visualisieren. Später möchtest du vielleicht einfach nur die »Pranaröhre« oder »Lichtröhre« visualisieren und spüren, die vertikal durch den Körper läuft und alle Chakren oder Lichtzentren oben und unten miteinander verbindet. Du kannst dir diese Röhre anfangs vielleicht mit einem Durchmesser von ca. ein bis zwei Zentimetern vorstellen, allmählich jedoch weiter werden lassen.

Diese Himmel- und Erdmeditation kann als Vorbereitung auf das »planetarische Verbinden« genutzt werden, eine Gruppenmeditation, die im nächsten Kapitel beschrieben wird.

Beginne mit langsamem, kreisendem Atmen: das Einatmen führt direkt zum Ausatmen, das wieder direkt zum Einatmen führt. Das kreisende Atmen ist ein Zugang zu tieferer Achtsamkeit für deinen Körper.

Gehe mit deiner Aufmerksamkeit jetzt in dein Herz, erwecke die Sonne im Inneren, fühle, wie sie immer weiter strahlt und mit jedem Atemzug heller wird. Nimm dir Zeit, hier am Herzen tiefer zu gehen. Beginne jetzt vom Herzchakra aus die Achterschleifen zu visualisieren: eine Schleife geht von vorne durch den Solarplexus und hinten zum Herzen zurück, die andere geht von vorne zum Halschakra und hinten zurück zum Herzchakra. Behalte die kreisende Atmung bei, um beide Chakren voll zu aktivieren, bis du sie als hell strahlende Sonnen empfindest. Bleibe eine Weile dabei …

Stell dir jetzt eine größere Achterschleife vor: vom Herzchakra aus vorn herunter zum Sakralchakra, hinten zurück zum Herzchakra, vorn hinauf zum Dritten Auge und hinten zurück zum Herzen. Fahre fort, bis du fühlst, wie diese Chakren voll aktiviert werden …

Verbinde und aktiviere dann ebenso mit der Achterschleife das Wurzel- und Kronenchakra, wiederum mit dem Herzchakra im Zentrum. Fühle, wie die Chakren sich verbinden. Lass deine Atmung langsam, fein und kreisend sein. Wenn du tiefer gehst, hast du vielleicht sogar mal den Eindruck, dass deine Atmung anhält. Lass deine Atmung einfach nur ihrem natürlichen Fluss folgen.

Dehne die Achterschleife dann nach unten bis zum Erdchakra aus, führe sie zurück zum Herzchakra, hoch zum Seelenchakra und wieder zum Herzchakra zurück. Diese Chakren befinden sich etwa 60 Zentimeter unter den Füßen und 60 Zentimeter über dem Kopf. Lass jede dieser Polaritäten mit dem Herzen verschmelzen …

Wenn diese Chakren erst einmal voll aktiviert sind, setze die Reise auf der vertikalen Achse fort. Verbinde die Energiezentren, die sich etwa 600 Meter unter den Füßen und 600 Meter über dem Kopf befinden. Achte, während sie erwachen, auf dein Gefühl für dein Selbst. Fühlst du dich weiter, mehr integriert, lebendiger?

Reise jetzt, im Herzen beginnend, mit einer Achterschleife zur Sonne im Zentrum der Erde, zum Herzen und zur äußeren Sonne, die du dir auch direkt über dir vorstellen kannst, und zum Herzchakra zurück. Fühle dabei, wie sich die vierdimensionalen Tore öffnen. Diese Tore liegen in der Inner-Erden-Sonne. Achte darauf, was in deinem Bewusstsein geschieht, wenn diese Tore sich öffnen …

Gehe mit der nächsten Achterschleife noch tiefer in die Inner-Erden-Sonne hinein. Fühle, wie sich im Inneren der Erde ein Tor zur fünften Dimension öffnet, und achte wieder auf die damit einhergehende Veränderung in deinem Bewusstsein. Jetzt gehe zur galaktischen Sonne, die du dir direkt über dir vorstellen kannst. Fühle, wie du dich durch dieses fünfdimensionale Tor bis zu unserem Mutterstern, dem erleuchteten Zentrum der Milchstraßengalaxie, ausdehnst. Jedes Mal, wenn du dich mit der Inner-Erden-Sonne verbindest, wirst du fühlen, wie du tiefer und tiefer durch die verschiedenen Dimensionen gehen kannst …

Du bist jetzt in einem stark erweiterten Zustand. Achte auf deine Atmung, die Sinnesempfindungen in deinem Körper, die feinen Energieströme, die dich durchfließen. Achte darauf, wie du dich selbst anfühlst, wenn du anfängst, mit deinem galaktischen Körper zu verschmelzen. Jedes Mal, wenn du eine andere Polarität, unten und oben, vereinigst, wird dein Bewusstsein weiter, dehnt sich weiter in den Kosmos hinein aus. Wenn du dich mit den höherdimensionalen Realitäten verbindest, löst sich sogar dein Gefühl für Zeit und Raum auf. Du trittst in ein sphärisches Bewusstsein ein. Schließlich gibt es keine Polarität mehr, keine Trennung zwischen Schöpfer und Schöpfung. Du erfährst dich selbst als Atman, eins mit Brahman, eins mit Gott …

Und jetzt bereitest du dich darauf vor, durch das sechsdimensionale Tor zur universellen Sonne, dem Herzen des Schöpferbewusstseins oder Gott, zu gehen. Lass eine Unendlichkeitsschlaufe von deinem Herzchakra aus zum sechsdimensionalen Tor in der Inner-Erden-Sonne gehen. Fühle, wie eine Verbindung entsteht. Kehre zu deinem Herzen zurück und verbinde dich dann mit der universellen Sonne, die du dir wieder über dir vorstellen kannst …

Während du durch das sechsdimensionale Tor gehst, wirst du mit dem ganzen Universum eins. Du gehst in die Inner-Erden-Sonne und erlebst, wie du in die äußeren Grenzen der Schöpfung eintrittst. Du verlässt die universelle Sonne und findest dich im tiefen Herzen der Erde wieder. Es gibt kein oben oder unten mehr, keine Unterscheidung zwischen Geist und Materie, Himmel und Erde, hell und dunkel. Du erlebst das Universum als eine einzige, unermessliche Lebensform, in der alle Gegensätze sich aufgelöst haben. Du atmest jetzt aus beiden Richtungen gleichzeitig in dein Herz. Du atmest gezwungenermaßen aus, fühle, wie du die Polaritätenbarriere durchbrichst, und fühle, wie du dich in einem Zustand undifferenzierten Seins auflöst …

Während du deine Erfahrung der Nicht-Polaritäten jetzt loslässt, bring deine Aufmerksamkeit zum Alta-Major-Chakra im Nacken, etwa da, wo die Medulla sitzt.

Höre auf den Klangstrom und erlaube dir selbst, dich einfach in der Einheit aufzulösen, die auch das Nichts ist. Bleibe hier in der Stille, solange du möchtest …

Planetarische Verbindung

Diese Meditation habe ich nach meinem Erlebnis mit den Walen zum Gebrauch in Gruppen ersonnen. Sie ist eine kraftvolle Übung, durch die wir uns sphärisch mit Aspekten von uns selbst verbinden können, die über die menschliche Form und das menschliche Bewusstsein hinausgehen. Während wir uns holographisch mit diesen Aspekten von uns selbst verbinden, treten wir in kraftvolle Zustände des Schöpferbewusstseins ein, die uns in die Lage versetzen, neue Möglichkeiten für uns selbst und den Planeten zu entwickeln.

Wir sind gleichzeitig menschliche und galaktische Wesen. Während wir hier jetzt mit einem Teil unseres Bewusstseins aktiv diese physischen Körper bewohnen, fliegt ein anderer Teil unseres Bewusstseins im kreativen Spiel durch unendliche Galaxien. Wir werden durch einen Prozess gehen, der uns holographisch und experimentell mit der Seele der Erde und mit allen Königreichen der Erde verbindet. Dann reisen wir hinaus, verbinden uns mit der Sonne und den Galaxien dahinter und verschmelzen mit galaktischem und kosmischem Bewusstsein. Das ist eine kraftvolle Meditationsübung für die planetarische Heilarbeit.

Lasst eure Atmung kreisförmig werden, atmet langsam und in einem regelmäßigen Rhythmus ein und aus. Achtet auf euren Körper, auf Sinnesempfindungen im Inneren des Körpers. Achtet darauf, wo ihr das Zentrum der Gravität in eurem Körper wahrnehmt. Achtet auf Sinneswahrnehmungen wie Kribbeln, Pulsieren, Angespanntsein oder Schmerz, Ausdehnung oder Zusammenziehen, heiß oder kalt. Wohin auch immer Energie dirigiert wird, kreiert sie eine entsprechende Veränderung zellularer Wahrnehmung. Jede Zelle braucht nur Aufmerksamkeit, eine Konzentration von Energie, um entsprechend ihrem höchsten Potenzial zu schwingen. Leitet eure Aufmerksamkeit Stück für Stück durch euren Körper und spürt alle Sinnesempfindungen, die ihr wahrnehmen könnt …

Nehmt euren Körper jetzt als Ganzes wahr. Achtet auf eure Haltung. Und dann fühlt, wie eure Wurzeln, wie bei einem Baum, in die Erde hineinwachsen, durch den Fußboden, durch das Fundament des Gebäudes, durch die Erdoberfläche und verschiedene weitere Schichten von Erde und Felsen. Geht durch unterirdische Flüsse, leere Räume und Magma. Geht tiefer und tiefer, Schicht für Schicht. Mit jedem Atemzug kommt ihr dem Herz von Mutter Erde näher. Es ist, als ob ihr einer goldenen Kordel folgen würdet, die euch mit dem Kern der Erde verbindet, sodass ihr ihre Lebensenergie direkt aus ihrem Herzen empfangen könnt.

Fühlt das Herz der Erdmutter. Öffnet euch mit jedem Atemzug mehr dem Puls aus der Erde. Lasst, wenn ihr ausatmet, jegliche Enge, Anspannung, Angst oder Schmerz los. Schickt alles in die Lichtröhre, in das Wurzelsystem, in das Zentrum der Erde, damit sie es in ihrem kosmischen Feuer verwandeln kann. Das Herz der Erde besteht aus einem kosmischen Feuer. Es ist eine Flamme, die mit der Flamme der Sonne verbunden ist. Es gibt innere Öffnungen, die eine Verbindung der Inner-Erden-Sonne zu der Sonne unseres Sonnensystems herstellen, von unserer Sonne zur galaktischen Sonne und von der galaktischen Sonne zur universalen Sonne des Schöpfungsbewusstseins. Das ganze Universum ist ein miteinander verbundenes System.

Im Feuer der Sonne sind geometrische Codes für das Wachstum und die Evolution unserer Seelen enthalten. Sowohl durch das Herz der Erde als auch durch das Herz der Sonne können wir diese Codes im Herzen einer jeden Zelle unseres Körpers, der auch eine Sonne ist, empfangen. Im Kern einer jeden Zelle ist dieselbe strahlende Energie wie im Kern der Erde, im Kern der Sonne und im Kern einer Galaxie. Wir empfangen die Codes für die Transformation unserer Körper jetzt aus der lebendigen Erde.

Empfangt mit eurer Atmung jetzt die leuchtende Qualität des Lichtes, das heilende Geschenk der Erde. Atmet es in den Körper ein, in euer Herz hinein und leitet es durch die Lichtröhre in die Sonne über euch. Dann atmet das Licht der Sonne durch die Lichtröhre ein, fühlt den Strom fließenden Lichtes durch euer Kronenchakra eintreten und alle eure Zellen überfluten. Atmet dieses Licht in eure Herzen hinein und dann in das Zentrum der Erde hinunter. Geht mehrere Atemzüge lang hoch und runter …

Es ist, als ob ihr ein Baum seid, dessen Wurzeln tief in die Erde hineinreichen, und seine Äste recken sich nach oben zur Sonne. Jedes Blatt, jeder Ast ist eine Antenne für Prana, für Lebensenergie. Während ihr den Energieaustausch durch die Lichtröhre fühlt, achtet darauf, dass ihr Prana auch direkt durch eure Haut aufnehmt. Jede Pore eurer Haut ist offen für Prana. Ihr atmet Prana durch eure Haut ein. Ihr atmet Prana vom Seelenstern über eurem Kopf und vom Erdstern unter euren Füßen ein.

Euer physisches Atmen ist eine Spiegelung des Pranaflusses. Lasst eure Atmung sehr langsam und fein werden. Atmet einige Atemzüge lang sehr langsam weiter: ein – aus der Erde zu eurem Herzen, aus – von eurem Herzen zur Sonne, ein – von der Sonne zu eurem Herzen, aus – von eurem Herzen zur Erde, usw. ...

Atmet jetzt mit dem nächsten Atemzug aus beiden Richtungen gleichzeitig ein, füllt eure Herzen mit pranischer Energie aus der Sonne und aus der Erde. Beim Ausatmen stoßt ihr die Luft mit der Absicht, euch sphärisch auszudehnen, kraftvoll in eure Aura und darüber hinaus, sodass ihr mit der Gruppenseele verschmilzt. Atmet ein und stoßt die Luft kraftvoll aus, wie ein Wal das Wasser herausstößt ...

Fühlt wie eure Aura jetzt strahlt, um sich mit der Gruppenseele zu verbinden. Während ihr mit dem Chakrensystem der Gruppenseele verschmelzt, entsteht eine Lichtröhre, deren Durchmesser genau so groß ist wie der Durchmesser des Kreises. Achtet darauf, was ihr in eurem Alta-Major-Chakra, an der Medulla im unteren, hinteren Teil des Kopfes, spürt, während ihr mit der

Gruppenseele verbunden seid. Fühlt ihr ein Pochen oder Pulsieren? Bleibt mit eurer Aufmerksamkeit für ein bis zwei Minuten hier und achtet darauf, ob ihr eine Vertiefung eurer Identität als Gruppenseele spürt …

Ruft die höherdimensionalen Meister, Avatare, Führer oder Engel, die ihr euch wünscht, und spürt, wie der Raum sich durch ihre Gegenwart füllt. Achtet auf den Klangstrom, die Frequenz eines Tons, der den Kopf durchdringt, und schließlich auch den ganzen Körper. Er könnte ein tiefes Brummen sein oder eine sehr hoch schwingende Note. Er könnte wie das Summen einer Biene sein, wie das Rauschen einer Muschel oder fließenden Wassers. Er kann sehr fein sein oder so laut, dass er alles andere überdröhnt. Er kann sich auch verändern. Hört genau hin. Dies ist der Klang eurer Seele, der sich in physischer Form verankert, in euren physischen Kreisläufen.

Achtet darauf, dass der Klangstrom lauter und stärker wird, während ihr als Gruppenseele verbunden seid. Da ist auch eine tiefere Stille, weil die Energiekörper weiter werden. Während ihr euch jetzt auf die nächsten Atemrunden vorbereitet, arbeitet ihr mit der Lichtröhre der Gruppenseele, die denselben Durchmesser hat wie die Gruppe.

Atmet jetzt aus dem Herzen von Mutter Erde ein, die erweiterte Lichtsäule hinauf in das Herzchakra der Gruppenseele, dann die Lichtsäule hinauf zur Sonne aus. Atmet von der Sonne in das Gruppenherz ein und aus zur Inner-Erden-Sonne. Atmet so weiter, bis ihr sowohl nach unten als auch nach oben ein festes Verankern spürt, in der Sonne unten und in der Sonne oben …

Atmet jetzt gleichzeitig von oben und unten in das Gruppenherz ein. Stoßt die Luft beim Ausatmen kraftvoll heraus, sodass euer Energiefeld die ganze Gemeinschaft oder Stadt einschließt. Fühlt die Veränderung der Energie, während euer Energiekörper sich ausdehnt. Spürt jetzt, während ihr mit anderen bekannten oder unbekannten Menschen dieser Gemeinschaft in Resonanz geht, wie euer Gefühl der Identität verschmilzt. Fühlt, wie ihr mit den Naturgeistern, mit den Devas, den Feen, den Berggeistern, den Elfen, den Geistern des Wassers, den Faunen, den Seelen der Tiere verschmelzt. Hört auf die Laute der Wale, die mit diesem besonderen Teil der Erde verbunden sind. Hört wieder auf den Klangstrom, lasst euch mit der größeren Gruppenseele eins werden …

Behaltet das kreisende Atmen bei. Ihr atmet jetzt die riesige Lichtsäule, die einen Durchmesser von zig Kilometern hat, hoch und runter. Spürt, dass es jetzt viel leichter wird, die Frequenz-Codes der Sonne und des galaktischen Zentrums zu verankern. Wir dienen als Anker für diese Frequenz-Codes, kosmische Energien aus dem Universum. Diese Energien müssen tief in den feinstofflichen Körpern der Erde verankert werden. Wir können als Brücke dienen …

Atmet jetzt gleichzeitig aus der Sonne unten und aus der Sonne oben in das Herz der ganzen Stadt. Wenn ihr ausatmet, fühlt, wie weit die Energie gehen möchte, vielleicht soweit, dass sie die ganze Nation einschließt. Noch einmal: wenn ihr einatmet, atmet in das mit euch verbundene Herz der Stadt oder Region. Wenn ihr ausatmet, stoßt die Luft kraftvoll heraus und durchbrecht die neuen Grenzen, während die Energie sich weiter und weiter ausdehnt; einatmen und kraftvoll ausatmen …

Fühlt jetzt, wie ihr in einem Umkreis von Hunderten von Kilometern mit Bäumen, Wäldern, Seen, Bächen, Flüssen, Gebirgen, Tälern und Ebenen verschmelzt. Ihr verschmelzt mit dem Bewusstsein aller Wesen der Erdenbewohner: mit Menschen, Tieren, Engeln, mit allen, die mit unserer Vision von Frieden, Schönheit, Kreativität, Freude, Liebe und Heilung übereinstimmen. Lasst diese Visionen, diese Qualitäten jetzt von dem ganzen Kollektiv gefühlt werden, während ihr fühlt, wie eure Kollektivseele mit dem ganzen Land verschmilzt.

Fühlt, wie die Wale wieder in euer Bewusstsein kommen. Blendet euch in ihr Bewusstsein ein und durchwebt ihre Gesänge mit euren eigenen Visionen von Schönheit, Licht und neuen Möglichkeiten. Verbindet euch, während ihr weiter durch die riesige Lichtsäule, mit einem Durchmesser so groß wie der des ganzen Landes, einatmet, mit dem Herzen der Erde. Bringt die heiligen Energien der Erde in das kollektive Bewusstsein dieser Nation und schickt sie dann weiter zur Sonne. Schickt die Absichten unserer Sonne weiter hinaus zur galaktischen Sonne und sogar noch weiter zu den zentralen Codes der Schöpfung innerhalb der universellen Sonne.

Da ist so etwas wie ein Echo, das jetzt zu uns zurückfließt. Es fließt in dem riesigen Strom aus Licht aus der universalen Sonne, stufenweise durch alle Sonnen in das Herz der Nation, und verankert sich dann in der Erde.

Geht mit eurer Aufmerksamkeit wieder zum Klangstrom, um das Gefühl der Einheit mit der Seele der Menschen dieser Nation zu verstärken. Lasst eure individuellen Grenzen sich auflösen, während die Frequenz-Codes dieser Absichten hereinkommen.

Fahrt fort, in diesem riesigen Strom von Licht auf- und abzugehen. Und jetzt sind wir so weit, dass wir uns noch einmal ausdehnen können. Verbindet euch jetzt mit der Seele von Gaia. Atmet gleichzeitig aus beiden Richtungen in das kollektive Herz der Nation ein und dehnt euch beim Ausatmen aus, um euch mit Gaias Seele zu verbinden. Atmet wieder ein und stoßt die Luft beim Ausatmen kraftvoll heraus.

Fühlt, wie sich eure Grenzen wieder auflösen, während ihr euch zum Körper der Erde werden lasst, zur Seele der Erde, zum Bewusstsein der Erde. Lasst das jetzt eure Hauptidentität werden. Vertieft diese Identität, indem ihr euch auf den Klangstrom konzentriert. Dehnt euch in konzentrischen Kreisen aus und lasst die Lichtsäule der Erde mit der Nordpol-Südpol-Achse der Erde identisch werden. Die Polachse geht genau durch das Zentrum der Erde, geradewegs durch die Sonne im Inneren der Erde. Während ihr mit dem Körper der Erde verschmelzt, atmet den Lichtcode der Schöpfung jetzt direkt durch den Südpol aus dem Zentrum des Universums ein. Atmet in das Herz der Erdenseele hinein und dann durch den Nordpol hinaus zum Zentrum der Galaxie. Empfangt die Strahlen der neuen Energie, den Schlüssel zum goldenen Zeitalter, während ihr aus dem galaktischen Zentrum wieder einatmet.

Lauscht jetzt auf die Wale, die in den Ozeanen der Erde verstreut sind, auf jeden mit seinem eigenen einheitlichen Gesang, womit sie die Lichtgitter von Mutter Erde erschaffen und erhalten. Die Wale säen diese Lichtgitter mit unseren kollektiven Gedanken und Absichten für Schönheit, Frieden, Freude und Erwachen, für eine lebendige, aufsteigende, heilige Erde. Strahlende, konzentrische Sphären von Licht schlagen Wellen um das Zentrum des planetarischen Herzens, durchdringen alle Felder, alle Dimensionen und alles Leben im Körper und in der Seele Gaias.

So wird eine neue Erde geboren. Ein neuer Mensch wird unter uns geboren. Wir treten jetzt in die nächste Dimensionsebene ein, in die Fünfte Welt der Hopis, in das goldene Zeitalter. Visualisiert, dass dies schon gegenwärtig ist. Es ist bereits gesät worden, und in diesem morphogenetischen Feld aus Licht sehen wir, wie eine wunderschöne neue Welt geboren wird, ohne Gier, Zerstörung, Trennung und Krieg. Die Wale haben eine Erinnerung daran – aus der Vergangenheit und aus der Zukunft. Wir säen diese Erinnerungen in die Gegenwart, in den gegebenen Moment, in die Lichtgitter unseres Planeten, und zwar mithilfe des gesamten kollektiven Bewusstseinsfeldes der Menschen, der Wale, Pflanzen, Tiere, Engel, der Bewohner der Galaxie und Gott. Jeder von uns hat seine Rolle zu spielen, und zusammen bestätigen wir, dass die Erde wieder ganz und heilig ist.

Jetzt wird es Zeit, dass wir unsere planetarische Identität sogar noch weiter ausdehnen. Atmet wieder aus beiden Richtungen der Polachse in das Herz dieses planetarischen Netzes des Lebens ein. Stoßt die Luft beim Ausatmen kraftvoll aus und verschmelzt mit dem gesamten Kosmos. Fühlt, wie ihr euch in Überlichtgeschwindigkeit in das ganze Universum hinein ausdehnt. Die Sterne und Galaxien sind wie eine Zelle in eurem kosmischen Körper. Da ist unendlich viel Raum, ein unbegrenztes Potenzial. Euer individuelles und planetarisches Selbst sind mit eurem kosmischen Selbst verschmolzen.

Hört jetzt auf den Klangstrom, der euer eigener Ton ist, den ihr diesem großen Orchester der Schöpfung hinzufügt. Bleibt in dieser tiefen, schöpferischen Stille, solange ihr möchtet.

Epilog

Das Buch *Illusionen* von Richard Bach ist eines meiner Lieblingsbücher. Es gibt vereinzelt Hinweise auf eines »Meisters Handbuch«. Ich habe mir oft gewünscht, dass es solch ein Buch gäbe, ein Buch, in dem alle Fragen des Lebens beantwortet sind, eine Art Antidotum zu Pandoras Kästchen, das tragischerweise geleert wurde.

Schließlich erkannte ich, dass es solch ein Buch nicht gibt und dass unsere Suche nach so einem Buch genügte, ähnlich wie bei den alten Alchemisten. Während sie unerbittlich nach dem Stein der Weisen suchten, fanden sie ihn letztendlich in sich selbst.

Als ich dieses Buch zu schreiben begann, wollte ich gern verschiedene Elemente unserer uralten Zukunft zusammensetzen. Ein paar Antworten können hier von denjenigen, die Fragen stellen, vielleicht gefunden werden. Doch wichtiger als alle gegebenen Antworten sind die Fragen, die wir selbst stellen. Es sind die Fragen, worin die Antworten zu finden sind. Wenn wir nur wüssten, wie wir zu fragen haben, und wenn wir nur lange genug mit ihnen lebten, damit sie unser Leben prägen könnten.

Wie war das mit Pandoras Kästchen? Es gibt einen antiken Mythos von einem griechischen Gott, der vor längst vergangenen Tagen, bevor das Leiden in die Welt kam, einem wunderschönen Mädchen namens Pandora, ein mysteriöses, goldenes Kästchen schenkte. Wie in der Geschichte vom Garten Eden aus einer parallelen Tradition, veranstaltete dieser Gott eine große Zeremonie, bei der er ihr dieses wundervolle Geschenk überreichte, während er ihr gleichzeitig verbot, das Kästchen jemals zu öffnen …

Natürlich kam unabwendbar die Zeit, als ihre Neugierde ihre Vorsicht und ihre Angst überwand. So wie ihre Schwester Eva sich selbst geschworen hatte, nur einen ganz kleinen Bissen von der Frucht der Erkenntnis von Gut und Böse zu essen, so versprach Pandora sich selbst, nur einen winzigen Blick in das Kästchen zu werfen, und öffnete vorsichtig den goldenen Deckel. Zu schnell, um wieder eingefangen werden zu können, entwischte jede Art von Verwirrung, Angst und menschliches Übel und verbreitete sich auf der Welt. Entsetzt machte Pandora das Kästchen schnell wieder fest zu. Aber es war zu spät. Die Übel waren schon losgelassen worden …

Unglücklicherweise war das Letzte, was in dem Kästchen übrig geblieben war, die Hoffnung, das Einzige, das unser menschliches Leiden hätte beherrschen und heilen können. Seit dieser Zeit blieb die Hoffnung in der Dunkelheit eingeschlossen, während all das Übel unserer menschlichen Bedingungen uneingeschränkt durch viele Jahrhunderte schmerzlichen Dramas flog. Wagen wir das Risiko, das Kästchen noch einmal zu öffnen? Wagen wir es, genügend Mut zu finden, um diesem Gott in die Augen zu schauen, um lachend unser eigenes Gesicht zu erkennen?

Geschichten verändern sich immer wieder, wenn sie in die Frische des Taus verpackt werden. Wir halten uns selbst in kleinen Kästchen gefangen und sterben, und wissen nicht einmal, dass wir gefangen sind. Wenn ich mich selbst in Geschichten von gestern verwickele, dann entschwindet dieser ewige Moment im Nebel. Warum sollte ich mich also selbst einsperren?

Das Bewusstsein hat keine Form, wenn es frei ist. Liebe braucht keine Geschichte und keinen Grund. Ich erinnere mich daran, dass ich Schöpfer bin, und alle Schöpfung wird Freude. Nichts anderes ist real.

Danksagung

Ich danke meinen Eltern und meiner Herkunftsfamilie, weil sie mich beständig darin unterstützt haben, dem »Weg meines Herzens« zu folgen – obwohl ich oft nicht wusste, wohin er mich führen würde.

Ich danke meiner Frau Grace dafür, dass sie diesen Weg mit mir geht – wörtlich und bildlich – ein Weg, der oft viel Vertrauen, Mut und Durchhaltevermögen erfordert hat.

Ich danke meinen langjährigen Freunden Barry, Karen und Patricia, dass sie ein Teil meiner Seelenfamilie sind.

Ich danke dem unsterblichen Yogi Babaji aus dem Himalaya, der mich auf vielfältigere Art und Weise geführt hat, als ich verstehen kann.

Ich danke Sri Aurobindo und der Mutter, die für Grace und mich eine ständige Quelle der Inspiration und Kraft waren.

Ich danke dem Astrophysiker Paul LaViolette dafür, dass er weite Teile dieses Buches mit mir durchgesehen hat, um es auf wissenschaftliche Genauigkeit zu prüfen.

Ich danke Mutter Erde dafür, dass sie uns in diesem großen Abenteuer, das wir Leben nennen, ernährt.

Ich danke dem Großen Geist, der unendlichen, intelligenten Quelle aller bekannten und unbekannten Dinge, dafür, dass er mir diese Gelegenheit gibt, zu danken.

Anhang

Glossar

Aufgestiegener Meister Jemand, der den physischen Körper erfolgreich mit dem Lichtkörper vereinigt hat.

Aufstieg Dieser Begriff hat sowohl persönliche als auch planetarische Komponenten. Er bezieht sich auf den Vorgang der Erhöhung der Frequenzen des physischen Körpers, damit er mit seiner höherdimensionalen Ergänzung, dem Lichtkörper, verschmelzen kann, um die gewöhnlichen Begrenzungen eines dreidimensionalen Körpers zu überschreiten. Der Begriff wird auch im Zusammenhang mit unserem Übergang vom dreidimensionalen zum vier-, fünf- oder sechsdimensionalen Bewusstsein benutzt.

Atlantis Ein Kontinent mit einer sehr fortgeschrittenen Entwicklung, der vor ca. 12 000 bis 13 000 Jahren untergegangen ist. Der Untergang von Atlantis könnte mit einem Wechsel der geomagnetischen Pole vor 12 400 Jahren und einer entsprechenden Polverschiebung in Zusammenhang gebracht werden.

Axistonlinien Mit diesem Begriff bezeichnet J. J. Hurtak in *Das Buch des Wissens. Die Schlüssel des Enoch* höherdimensionale Energieströme, die als galaktische Erweiterung in das Meridiansystem des menschlichen

Körpers fließen. Wenn dieses ganz offen ist, können sie den Körper heilen, Gliedmaßen regenerieren und sogar Tote erwecken.

Blauer Stern Es gibt eine Hopiprophezeiung, wonach die sogenannte Fünfte Welt nach dem Erscheinen eines Blauen Sterns geboren wird. Paul LaViolette ist davon überzeugt, dass sich dieses Phänomen auf periodisch wiederkehrende Explosionen im Kern der Galaxie bezieht, wodurch riesige Mengen kosmischer Energie herausgeschleudert werden. Dieses Pulsieren kosmischer Energie wird, kurz bevor sein Einfluss uns in unserem Sonnensystem erreicht, durch Schichten sternförmig ausstrahlenden Staubes, als prächtiger weißblauer Stern sichtbar. Er meint, dass uns der nächste Schub dieser galaktischen Superwelle kurz bevorsteht.

Dimensionen Maß einer Schwingungsfrequenz oder Dichte. Auf unserer Involutionsreise erschufen und durchschritten wir verschiedene Dimensionsebenen, bis wir die sogenannte dritte Dimension erreichten. Unser »Fall« in diese lineare Dimension von Zeit und Raum gab uns die Erfahrung einer extremen Schwingungsdichte und die Dualität, die Unterscheidung von gut und böse. Auf unserer evolutionären Rückreise zur Quelle erhöhen wir die Schwingungsfrequenz allmählich wieder, gehen über die Lexionen der Dualität (Karma) hinaus, verbinden uns mit unseren Seelen und nehmen das Aufstiegsbewusstsein an. Die Veränderung der Zeitalter wird mit dem Aufstieg durch die Dimensionen assoziiert.

Dritte Dimension Durch Dualität und Trennung von der Seele charakterisiert. Unsere Erfahrung der Zeit ist linear, und unsere physischen, planetarischen Körper werden von dem Gesetz zunehmenden Chaos und Entropie regiert.

Vierte Dimension Eine Durchgangsdimension, in der die körperliche Dichte abnimmt und in der die Zeit zunehmend als synchron erlebt wird.

Fünfte Dimension Durch ein einheitlicheres Bewusstsein im Inneren und Äußeren charakterisiert und im Zeitalter des Lichtes reflektiert (siehe Veränderungen der Zeitalter). Hier können viele parallele Realitäten existieren, und das interdimensionale Reisen wird möglich. Es ist nach Sri Aurobindo das Reich des übermentalen Bewusstseins.

Sechste Dimension Meisterung des Aufstiegs wird auf persönlicher und planetarischer Ebene möglich. Es ist nach Sri Aurobindo das Reich des supramentalen Bewusstseins.

Erdkrustenverschiebung Diese Theorie von Charles Hapgood besagt: Unter bestimmten Bedingungen kann die Erdkruste »verrutschen«, was dramatische Verschiebungen der Kontinente und Ozeane auf der Erdoberfläche verursacht. Entgegen der Theorie von der Plattentektonik nimmt man bei der Theorie der Erdkrustenverschiebung an, dass die gesamte Erdkruste sich von einer tiefer liegenden Kruste und dem Erdmantel trennen und sich insgesamt verschieben kann, so wie die lose Schale einer Mandarine. Das ist letztmalig vor 12 000 Jahren passiert und hat zu der Verschiebung und dem Untergang von Atlantis beigetragen.

Galaktische Superwellentheorie Nach Paul LaViolette gibt es ca. alle 12 000 Jahre einen massiven, pulsierenden Ausstoß von Energien aus dem Kern unserer Galaxie. Jeder Pulsstoß dauert mehrere Hundert bis Tausend Jahre und wird uns in Kürze wieder erreichen. Hier liegt womöglich eine Übereinstimmung mit dem blauen Stern »Kachina« der Hopis vor, der unsere Reise in die Fünfte Welt ankündigen soll.

Galaktisches Zentrum Ein schwarzes Loch, das nach theosophischer Literatur als Zentralsonne bezeichnet wird, es liegt bei 26 Grad im Schützen. Die Mayas personifizierten es als Hunabku. Paul LaViolette spricht von einem periodischen Auswurf kosmischer Strahlen, die hier ihren Ausgangspunkt haben, die er »galaktische Superwellen« nennt.

Gammastrahlenausbruch (GRB) Diese außergewöhnlichen galaktischen Feuerbälle, die noch machtvoller als Supernovas sind, könnten das Produkt kollidierender, sich gegenseitig auslöschender Neutronensterne im Zentrum von Spiralgalaxien sein.

Geist (engl. »mind«) Hier ist nicht der Verstand gemeint, der nur eine Ebene der Wahrnehmung in einem multi-dimensionalen Universum darstellt. Nach Sri Aurobindo gibt es darüber hinaus noch viele subtilere Ebenen, durch die wir die Realität auf unterschiedliche Art und Weise wahrnehmen können. Dazu gehört die höhere Mentale, die erleuchtete Mentale, die intuitive Mentale, die Übermentale und die Supramentale.

Während wir mit den entsprechenden Ebenen des Geistes in Berührung kommen, können wir zunehmend feinere Dimensionen der Realität erfahren.

Globales Gehirn Das morphogenetische Feld eines vereinten Planeten. Dieser Begriff wird von Peter Russell benutzt, um – nach einem Quantensprung des Bewusstseins – die nächste Ebene der menschlichen und planetarischen Evolution zu bezeichnen, auf der unsere Hauptidentität eher global ist statt individuell. Das Internet ist eine technologische Version des globalen Gehirns.

Göttlicher Mensch Nach Sri Aurobindo das dritte Stadium unserer momentanen menschlichen Evolution. Das ist ein Stadium, in dem unser Seelenbewusstsein voll in unsere momentane menschliche Form integriert ist.

Grundlegende, harmonische Frequenz Schwingungsresonanz innerhalb der Materie. Alexej Dmitriev postuliert, dass eine Zunahme von kosmischem Staub in unserem Sonnensystem eine Erhöhung der grundlegenden, harmonischen Frequenz der Materie bewirkt, was eventuell mit Sri Aurobindos Aussage über eine »immanente Transformation des menschlichen Körpers in ›wahre Materie‹« korreliert.

Theorie der »hohlen Erde« Diese kontroverse Theorie besagt, dass die Erde sowie auch andere Planeten einen hohlen Kern haben, und zwar infolge ihrer zentrifugalen Bewegung, wodurch Gase abgekühlt sind und Lava fest geworden ist. Danach leben im Inneren der Erde Zivilisationen. Ein Zugang existiert jeweils am Nord- und am Südpol.

Hunabku Maya-Begriff, der sich auf das Zentrum von allem bezieht, egal ob auf das Zentrum des Universums, die Quelle und Schöpfung aller Existenz oder auf das Zentrum im Herzen eines jeden Atoms. Meist bezieht sich dieser Begriff auf das galaktische Bewusstsein, das physisch vom galaktischen Zentrum präsentiert wird.

Indigokinder Kinder, die heute in unserer Mitte geboren werden, die zusammen mit den Kristallkindern eine vorübergehende, menschliche Spezies bilden, Vorläufer eines Zeitalters des Friedens.

Kornkreise Zunehmend komplexe geometrische Muster in Kornfeldern der ganzen Welt, die auf mysteriöse Art und Weise geschaffen worden sind. Am bekanntesten sind die Kornkreise aus dem County Wiltshire, UK. Es gibt viele Theorien darüber, wie sie entstanden sind und was sie bedeuten. Eine davon, die »Plasmatheorie« besagt: Unter bestimmten Bedingungen können geometrische Muster bildlich, physisch aus der Noosphäre auf der Erdoberfläche erscheinen, ebenso wie neue genetische Muster in unserer DNA.

Kosmischer Staub Bezieht sich auf sich sternförmig verbreitende Bruchstücke im Weltraum, einschließlich Fragmenten explodierter Sterne oder Planeten. Alexej Dmitriev hat die Wirkung zunehmenden kosmischen Staubs, der seit kurzem in unserem Sonnensystem entdeckt wurde, erforscht.

Kristallkinder Eine neue Generation von Kindern, die, nach den Indigokindern, kraftvolle Geschenke und Möglichkeiten mitbringen, um das Erwachen der Erde zu unterstützen. Sie sind die Vorhut einer neuen Spezies von supramentalen Wesen auf Erden.

Lichtkörper Eine Art Gerüst für die Seelen in unserem Inneren, das sehr viel fließender ist und sehr viel besser auf multidimensionale Impulse reagiert als unser gegenwärtiger physischer Körper. Nach Sri Aurobindo und anderen spirituellen Lehrern bewegen wir uns auf eine Zeit zu, in der der Lichtkörper ganz mit dem physischen Körper verschmilzt.

Mensch-Mensch Nach Sri Aurobindo das zweite Stadium der gegenwärtigen menschlichen Entwicklung. Es ist ein Durchgangsstadium, in dem unsere Seelen beginnen, sich in Körpern dreidimensionaler Materie zu verkörpern.

Morphogenetisches Feld Nach der Theorie von Rupert Sheldrake liefern diese formbildenden Felder die Basis für unsere Erinnerungen an die Vergangenheit und Möglichkeiten für die Zukunft. Die Akasha Chronik, von der gesagt wird, dass in ihr alles, was jemals stattgefunden hat, aufgezeichnet ist, ist ein morphogenetisches Feld, das alle Materie durchdringt. Es ist durch die Noosphäre besonders zugänglich. Die Theorie vom hundertsten Affen ist ein Beispiel dafür, wie diese Felder einem evolutionären Zweck dienen können.

Noosphäre Die Noosphäre bezeichnet ein morphogenetisches Feld evolutionärer Intelligenz, das physisch in der Ionospäre der Erde vorhanden ist.

Nullpunkt Dieser Begriff kann verschiedene Bedeutungen haben:

1. Die Synchronisation von verschiedenen Zeitzyklen (Windrider).
2. Eine Verschiebung, die mit dem Anstieg der Grundfrequenz der Erde assoziiert wird, und der Zusammenbruch ihres magnetischen Feldes (Gregg Braden).
3. Ein stiller Punkt eines unendlich kreativen Potenzials, das im Moment der Umkehr der geomagnetischen Pole offenbart wird – ein Neustart-Knopf für planetarisches oder Sternenbewusstsein (Windrider und Barry).
4. Eine Form Freier-Energie-Technologie.

Photonengürtel Eine metaphysische Theorie, in New-Age-Kreisen bekannt, die sich auf eine etwa alle 13 000 Jahre stattfindende Begegnung mit einem Ring von Phontonen höherer Frequenz bezieht. Die Auswirkungen solch einer Begegnung sind entweder eine sintflutartige Zerstörung oder eine spirituelle Neugeburt oder beides. Obwohl dieser Begriff anfangs nur im Zusammenhang mit Science Fiction benutzt wurde und folglich keinen soliden wissenschaftlichen Hintergrund hat, werden einige Elemente dieser Theorie doch in verschiedenen kosmischen Phänomenen wiedergespiegelt.

Polverschiebung Bezieht sich entweder auf eine geographische Polverschiebung oder eine geomagnetische Polumkehr oder beides gleichzeitig. Eine geomagnetische Polumkehr findet nachweislich etwa alle 12 000 Jahre statt. Geographische Polverschiebungen können, während die Erde sich wieder neu ausrichtet, eine Folge sein. Sie können aber auch unabhängig davon auftreten, wenn, wie in der Vergangenheit geschehen, ein Asteroid die Erde rammt. Beide Typen von Polverschiebungen können mit sintflutartigen Veränderungen auf der Erdoberfläche in Zusammenhang gebracht werden, wobei das Ausmaß solcher Veränderungen von der derzeitigen Dichte des Bewusstseins auf dem Planeten bestimmt wird. Vielen Quellen zufolge steht eine Polverschiebung bald an.

Präzessionszyklus Ein ca. 26 000 Jahre dauerndes astrologisches Weltzeitalter, indem das gesamte Sonnensystem seine Umlaufbahn vollendet. Dadurch entsteht eine Rücklaufbewegung des jährlichen Frühlingspunktes, und es ändern sich die auf dem Neigungswinkel der Erdachse basierenden astrologischen Konstellationen am Himmel.

Schumann-Resonanz Bezieht sich auf die grundlegende Frequenz der Erde von 7,83 Hertz. Basierend auf Forschungsergebnissen russischer und schwedischer Wissenschaftler sagt Gregg Braden, dass diese Frequenz, die Tausende von Jahren unverändert war, auf 13 Hertz, die Frequenz einer erwachten Erde, steigt.

Supramental Nach Sri Aurobindo ein Zustand einheitlicher Harmonie, die über das mentale Ego unseres gewöhnlichen, menschlichen Bewusstseins hinausgeht.

Supramentale Herabkunft Ein Begriff, der von Sri Aurobindo und der Mutter gebraucht wird, um das Quantenerwachen in der Zukunft der Erde anzukündigen. Das ist ein Zustand, in dem höhere, spirituelle Welten sowohl im Zellbewusstsein menschlicher Körper als auch in jeglicher Materie der Erde vereint sind. Er signalisiert den Beginn einer neuen Evolution auf

Erden und entspricht womöglich dem fünf- und sechsdimensionalem Bewusstsein.

Supramentaler Mensch Nach Sri Aurobindo und der Mutter eine zukünftige menschliche Rasse, die vielleicht in etwa 300 Jahren auf Erden lebt, in der ein erweitertes Seelenbewusstsein in Körpern wahrer Materie voll inkarniert sein wird. Das ist das vierte und letzte Stadium der gegenwärtigen menschlichen Entwicklung.

Tier-Mensch Nach Sri Aurobindo das erste von vier Stadien der menschlichen Evolution. Das Stadium, in dem es nur ums Überleben des Selbst und ums Überleben der Art geht. Es basiert auf instinktiven Reaktionen und Verhaltensmustern. Im Extremfall führt dies zu einem Bewusstsein des Getrenntseins und fortwährendem Konflikt.

Wahre Materie Ein Begriff, von Sri Aurobindo und der Mutter gebraucht, der sich auf eine subtile Frequenz ätherisch-physischer Materie bezieht. Diese elastischere Dimension der Materie würde gut für die Manifestation des multidimensionalen Bewusstseins geeignet sein, die in der Erschaffung des supramentalen Menschen ihren Höherpunkt findet.

Yugas Die Weltalter nach hinduistischen Berechnungen. Dazu gehören ihrer Helligkeit nach vier Zeitalter, die auf folgende Weise einen Zyklus vollenden: Dem Satya-Yuga oder auch Krita-Yuga, dem goldenen und hellsten Zeitalter (ca. 4000 Jahre), folgt das Treta-Yuga (etwas dunkler), ihm folgt das Dvapara-Yuga (noch dunkler), und diesem folgt das Kali-Yuga, das dunkelste Zeitalter, diesem folgt wieder ein Dvapara-Yuga, diesem ein Treta-Yuga und diesem wieder ein Krita-Yuga, ein goldenes Zeitalter, usw. Sri Yukteshwar legt uns nahe, dass jeder vollkommene Zyklus aller Yugas 24 000 Jahre dauert. Immer wieder wird gesagt, dass wir gerade im Übergang vom Kali-Yuga ins Dvapara-Yuga, dem Anfang einer lichteren Welt, die im Krita-Yuga kulminiert, sind. Die »Reinigung«, die wir gerade erfahren, ist ein notwendiger Aspekt dieser Veränderung.

Zeitverschiebung Bezieht sich auf ein kollektives Umstellen unseres Planeten auf ein Zeitalter des Lichts, das durch eine höher schwingende vier- oder fünfdimensionale Frequenz gekennzeichnet ist. Der Begriff kann mit einem oder allen der folgenden Komponenten, die unterschiedliche faktische Bedeutung haben, assoziiert werden:

1. Übergang vom Kali-Zeitalter in das Krita-Zeitalter.
2. Übergang vom Fischezeitalter ins Wassermannzeitalter. Beide sind 2160 Jahre dauernde Segmente eines Präzissionsjahres.
3. Ende der »langen Zählung«, ein im Maya-Kalender ausgewiesener Schöpfungszyklus (3114 v. Chr. bis 2012 n. Chr.) und Beginn der »Sechsten Sonne« oder des »Sonnenzeitalters«.
4. Übergang der Vierten Welt in die Fünfte Welt der Hopis, nachdem der blaue Stern erschienen ist.
5. Verschiebung der geographischen Pole.
6. Verschiebung oder Umkehrung der geomagnetischen Pole.

7. Nullpunkt, wie von Gregg Braden definiert: Erhöhung der Grundfrequenz der Erde gleichzeitig mit dem Zusammenbruch ihres Magnetfeldes.
8. Schwingungsveränderung von der dritten Dimension zu höherdimensionalen Welten.

Zentralsonne Ein theosophischer Begriff, der sowohl den physischen als auch den interdimensionalen Aspekt des Bewusstseins im Zentrum unserer Galaxie umfasst.

Bücher und Internet Quellen

Hier eine Liste von Büchern und Websites, die für mich wichtig waren:

Argüelles, José: *Surfer der Zuvuya. Ein intergalaktischer Reiseführer in die 4. Dimension.* Bauer 1997.

Argüelles, José: *Der Maya-Faktor. Ein Pfad über die Technologie hinaus.* Bender 2001; www.holisticwebs.com/earthwizard/zuvuya.html

Balsekar, Ramesh: *Das kosmische Geheimnis. Gespräche über Liebe, Glück und Zufriedenheit.* Video. Kamphausen 2005.

Bernard, Raymond: *The Hollow Earth.* Health Research Books 1996.

Braden, Gregg: *Awakening to Zero Point: The Collective Initiation.* Radio Bookstore Press 1997; http://greggbraden.com.

Braden, Gregg: *Der Jesaja-Effekt. Die in Vergessenheit geratene Wissenschaft des Gebets und der Prophetie neu entschlüsselt*. Koha 2001.

Braden, Gregg: *Zwischen Himmel und Erde. Der spirituelle Weg des Mitgefühls*. Heyne 2005.

Braden, Gregg: *Der Realitäts-Code. Wie Sie Ihre Wirklichkeit verändern können*. Koha 2008.

Brown, Jr., Tom: *The Quest*. www.trackerschool.com.

Brown, Jr., Tom: *Der Fährtensucher. Der authentische Bericht eines der letzten Spurensucher im heutigen Amerika*. Knaur 1989.

Brown, Jr., Tom: *»Großvater«, ein Leben für die Wildnis. Lehr- und Wanderjahre eines indianischen Schamanenheilers und Kriegers. Die Lebensgeschichte des Stalking Wolf*. Ansata 1994.

Brown, Jr., Tom: *Friedvolle Krieger der Wildnis. Einweihung in das geheime Wissen des Kundschafters*. Ansata 1996.

Caddy, Eileen: *The Spirit of Findhorn*. www.findhorn.org/

Caddy, Eileen: *Findhorn – Königreich des Lichts*. Aurum 1997.

Calleman, Carl Johan: *Der Maya-Kalender und die Transformation des Bewusstseins*. EU-Verlag 2007; http://calleman.com.

Calleman, Carl Johan: *Der Mayakalender. Die wahre Tzolkin-Zählung verwendet seit über 2500 Jahren*. EU-Umweltakademie 2007.

Cannon, Dolores: *The Convoluted Universe*. Ozark Mountain Publishing 2005.

Capra, Fritjof: *Das Tao der Physik. Die Konvergenz von westlicher Wissenschaft und östlicher Philosophie.* Knaur 1997.
Capra, Fritjof: *Wendezeit. Bausteine für ein neues Weltbild.* Knaur 2004.
Carey, Ken: *The Starseed Transmissions.* Trilogie, alle Bände bei Harper Collins 1991.
Carroll, Lee: *Indigo-Kinder erzählen.* Ullstein 2004; http://kryon.com.
Carroll, Lee: *Indigos werden erwachsen. Experten berichten vom Umgang mit Indigo-Jugendlichen.* Koha 2009.
Carson, Rachel: *Der stumme Frühling.* Beck 2007.
Castaneda, Carlos: *Die Lehren des Don Juan. Ein Yaqui-Weg des Wissens.* Fischer 1996.
Castaneda, Carlos: *Die Kunst des Pirschens.* Fischer 1994; http://carlos-castaneda.de
Chatwin, Bruce: *Traumpfade.* Carl Hanser Verlag 1990.
Chopra, Deepak: *Die göttliche Kraft. Die sieben Stufen der spirituellen Erkenntnis.* dtv 2002; http://deepakchopra.de
Clark, Nancy Anne: *Earth in Ascension.* Light Technology Pub. 1997; www.energyhealing.com
Clow, Barbara Hand: *Trilogie der Bewusstseins-Chroniken.* 3 Bd. Zweitausendeins 1992.
Davidson, David, Aldersmith, H.: *The Great Pyramid: Its Divine Message.* Williams & Norgate 1924.
Dmitriev, Alexej: *Planetophysical State of the Earth and Life.* 1997; www.tmgnow.com/repository/global/planetophysical.htm
Doreal, Dr. M. M. und M.: *The Emerald Tablets of*

Thoth-The-Atlantean: A Literal Translation of One of the Most Ancient and Secret of the Great Works of the Ancient Wisdom. Dog Ear Publishing 2006; www.hiddenmysteries.com/xcart/home.php

Essene, Virginia: *New Cells, New Bodies, New Life! You're Becoming a Fountain of Youth!* 1991.

Essene, Virginia: *Verborgene Wahrheit: Frieden schaffen. Ein Leitfaden für junge Leute.* Becker Verlag Pegasos Light 1996

Essene, Virginia, Nidle, Sheldon: *You are Becoming a Galactic Human. Der Photonenring. Nachricht vom SIRIUS.* Falk 2000.

Flem-Ath, Rand und Rose, Colin Wilson: *The Atlantis Blueprint.* Little, Brown Book Group Limited 2000.

Geryl, Patrick, Gino Ratinckx: *›The Orion Prophecy‹ Will the World Be Destroyed in 2012?* Adventures Unlimited Press 2002; www.survive2012.com

Gilbert, Adrian: *Signs in the Sky: The Astrological & Archaeological Evidence for the Birth of a New Age.* Three Rivers Press 2001.

Gilbert, Adrian: *21. Dezember 2012: das Ende unserer Welt? Ein neuer Blick auf die Prophezeiungen der Maya.* Kopp 2007.

Gilbert, Adrian, Maurice Cotterell: *Die Prophezeiungen der Maya. Das geheime Wissen einer untergegangenen Zivilisation.* Econ 2000.

Gore, Al: *Eine unbequeme Wahrheit. Die drohende Klimakatastrophe und was wir dagegen tun können.* Riemann 2006; und den Film dazu.

Greer, Steven M.: *Verborgene Wahrheit, verbotenes*

Wissen. Die Zeit ist reif, um zu wissen. Mosquito-Verlag 2007; http://disclosureproject.org
Griffiths, Bede: *Rückkehr zur Mitte. Das Gemeinsame östlicher und westlicher Spiritualität*. Econ 1990.
Griffiths, Bede: *Die Hochzeit von Ost und West. Hoffnung für die Menschheit*. Müller 2003; http://bedegriffiths.com
Hancock, Graham: *Fingerprints of God.* Doubleday Canada, Limited 1996; www.grahamhancock.com
Hapgood, Charles H.: *The Path of the Pole.* Adventures Unlimited Press 2. Aufl. 1999 (1970).
Hartman, Thom: *The Last Hours of Ancient Sunlight: Waking Up to Personal and Global Transformation.* Three Rivers Press 2000.
Hawken, Paul: *Der Zauber von Findhorn. Ein Bericht.* Rowohlt 1996; www.findhorn.org
Hawkins, David R.: *Die Ebenen des Bewußtseins. Von der Kraft, die wir ausstrahlen.* VAK, Verlag für Angewandte Kinesiologie 2007.
Houston, Jean: Jump Time: *Shaping Your Future in a World of Radical Change.* Penguin 2000; http://jeanhouston.org.
Hurtak, J. J.: *Das Buch des Wissens: Die Schlüssel des Enoch. Eine Lehre, gegeben auf sieben Ebenen, in Vorbereitung auf die Bruderschaft des Lichts.* Academy for Future Science [u. a.], 1996; http//keysofenoch.com
Jasmuheen: *Lichtnahrung. Die Nahrungsquelle für das kommende Jahrtausend.* Koha-Verl. 1997.
Jenkins, John Major: *Galactic Alignment: The Transfor-*

mation of Consciousness According to Mayan, Egyptian, and Vedic Traditions. Bear & Company 2002; http://edj.net/mc2012/fourahau.html

Joseph, Lawrence: *Apocalypse 2012. A Scientific Investigation Into Civilization's End.* Morgan Road Books 2007.

Kaku, Michio. *Im Hyperraum. Eine Reise durch Zeittunnel und Paralleluniversen.* Rowohlt 1998; http://mkaku.org

Kenyon, Tom, Essene, Virginia: *Die Hathor-Zivilisation. Was wir aus unserer Zukunft lernen können.* Koha-Verlag 2000; http://tomkenyon.com

Kersten, Holger: *Jesus lebte in Indien. Sein geheimes Leben vor und nach der Kreuzigung.* Langen-Müller 1993.

King, Godfre Ray: *The I AM Discourses.* Saint-Germain-Verlag 1936.

King, Godfre Ray: *Begegnung mit dem Meister. Neues Wissen von der magischen Gegenwart Gottes in uns.* Frankhauser 1943

King, Godfre Ray: *Enthüllte Geheimnisse. Teil 1–3.* Saint-Germain-Verlag 1989–1991.

LaViolette, Paul: *Earth Under Fire. Humanity's Survival of the Ice Age.* Bear & Company, 2005; http://etheric.com.

Lawrence Joseph: *Apocalypse 2012. A Scientific Investigation Into Civilization's End.* Morgan Road Books 2007.

Lovelock, James: *Unsere Erde wird überleben. Gaia – eine optimistische Ökologie.* Piper 1982.

Lovelock, James: *Das Gaia-Prinzip. Die Biographie unseres Planeten.* Insel 1995.

Lovelock, James: *Gaia. Die Erde ist ein Lebewesen. Anatomie und Physiologie des Organismus Erde.* Heyne 1996.

Lovelock, James: *Gaias Rache. Warum die Erde sich wehrt.* Ullstein 2008.

MacLean, Dorothy: *Du kannst mit Engeln sprechen. Ein Wegweiser zu den Lichtwesen um uns.* Heyne 1997.

Marciniak, Barbara: *Boten des neuen Morgens. Lehren von den Plejaden.* Bauer 1996; www.pleiadians.com.

Marciniak, Barbara: *Plejadische Schlüssel zum Wissen der Erde.* Bauer 1996.

Meadows, Dennis L. und Donella H.: *Die neuen Grenzen des Wachstums.* Rowohlt 1994.

Meece, Alan: *Horoscope for the New Millennium.* Llewellyn Publications 1997.

Melchizedek, Drunvalo: *Die Blume des Lebens. Redaktionell überarbeitete Mitschrift des Workshops »Die Blume des Lebens«, der von 1985 bis 1994 live auf Mutter Erde abgehalten wurde.* 2 Bde. Koha-Verlag 2000;
http://drunvalo.net, http://spiritofmaat.com

Mindell, Arnold: *Der Leib und die Träume. Prozessorientierte Psychologie in der Praxis.* Junfermann 1987; http://aamindell.net/

Montgomery, Ruth, Shick, Ruth: *Strangers Among Us.* Random House Publishing Group 1989.

Montgomery, Ruth, Shick, Ruth: *Threshold to Tomorrow.* Random House Publishing Group 1989.

Moore, Michael: *Volle Deckung, Mr. Bush.* Piper 2003.
Moore, Michael: *Stupid White Men. Eine Abrechnung mit dem Amerika unter George W. Bush.* Piper 2004; www.michaelmoore.com
Morgan, Marlo: *Traumfänger. Die Reise einer Frau in die Welt der Aborigines.* Goldmann 2000.
Nidle, Sheldon: *Eine dringende Botschaft an die Menschheit. Vortrag.* Burde, Gerhard 1999; http://paoweb.com
Patton, Richard G.: *The Autobiograph: of Jesus of Nazareth and the Missing Years.* Amron Press 1997.
Pereira, Patricia: *The Arcturian Star Chronicles, Vol. 1–4.* Beyond Words Publishing Incorporated 1996–1999.
Phillips, Graham: *Act of God. Tutankhamun, Moses & the Myth of Atlantis.* Sidgwick & Jackson 1998.
Quan Yin, Amorah: *Das Plejaden-Arbeitsbuch. Ein Übungs- und Meditationsbuch für die Praxis.* Goldmann 1998.
Redfield, James: *Das Handbuch der zehnten Prophezeiung. Vom alltäglichen Umgang mit der zehnten Erkenntnis.* Ullstein 2004; http://celestinevision.com
Redfield, James: *Die Prophezeiungen von Celestine. Ein Abenteuer.* Ullstein 2007.
Roads, Michael J.: *Mit der Natur reden. Das verborgene Wissen der Schöpfung.* Heyne 2006.
Roads, Michael J.: *An der Pforte zur Unendlichkeit. Metaphysische Dimensionen der Natur.* Schirner 2008.
Roads, Michael J.: *Im Reich des Pan. Reisen ins Herz der Natur. Ein spirituelles Abenteuer.* Schirner 2008.
Robbins, Dianne: *Telos. Original-Buch. Der Ruf ergeht*

aus der Hohlen Erde und den unterirdischen Städten. Original-Übermittlungen aus der unterirdischen Stadt bei Mount Shasta. Adama-Verlag 2008; http://onelight.com.

Rother, Steve. *Re-member: A Handbook for Human Evolution*. Lightworker Publications 2000.

Rother, Steve: *Welcome Home: The New Planet Earth*. http://lightworker.com

Russell, Craig. *Ancient Mysteries Revealed*. www.soul-journey.com

Russell, Peter, Ferguson, Marilyn: *The Global Brain Awakens: Our Next Evolutionary Leap*. Element 2000; www.peterussell.com

Russell, Peter: *Im Zeitstrudel. Die atemberaubende Erforschung unserer Zukunftschancen*. Integral 1994.

Saint-Exupéry, Antoine de: *Der kleine Prinz*. Rauch 2008.

Satprem: *Das Mental der Zellen*. Daimon-Verlag 2006.

Satprem: *Sri Aurobindo oder das Abenteuer des Bewußtseins*. Hinder und Deelmann 2003.

Scallion, Gordon-Michael: *Notes from the Cosmos: A Futurist's Insights Into the World of Dream Prophecy and Intuition*. Matrix Inst. 1997.

Sheldrake, Rupert: *Das schöpferische Universum. Die Theorie des morphogenetischen Feldes*. Nymphenburger 2008; http://sheldrake.org

Shyam, Radhe: *Leben aus dem Sein. Ein Buch über Babaji*. Reichel 1990.

Sitchin, Zecharia. *Am Anfang war der Fortschritt. Beweise für die Existenz moderner Technologie und*

Raumfahrt in vorgeschichtlicher Zeit. Droemer Knaur 1991; http://sitchin.com

Sitchin, Zecharia: *Der zwölfte Planet. Wann, wo, wie die Astronauten eines anderen Planeten zur Erde kamen und den Homo sapiens schufen.* Droemer Knaur 1995.

Snow, Chet, Künzel, Helga: *Zukunftsvisionen der Menschheit: Apokalypse oder spirituelles Erwachen – Wir haben die Wahl.* Ariston Verlag 1991.

Spangler, David: *New age. Die Geburt eines neuen Zeitalters.* Greuth Hof 1983.

Spangler, David: *Reflections on the Christ.* Findhorn 1981.

Spaulding, Baird: *Life and Teaching of the Masters of the Far East, Vol. 1–6.* DeVorss & Company 1997.

Sri Aurobindo: *Der Mensch im Werden.* Sri Aurobindo Verlag 1964.

Sri Aurobindo: *Stufen der Vollendung. Die Entfaltung neuer Bewusstseinskräfte.* Barth 1975.

Sri Aurobindo: *The mother = Die Mutter.* Sri Aurobindo Ashram Publ. Dep. 1980.

Sri Aurobindo: *Sawitri: eine Sage und ein Gleichnis.* Sri Aurobindo Ashram Publ. Dep. 2006.

Starbird, Margaret, John Major Jenkins, Terence McKenna: *Maya cosmogenesis 2012: the true meaning of the Maya calendar end-date.* Bear & Company 1998.

Summer Rain, Mary: *Der Phönix erwacht. Weisheiten und Visionen.* Rowohlt 1995.

Stray, Geoff, Beyond 2012: *Catastrophe or Ecstasy.*

A Complete Guide to End-of-time Predictions. Vital Signs Publishing 2005; www.diagnosis2012.co.uk

Teilhard de Chardin, Pierre: *Die Zukunft des Menschen.* Walter 1982.

Timms, Moira: *Beyond Prophecies and Predictions: Everyone's Guide to the Coming Changes.* Random House Publishing Group 1996.

Twyman, James: *The Secret of the Beloved Disciple.* Findhorn Press 2000; www.emissaryoflight.com

Twyman, James: *Abgesandte der Liebe. Mit den »Thomas-Botschaften«.* Koha 2003.

Twyman, James: *Boten des Lichts. Die Geschichte einer geheimen Verschwörung für den Frieden.* Heyne 1999.

van Vrekhem, Georges: *Beyond Man. Life and Work of Sri Aurobindo and the Mother.* HarperCollins Publishers India 1997.

van Vrekhem, Georges: *Patterns of the Present: From the Perspective of Sri Aurobindo and the Mother.* Rupa & Co. 2002.

Velikovsky, Immanuel: *Zeitalter im Chaos.* Ullstein o. J.

Velikovsky, Immanuel: *Welten im Zusammenstoß. Kosmische Katastrophen schufen unsere Zivilisation.* Ullstein 1994.

Velikovsky, Immanuel: *Erde im Aufruhr.* White 2005.

Vogt, Douglas, Sultan, Gary: *Reality Revealed: The Theory of Multidimensional Reality.* Vector Associates 1978.

Walsch, Neale Donald. *Conversations with God, vol. 1–3, Gespräche mit Gott: Buch zum Film, the making of.*

Kamphausen 2007; www.conversationswithgod.org
Walsch, Neale Donald: *Neue Offenbarungen. Ein Gespräch mit Gott*. Goldmann 2007.
Watson, Lyall: *Geheimes Wissen. Die Natürlichkeit des Übernatürlichen*. Fischer-Taschenbuch-Verlag 1986.
Watson, Lyall: *Der unbewusste Mensch. Gezeiten des Lebens – Ursprung des Wissens – Lifetide*. mvg-Verlag 1989.
Ward, Suzanne: *Revelations for a New Era: Keys to Restoring Paradise on Earth*. Matthew Books 2001.
Ward, Suzanne und Matthew: *Matthew, Tell Me About Heaven: A Firsthand Description of the Afterlife*. Matthew Books 2002.
West, John Anthony: *Die Schlange am Firmament. Die Weisheit des Alten Ägypten*. Zweitausendeins 2000.
Weidner, Jay, Bridges, Vincent: *The Mysteries of the Great Cross of Hendaye: Alchemy and the End of Time*. Inner Traditions/Bear & Company 2003.
Williamson, Marianne: *Rückkehr zur Liebe. Harmonie, Lebenssinn und Glück durch »Ein Kurs in Wundern«*. Goldmann 1993.
Windrider, Kiara: *Portal zur Ewigkeit*. Lippert Verlag 2003.
Windrider, Kiara: *Deeksha: Energie des Erwachens*. Kamphausen 2006.
Wright, Machaelle S.: *Behaving as If the God in All Life Mattered*. Perelandra Ltd 1997.
Yogananda, Paramahansa: *Autobiographie. Übersetzung der Originalausgabe von »Autobiography of a Yogi« aus dem Jahre 1946*. Nietsch 2006; http://yogananda-srf.org

Yukteswar, Sri: *Die heilige Wissenschaft (Kaivalya Darsanam)*. Barth 1993.

Zukav, Gary: *Die Spur zur Seele. Der Autor von »Die tanzenden Wu-Li-Meister« auf der Suche nach dem Sitz der Seele.* Heyne 1990.

Zukav, Gary: *Die tanzenden Wu-li-Meister. Der östliche Pfad zum Verständnis der modernen Physik: vom Quantensprung zum Schwarzen Loch.* Rowohlt 1994.

Zukav, Gary: *Soul Stories: Practical Guides to the Soul.* Simon & Schuster 2000; http://zukav.com.

Über Kiara Windrider

Kiara Windrider, M. A., MFT, hat einen großen Teil seiner jungen Jahre damit verbracht, durch Indien zu reisen und viele verschiedene spirituelle Traditionen zu studieren. Ein lebenslanges Interesse an der Heilung der Umwelt, an Friedensstiftung und sozialer Gerechtigkeit führten ihn zu einem zweifachen Abschluss in Friedensforschung und Internationaler Entwicklung am Bethel College, North Newton, Kansas.

Später schloss er an der JFK Universität in Orinda, Kalifornien, ein Graduierten-Programm in Transpersonaler Psychologischer Beratung ab und arbeitete viele Jahre in dem alternativen, psychiatrischen Zentrum Pocket Ranch Institute, das darauf spezialisiert war, emotionale Traumata zu heilen und eine spirituelle Entwicklung zu ermöglichen. Im Jahr 1998 erhielt er eine Lizenz als Psychotherapeut des Landes Kalifornien. Er hat ebenso Ausbildungen in verschiedenen Formen der Körperarbeit, Atemarbeit, Hypnotherapie und übersinnlichen Heilarten.

Er hat großes Interesse daran, planetarische und kosmische Zyklen und ihre Relevanz für unseren Weg des Erwachens zu verstehen und sich dieser Themen durch das Studium schamanischer, geologischer, historischer, physikalischer, prophetischer und mystischer Perspektiven angenähert. Aufgrund seiner Forschungen ist er zu der festen Überzeugung gelangt, dass wir kollektiv an der Schwelle zu einem evolutionären Quantensprung stehen, der über unsere wildesten Träume hinausgeht.

Sein derzeitiger Fokus ist auf die Heilung unseres Planeten ausgerichtet. Ein Aspekt dieser Arbeit ist »Ilahinoor«, wodurch höhere Lichtfrequenzen durch den physischen Körper geleitet werden, um das Göttliche in menschlicher Form auszudrücken. Kiaras größter Wunsch ist, voll und ganz in dem Wunder eines jeden Momentes zu leben und zu helfen, diesen wunderschönen Planeten und seine Menschen zu ihrer Bestimmung zu erwecken, für die wir geschaffen sind.

Kiara Windrider hat zwei Bücher geschrieben: *Portal zur Ewigkeit – Anleitung zum planetarischen Aufstieg* und *Deeksha – Energie des Erwachens.*

Bitte schaut auch auf diese englischsprachigen Websites:
www.ilahinoor-4you.com
www.ilahinoor.com
www.Deekshafire.com.

Pascal Voggenhuber, geboren 1980, war früher Schauspieler, bis er seine medialen Fähigkeiten entdeckte.
Er besuchte verschiedene bekannte Medien in der Schweiz und in England, die ihn förderten. Heute erteilt er Seminare, Meditationen, Lebensberatungen, und hält Vorträge.

»Du bist einer von uns!« Mit diesem Satz veränderte sich das Leben von Pascal Voggenhuber von einem Tag auf den anderen. Was er bereits spürte, suchte, war die Gewissheit, die ihm mehrere hellsichtige Medien im Jahr 2000 auf der Basler PSI-Messe unabhängig voneinander bestätigten. Pascal ist hellsichtig und hat Fähigkeiten, die ihn von anderen jungen Menschen unterscheiden.
Da war er gerade 20 Jahre alt. Seitdem ging er weiter seinen Weg und lernte, mit diesen Fähigkeiten umzugehen. Heute suchen auch viele ältere Menschen seinen Rat.
In diesem erstaunlichen Buch beschreibt der 27-Jährige seinen Weg vom ganz normalen Kind zum jungen Erwachsenen, der mit seinen außergewöhnlichen Fähigkeiten zu leben gelernt hat und große Erfolge verzeichnen kann.
Ein packendes Buch, geschrieben in einer leicht verständlichen Sprache. Es zeigt, dass die Spiritualität auch bei jungen Menschen nicht aufzuhalten ist.

Pascal Voggenhuber
Leben in zwei Welten. Ich bin jung und hellsichtig
224 Seiten, Klappenbroschur
ISBN 978-3-9523202-1-1 · Fr. 32,90 – 17,90 €

www.gigerverlag.ch

Pascal Voggenhuber, aufgewachsen im Basel-Land, Schweiz. Bereits als Kind konnte er Verstorbene sehen und hatte Kontakt mit seinem Schutzengel. Er liess sich in der Schweiz und England zum Medium ausbilden.
Im März 2007 veröffentlichte er seine Biographie »Leben in zwei Welten«, die innerhalb kürzester Zeit in die schweizer Bestsellerliste aufstieg. In seiner Praxis erteilt er Einzelberatungen, hält Vorträge und Seminare.

Bestsellerautor Pascal Voggenhuber wurde vor allem mit der Präzision seiner Jenseitskontakte in der Schweiz und über die Grenzen hinaus innerhalb kürzester Zeit bekannt.
In seinem neuen Buch erzählt er über seine spannende Arbeit in der Praxis, wie Jenseitskontakte funktionieren und wie er mit der Geistigen Welt in Kontakt steht. An zahlreichen Beispielen, auch von Klienten, erklärt der Autor, wie sich ihm Verstorbene zeigen und wie er mit ihnen kommuniziert.
Seine Botschaften sind schon für viele Menschen zum Trost geworden, dass es ein Leben nach dem Tod gibt und die Verstorbenen immer bei uns sind.

Ein berührendes Buch, das Trost und Kraft spendet

Pascal Voggenhuber
Nachricht aus demJenseits. Meine Kontakte mit Verstorbenen und der Geistigen Welt
224 Seiten, Klappenbroschur
ISBN 978-3-9523202-7-3 · Fr. 36,90 – 19,50 €

www.gigerverlag.ch